日本人が知らない!

「文明の衝突」が生み出す世界史

人類5000年の歴史から
国際情勢の深層を読み解く

茂木誠　宇山卓栄
Mogi Makoto　Uyama Takuei

ビジネス社

はじめに

世界史をどう解釈するか？　ここに二つの考えがあります。

一つの考えは、世界史には一定のゴールがあり、人類はそれに向かって歩んできた、というものです。フランス革命後にドイツの哲学者ヘーゲルやマルクスがこれを唱え、イギリスの生物学者ダーウィンが唱えた進化論の影響も受けて、進歩史観とも呼ばれます。

ソヴィエト連邦が崩壊した翌年、日系アメリカ人の政治経済学者フランシス・フクヤマは、『歴史の終わり』（１９９２）という本を書きました（原題：*The End of History and the Last Man* 邦訳は渡部昇一訳『歴史の終わり』三笠書房・知的生きかた文庫）。

ソ連型社会主義の敗北と、アメリカ型自由主義の勝利が誰の目にも明らかだった時代です。フクヤマは自由主義経済と政治における民主主義こそが人類の進化の最終的な到達点であり、これらを完全に受け入れた世界が実現すれば、戦争や紛争の繰り返しだった歴史は終わる、と論じたのです。

ところが9・11同時多発テロにはじまった21世紀、ブッシュJrのアメリカは再び武器を取って、アフガニスタンとイラクに攻め込みました。プーチンのロシアはウクライナへ攻め込み、ネタニヤフのイスラエルはパレスチナ自治区に攻め込みました。歴史は終わっていなかったのです。フクヤマものちに自著の限界を認め、ブッシュ政権による「民主主義の強制」には反対の立場を取りました。

しかし、ウクライナ戦争に対するフクヤマの評価は依然として、権威主義のロシアに対するウクライナの自由を守る戦いをアメリカは支援すべきだ、というものでした。アメリカの、そして日本の大手マスメディアのウクライナ戦争に対する論調は、これとほぼ同じものでした。

世界史に対するもう一つの考え方は、世界には独自の価値観に基づく複数の文明があり、そこに優劣はないというものです。世界は多元的に発展してきたのであり、人類共通の価値などない。自由と民主主義が史上の価値だというのは近代西欧文明の価値観であり、それを他の世界に強制しようとするのは、思い上がった考え方だ、というものです。

アメリカの国際関係学者サミュエル・ハンチントンは『文明の衝突』（1993）という本

を書きました（*The Clash of Civilizations and the Remaking of World Order* 邦訳は鈴木主税訳『文明の衝突』集英社文庫）。フクヤマの『歴史の終わり』を意識して書かれたもので、自由主義VS社会主義というイデオロギー対立の時代が終わった世界は決して統一されることはなく、新たに文明間衝突の時代がはじまるであろうと説いたのです。

世界には九つの文明圏があり、優劣はない。イスラム諸国にはイスラム諸国の大義があり、ロシアにはロシアの、中国には中国の大義がある。それぞれの価値観の違いを認めつつ、平和共存の道を目指すしかない。とすれば、アメリカが中東に西欧型民主主義を植え付けようとして始めたイラク戦争も、アラブの春の運動も、異文明に価値を押し付けるという傲慢な行為であり、根本的な誤りだったとなるでしょう。

本書のタイトルで読者はもうお気づきでしょう。私、茂木誠と対談相手の宇山卓栄先生は、ともに大学受験予備校の教壇に立ち、受験生に長く「世界史」を教えてきた経験から、ハンチントンの理論の方が世界史をうまく説明できる、という結論にいたりました。

フクヤマ理論では、日本は西側自由民主主義国として日米同盟を死守し、中国やロシアに対峙しなければならないということになります。これは、読売新聞や産経新聞の論調です。

しかしハンチントン理論によれば、日本は世界九大文明の一つであり、中華文明とも西欧文明とも違う、独自の価値観を持っているということになります。敗戦後はアメリカの従属国になってしまった日本ですが、本来はもっと輝かしい、正々堂々とした一個の文明の担い手として、世界に渡り合える国なのです。

日本人自身がこのことに気づかない限り、いつまでたっても日本人は「戦後」を引きずり、「謝罪と反省」を求められ続けることになるでしょう。そういう情けない生き方を続けるのは、もうわれわれの代で終わりにしませんか?

日本人の覚醒の一助になることを期待して、本書を世に送ります。

令和7年(2025)1月

茂木　誠

「文明の衝突」が生み出す世界史——目次

第1章 日本文明VS中華文明

第2章　中華文明 VS インド文明・チベット文明

第3章 キリスト教文明圏 VS イスラム文明圏

第4章 西欧文明 VS 東欧文明(スラヴ文明)

第5章 中南米文明、アメリカ文明 VS 日本文明

第1章

日本文明VS中華文明

文明がある限り世界は争いが絶えない

宇山　今回の対談では「文明の衝突」をテーマにします。この対談について二人で話し合う中で、「歴史の根本や問題の本質を問うような本にできないか」と考えたとき、民族や宗教、あるいは言語など、いろいろなテーマが出ました。「それらを包括する概念は文明ではないか」となったのです。

茂木　本音を言います。「私は文明人になんて、なりたくなかった」のです（笑）。縄文人のように、ずっと森の中で暮らしていたかった。縄文人は、言葉もめったに使わなかったと思います。以心伝心で、お互い見つめ合うだけで、なんとなく相手の気持ちがわかる。縄文人の世界は、そんな世界だったはずです。

ところが気候変動による地球の寒冷化が始まり、大陸で動乱が起きると、大陸から「面倒くさい」人たちが日本列島に渡ってきました。彼らは言葉を使っていろいろと説明しますから、縄文人の静かな世界はかき乱されました。

大陸からやって来た彼らには知恵もあり、いろいろな道具を持っていました。彼らは自然を作り替えていきました。彼らは道具を使って川の流れを変え、沼地を埋め、田んぼをつくりはじめます。

縄文人も「おかぼ（陸稲）」というかたちで、米ぐらいは知っていました。でも大陸から渡ってきた彼らは、水田でとても美味しい米をつくり、しかも大量生産を始めたのです。縄文人にとっては、これが「文明」でした。腹一杯食べ、人口も増えていったのは事実でしょうが、そこからいろいろな不幸も始まったのだと私は思っています。

文明は言語と結びつき、さらに文字とも絡まってきます。異なる環境で育った人たちが一緒に住むとなると、いちいち決まりをつくらなければならなくなります。たとえば現代日本人にとって燃えるゴミと燃えないゴミを分別して出すのは、当たり前です。けれども、それを理解しない外国人などが入ってくると、大きな文字で「今日は燃えるゴミを出す日」と書かなければなりません。あるいは「燃えるゴミは、こういうものです」と絵まで描かなければならない。

こういう面倒くさい世界が文明なのです。だから私は、文明の生まれる前の世界に帰りたいのです！

宇山　つまり、「文明は衝突する」というのが茂木先生の考えですね。そこから「どのように衝突するのか」「衝突した結果、どうなるのか」などのことを考えていこう、ということになったのです。

文明を単体として捉えるだけでは、たんなる文明論です。それだけでなく、文明には他の文明と互いに切磋琢磨して、発展していく側面があります。そこから、歴史がどう形成されていったかを、本にしようという話になりました。

現在ウクライナとロシアの戦争、中東危機や台湾をはじめとする極東有事の危機など、さまざまな対立が起きています。これらも「文明の衝突」という文脈で捉えられるように思います。

茂木　文明が始まる以前、狩猟民族同士ではそれほど戦いは起こりません。争いがゼロではありませんが、他の部族と何か揉め事が起きたら、その場所を捨てて、さっさとどこかに移ればいいのです。土地にこだわる必要はありません。

けれども文明をつくってしまうと、人は土地にしがみつきます。文明が大規模農業とつながっているからです。そう簡単に、耕作地を放棄するわけにはいきませんから。

そして「文明人」といわれる人たちは、その昔、自分たちが文明以前の状態、いわゆる「未開」や「野蛮」といわれる状態にあったことを忘れてしまいます。自分たちが、あたかも初めから文明人であったかのように錯覚しています。自分たちの文明を受け入れていない人たちをバカにし、「お前たちは遅れているから、われわれの文明に従え」と文明を強制しようとします。これは、すべての「文明人」に共通するふるまいだと思います。

しかも文明Aと文明Bと文明Cとでは、中身が違います。そうなると「自分たちの文明が一番」と互いに思いますから、必ずケンカになります。だから文明と文明は、必然的に衝突します。文明がある限り、世界に争いは絶えない。逆に文明をやめてしまえば、争いは消えると、私は考えています。

「信仰」が「宗教」に変わる境目とは

宇山　次に、「文明をどのように捉えるか」についてお話ししたいと思います。文明と文化は、異なるものだと私は考えています。概念的に文明のほうが、文化よりも少し大きいものだと思います。

文明は、英語でいうと「シヴィライゼーション（civilization）」です。シビライズ（civilize）には「洗練化させる」「市民化させる」「教化する」という意味があります。では何によって洗練化、市民化させるかというと、二つの要素があります。

第一の要素は、宗教と言語です。宗教と言語によって、文明社会は形成されていきます。文明に欠かせない倫理規範、あるいは法は、宗教から導き出されていく面が大きいと考えます。とくに「古代文明」と呼ばれる文明は、宗教的なものが基軸になっていることが多いです。

茂木　いまのお話はとても大事なことなので、補足しましょう。たしかに宗教と言語が文明の指標ですが、文明以前の人たちであっても、神様とともに暮らしていました。縄文人にも、もちろん神様はいました。ただそれは「信仰」であって「宗教」とは言わない。ということは、「信仰」が「宗教」に変わっていく過程が、文明化の一つの指標となるのです。

言語も同じです。縄文人にも、もちろん言語はありました。けれども彼らには、文字がありません。だから「話し言葉」しかなかった。言語が文字化されていく過程も、文明化の一つの指標になると思います。

ところで、「信仰」が「宗教」に変わる境目とは何でしょうか？

宇山　具体的に、日本の神道を例に考えてみましょう。神道は信仰であって、宗教ではありません。なぜ神道が宗教ではないかといえば、一つは神道に「教義」や「経典」といえるものがないからです。

キリスト教には「聖書」、イスラム教には「コーラン」、ヒンドゥー教には「マヌの法典」といった経典があります。神道には、このような経典が存在していません。

もう一つは、神道に教団のようなものがないことです。キリスト教における教会のような組織がないという点においても、神道は宗教ではないのです。

つまり教義や経典ができたか否か、さらには教会や教団組織ができたか否かが、信仰から制度化された宗教に移行する、大きな分かれ目ではないかと思います。

茂木　飛鳥時代に仏教という、ややこしい宗教が日本に入ってきます。すでに日本には神々への信仰がありましたが「神道」という言葉はありませんでした。もともと経典や教義を持たない神道は、経典や教義を持っている仏教に押しまくられていきます。「このままではマズい」ということで、神道にも教義や経典らしきものができていきます。『古事記』はその始まりではなかったかと、私は見ています。

それからかなり時代が経った中世以降、神道と仏教が混ぜ合わさり、「神仏習合」となります。神道の側からすれば、自分たちのオリジナリティがどこにあるのかわからなくなる。そうした中、神道の宗教化、神道の教団化が起きていきます。これが伊勢神道や吉田神道などを生み出すのです。

さらに明治維新になると国家神道にもなります。ただし国家神道は神道を無理やり宗教にしたものですから、うまくいかず消滅してしまいました。

宇山　そのとおりですね。では、宗教と言語に続く、第二の文明化をもたらす要素は何か。私は技術や制度と考えます。

たとえば「近代文明」という言い方があります。これはほとんどが産業革命以降の文明を指します。先ほど茂木先生は「文明人になりたくなかった」と言われましたが、とくに技術や制度による文明を警戒されているのではないでしょうか？

茂木　私は生まれつきの性質で、堅苦しい制度が合わないのです。小学生の頃、朝礼などの学校行事によってきちんと管理されるのが、本当にイヤでたまりませんでした。しかも私たちの時代は小学生の人数が多かったため、急造したプレハブ校舎に大勢の生徒が押し込められました。狭い空間にギュウギュウ詰めで、これが本当にイヤでした。

宇山先生も、そういうタイプではありませんか？　すぐに世界のどこか遠いところにプイと行ってしまう（笑）。これは型にはめられるのを嫌っているからでしょう。基本的に縄文人なのです。

宇山　ははは、基本的にはそうです。茂木先生は、縄文時代や縄文人を愛しておられる。最近は「稲をつくる」という実験もされています。そこには少し弥生時代の要素も入りますか？

茂木　はい。最近、弥生文化も取り入れつつあります（笑）。

宇山　ところで、縄文時代は文明に入りますか？

茂木　私の考えでは、文字と官僚機構が生まれる弥生時代からが「文明」です。神代《しんだい》文字があるではないか、とおっしゃる方もいますが、神代文字は神社の古文書に伝わるだけで、縄文遺跡の土器や木簡に刻まれた文字は、まだ見つかっていません。

◇◇◇◇◇◇◇◇◇

「日本文明は中華の衛星文明」といったトインビー

宇山　ここまでの話で「文明とは何か」を話しました。ここからいよいよ本題に入りたいと思います。

まず「日本文明」と「中華文明」の衝突を見ていきます。イギリスの歴史家アーノルド・トインビーは、日本文明について「中華の衛星文明」と位置づけています。

トインビーの大著『歴史の研究』は12巻から編成されますが、１９３０年代に書かれた前半巻では、トインビーは日本を中国から多くの影響を受けたと述べていますが、「衛星文明」とは明示していません。しかし、１９６１年に発刊された第12巻「再考察（Reconsiderations）」で、トインビーは諸文明を「独立文明（independent civilization）」と「衛星文明（satellite civilization）」に明確に区別し、日本を後者に分類したのです。

トインビーは、「衛星文明」は「独立文明」に依存しながら形成され、宗教、政治制度、文字や技術等を独立文明から借用して未開から文明へと飛躍することができた自立不可能な従属文明であると述べています。トインビーは日本文明をほとんど理解していなかったのでしょう。

アメリカの国際政治学者サミュエル・ハンティントンは著書『文明の衝突』で、日本を中華文明とは一線を画する独立した文明圏と位置付けています。ハンティントンは、日本は神道や天皇の存在を中核とした独自の文化を形成し、それは中華文明とはまったく異質なものであると主張しています。また、日本文明を、一国で完結している「一国一文明」と定義していま す。

茂木　ハンティントンも日本文明をどこまで理解していたかは怪しいのですが、中華文明とは異質ということはわかっていました。トインビーは、日本に関しては勉強不足ですね。

宇山　トインビーは1970年代前半、ヨーロッパ文明が世界を牽引した時代は既に終焉を迎え、これからは東アジア文明の時代、とくに「中国の時代」が到来すると主張しています。中国を中心として、日本、韓国、ベトナムの三国の中華文明衛星国が協調し、東アジア文明を再興することにより、世界は統合され、安定、繁栄を享受できるというのです。

中国と安全保障上のさまざまな問題を抱える我が国にとって、トインビーの「協調への提言」はあまりにも非現実的と言わざるを得ません。茂木先生は彼をよくご存じで、著作もしっかりと読んでおられますが、私は、彼の見解にまったく賛同できません。

茂木　創価学会の池田大作先生は、トインビーを高く評価しておられたそうですが（笑）。

宇山　池田氏はトインビーと『21世紀への対話』という対談の書籍も出しています。創価学会の機関誌にもトインビーを礼賛する記事がよく載っていて、かつては電車の中吊り広告でも見かけました。

トインビーと創価学会の相性がいいのは、いずれも中華を礼賛しているところでしょう。トインビーは「日本が中華文明を尊敬し、中国とともに歩むことによって、アジア全体の繁栄が達成される」とも言っています。

茂木　まあ、トインビー先生の頃の中国人は、まだみんな自転車に乗っていましたから、人畜無害に見えたのかもしれません。田中角栄も中国を完全に誤解していました。

宇山　トインビーは、日本文明は中国からの文化的影響を強く受けた中華文明の衛星的存在であると主張しています。日本のみならず、韓国、ベトナムの三国が中華文明に属していると言います。トインビーはその根拠として、これらの三国が第２次世界大戦の前まで、漢字を用いており（日本は今も用いている）、また、儒教・仏教・道教のような宗教文化を中国から取り入れたことなどを挙げています。

茂木　たしかに日本は漢字を使っています。いま世界で漢字を使っているのは、中国と台湾と日本だけです。箸を使ってご飯を食べるところも、日本と中国は共通しています。だから外見的には「日本文明は中華文明の亜種」と見られてしまうのでしょう。

でもそういう見方をするならローマ文字、つまりラテン文字を使っているヨーロッパ各国は、全部「ローマ文明の亜流にすぎない」となります。日本文明を中華の亜種とするのは見方があまりに狭く、本質がわかっていません。

宇山　言語的には日本人は漢字を使って、中国人と意思疎通もできます。私も中国で中国人と話すときは、スマホに漢字を打ち出して相手に見せます。これで私の意思が、相手に通じます。中国では英語がほとんど通じないので、漢字を使ったほうが早いのです。

その意味ではたしかに日本人は言語的に中国の影響を受けていますが、文明の根底において中華文明と日本文明は違います。

茂木　そもそも「中国人」の定義が、はっきりしていません。中国とは「真ん中の国」という意味です。あるいは中華とは「世界の真ん中にある文明国」、つまり文明化された地域という意味です。なんとも傲慢な考えですが、中華文明を受け入れた者は出身を問わず、みな中華になるというのです。

古代中国においては黄河流域に文明が起こり、その東西南北に異民族が存在していました。古代中国は北のモンゴル高原を「北狄《ほくてき》」、南の長江流域を「南蛮」、朝鮮半島や日本列島、さらに山東省方面を「東夷《とうい》」、西のシルクロードのほうを「西戎《せいじゅう》」と呼んでいました。

古代中国の歴史をよく見ると、これら異民族が次から次へと黄河流域、つまり中華に攻め入っています。ただ中華文明は便利なもので、攻め入った彼らも中華文明を学ぶことで、みな中華になるのです。

中国最初の王朝といわれる夏《か》王朝は南から、夏に続く殷《いん》王朝は東から来ています。始皇帝を登場させた秦は、西から来ています。中華に攻め入った異民族は、早い段階でもともと持っていた固有の文化を捨て、中華文明というグローバルスタンダードの一員になっていった。中華とは、そういう地域なのです。

その結果、出身を問わない中華文明圏は、どんどん拡大していきました。だから私たちがいま中国人と思っている人たちには、じつはいろいろな民族がいます。そのことが中国語や漢字によって覆い隠され、わからなくなっているのです。

宇山　つまり中国人は、漢民族だけではないということです。「中国人」はもっと大きく、広範囲な概念なのです。

また、「世界四大文明」という括り方があります。エジプト、メソポタミア、インダス、黄河文明の四つが「四大」などと誰が決めたのでしょうか。それを決めたのは中国の思想家の梁啓超です。梁啓超は１８９８年、変法自強運動で清王朝の改革を進めようとしますが、戊戌の政変で西太后に弾圧され、康有為とともに日本に亡命しました。

梁啓超は自らの詩集『二十世紀太平洋歌』で「地球上の古文明の祖国に四つがあり、中国・インド・エジプト・小アジアである」と記しています。梁啓超ら中国の進歩派知識人たちが

「世界四大文明」という概念を意図的に広め、中華の優位性を再確認しようとしたのです。

２０１７年、トランプ大統領が訪中した際、習近平主席は大統領を紫禁城に案内し、「四大文明の中で中華文明だけが中断なく続いている」と説明しました。「四大文明」は中国にとって、政治的にも利用しやすいツールなのです。

もう一つの「中国」の可能性

宇山　中国では、黄河文明と同時期に長江文明も栄えており、稲作が盛んであったことを示す遺跡が１９７０年代以降、浙江省余姚《よよう》市の遺跡などをはじめ、多く見つかっています。日本の水稲も長江流域から直接伝わったことが、稲のＤＮＡ研究で明らかになっています。長江文明は黄河文明に匹敵するような豊かで巨大な文明でしたが、教科書や一般の概説書では、ほとんど扱われていません。

もともと黄河流域と長江流域とでは、言語や文化の異なる民族が住んでいました。黄河流域には、シナ・チベット語族の漢民族が居住し、長江流域には、中国語と関係がないオーストロアジア語派が居住していました。オーストロアジア語派は東南アジアのインドシナ半島系の民族――ベトナム人やカンボジア人と同じです。

長江文明の都市遺跡

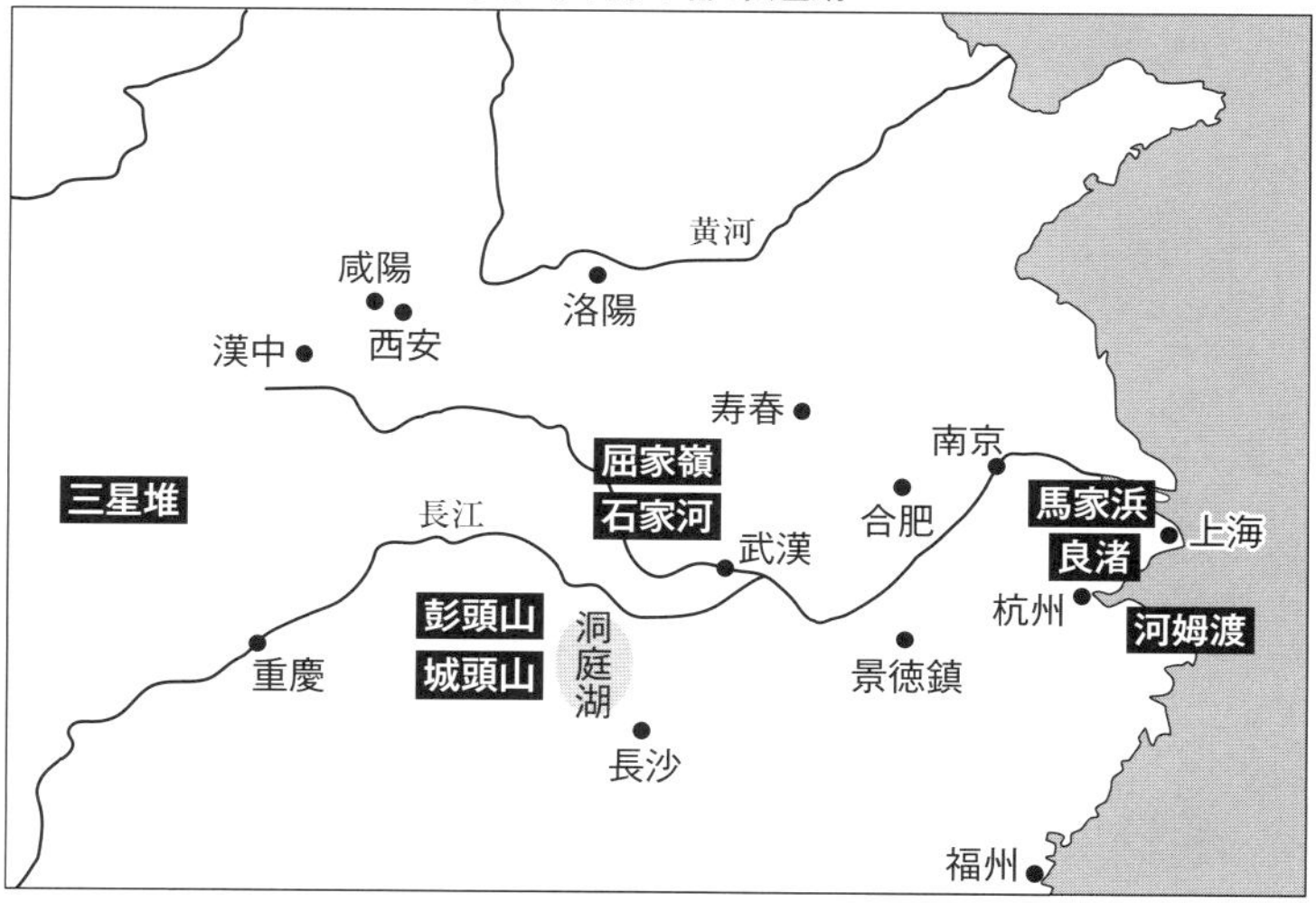

気候も大きく異なり、黄河流域は乾燥気候で麦作中心、長江流域は湿潤で稲作中心です。古代において、両者の文明的な隔絶は明確です。漢字を使う人々を漢民族と定義するならば、もともと漢民族は黄河流域にのみ生存していたのであり、この一部の人々を指して、原シナ人と呼ぶことができるでしょう。

茂木　長江流域の都市遺跡の多くは紀元前４０００年頃のものとされ、焼きレンガを基盤とする建築物を擁する高度な都市文明が形成され、それは黄河文明を凌ぐ先進的な文明であったことがわかっています。このような豊かな都市文明を可能にしたのは稲作農業でした。

縄文時代草創期にあたる紀元前１万２０００年頃に始まった長江流域の稲作文化がその後の都市文明へとつながっていくのです。

宇山　教科書や一般の概説書では、中国文明は黄河流域から発祥し、文化や人口が南方にも広がっていったと解説されます。中心たる黄河流域に対し、長江流域は周辺であったと位置付けられていますが、この捉え方がそもそも間違っています。黄河流域と長江の流域には、それぞれ独自の文明があったのです。

紀元前2200年頃、長江文明が洪水で衰退して、黄河流域の勢力に征服されて以降、黄河文明が優位的となりますが、それ以前は、二つの文明が併存していました。また、北方による征服で、黄河文明の影響力は長江下流域に及びましたが、長江上流域の四川省方面には及ばず、この地域においてだけ、長江文明が維持されます。

春秋戦国時代の長江流域には、楚・呉・越などの国が勃興しました。これらの国の人々は長江文明の子孫であり、もともとは長江人ともいうべき、民族の独立性を保っていましたが、文化侵略により、漢字文化圏に取り込まれていき、漢民族に同化していくことになります。戦国時代の紀元前4世紀、秦によって征服され、漢字文化圏の版図に組み入れられることになります。

茂木　司馬遷の『史記』によれば、最初の王朝である王朝を建てた禹《う》という人物は、大河の治水に成功して人々を救い、王として推戴された、という話になっています。これが前2000年頃と考えられ、いまから4000年前なので、「中国4000年」の根拠にもなっています。この洪水で滅んだ長江文明（良渚文化）の末裔が、黄河流域に移って国を建てたのだ、と考える中国の学者もいますね。洛陽市の二里頭《にりとう》遺跡が、夏王朝の都だと。ただし遺跡から文字資料が出ていないので、確定はできません。

長江人と日本人は同一の民族的起源を持つのか

宇山　長江文明における長江人が長江を下り、海路で日本にやって来て、稲作文化を伝えています。従来、稲作文化は弥生時代の特有のものとされてきましたが、縄文遺跡からも稲作の痕跡が発見されています。いくつかの九州地方の縄文遺跡から発見されたのは昭和35年以降のことですが、どういうわけか、今日でも、教科書では取り上げられません。

これらの痕跡により、約３０００年前の縄文時代後期には、大陸から稲作が伝わっていたことが判明しており、さらに、この時代よりもずっと前に、原始的な稲作がなされていた可能性も指摘されています。

長江文明に見られる高床式の倉庫や水田、住居の構成などが日本の縄文末期から弥生時代の村にも見られるのは大陸の稲作の影響を受けた例として、考えられています。また、長江人と古代日本人の漁の仕方に多くの共通点があることも指摘されています。黄河流域には、こうした生活習慣はありません。公立学校にプールがないので、いまでも泳げない人がほとんどです。

茂木　私は、中国の文献に出てくる「倭人」、日本考古学でいう「渡来系弥生人」とは、長江文明人の末裔と考えています。彼らは黄河流域で大規模な水害が起こるたびに、何波にもわたって周辺地域への移住を繰り返し、その一部はおそらく琉球諸島を経由して、日本列島に至りました。呉人や越人の特徴である刺青の文化は、『魏志倭人伝』が伝える倭人の風習と同じですし、「倭王は呉の太伯《たいはく》の末裔」という伝承があります。太伯はもともと周の王子でしたが、権力闘争を避けて長江流域へ逃れ、その地の風習である「文身断髪」——髪を短く切り、体に刺青をすることで、先住民の王となり、呉を建国したという話です。のちに呉が越に滅ぼされたとき、呉の王族が海上へ逃れて日本列島へ渡り、倭王になったという話が、『魏略』など複数の中国史書に記されています。縄文人が住んでいた日本列島に、長江文明人が移住して大規模な水稲技術を伝えた。このことの神話的表現が、「倭王は呉の太伯の末裔」という伝承ではないかと私は考えています。

宇山　その他にも、長江文明の民が黄河文明の漢民族に追われて、南西の貴州省や雲南省に逃れて、苗族となったといわれます。苗族の子孫の村は日本の古代の村と似ており、急勾配の山地に棚田を作り、味噌や醤油などの発酵食品を食べることも日本人と共通しています。日本人が雲南省の苗族をはじめとする少数民族の村で、安らぎを感じるのは同類の文化だからだとも言われます。

日本人はさまざまな方面からの民族の雑多な混合形であるものの、文明や民族の血ということにおいて、その多くを長江人に負っていると言えます。両者の遺伝子が近似していることからも明らかです。

一方、日本は畑作牧畜の黄河文明からはほとんど影響を受けていません。この時期に、中国の北方から朝鮮半島を経由して渡来人が多くやって来て、日本に文明をもたらしたという教科書や概説書に書かれている従来の説は明らかに間違っています。

もし、稲作が本当に朝鮮半島から伝わったのであるならば、朝鮮半島に、日本よりも古い稲作の痕跡が見つかっていなければなりません。しかし、日本に稲作が伝わった約３０００年前よりも以前の痕跡は朝鮮半島では一切、見つかっていません。「弥生の渡来人」なるものが日本に稲作を伝え、弥生時代の文明開花につながったなどという従来の説は何の根拠もありません。

朝鮮半島南部で見つかっている約２０００年前から約１５００年前の遺跡の水田跡はその方式から見て、九州からの伝来と見られています。しかも、こうした水田跡は朝鮮半島の北部では見つかっておらず、南部にのみ存在するのは、それが北部からやって来たものではなく、南部からやって来たものであることを示しています。

日本の古代稲の遺伝子分析によっても、稲作は朝鮮半島を経由することなく、長江流域から直接、日本に伝来したことがわかっています。大阪や奈良で見つかった弥生時代後期の紀元前3世紀頃の米のDNA分析を行ったところ、その種の遺伝子型（RM1-a、RM1-b、RM1-cの3種類）は朝鮮半島には存在しないもので、長江流域の種であることが判明しました。

黄河文明と長江文明を明確に区別せず、中国という枠組みで一括りにして、「大陸から影響を受けた」とする捉え方に固執していることが、従来の説のような間違いが起こる最大の原因です。漢民族とは異なる長江文明という独立した文明圏の存在を視野に入れて、日本の古代史を大きく捉え直すことが必要です。

そもそも、黄河文明と日本文明には、大きな乖離があります。黄河流域は乾燥し、土地が痩せており、畑作で一度使った土地は使えず、牧畜や狩猟で土地を転々としなければなりませんでした。彼らは自然や土地に対して、エネルギー源を強制的に奪取する収奪型にならざるを得ず、日本のような循環型とは異なります。

一方、長江文明の民は水田耕作と漁撈によって、循環型の定住をしており、長江人が日本にやって来たとき、日本の先住民と争わず、宥和的な生活を営むことができ、稲作をはじめとする文明もまた自然に日本の地に浸潤していったのです。

茂木　重要なご指摘ですね。日本列島における縄文文化から弥生文化へという大転換期に大規模な殺戮がなかったことが、考古学の調査からわかっています。それは比較的穏やかな長江文明人が渡来したからではないか、ということですね。私も同意します。

「中国」という概念が生まれたのは20世紀

茂木　漢民族の「漢」は漢王朝に由来しますが、漢の始祖・劉邦は長江流域の楚の国の出身です。つまり劉邦は「南蛮」だったのです。

宇山　漢民族がもともと住んでいたのは、黄河流域地域とされます。のちに漢字に発展する甲骨文字をはじめ、黄河文明を形成していったのが漢民族といわれますが、じつは漢民族以外も混ざっていたことが最近わかってきました。

そもそも「中国」や「中国語」という概念が生まれたのは、20世紀に入ってからのことです。孫文たちが清朝を倒して新しい国をつくろうとしたときに、新しい国家の国号をどうするか幹部たちに諮りました。

いろいろな案が出て、伝説の古代王朝である夏をリバイバルしようと「大夏」や「華夏」という案も出ました。そこに孫文の仲間である学者の章炳麟《しょうへいりん》が「中華民主共和国」という案を出しました。
中華思想の「中華」という文字を国号に使おうというアイデアで、これに孫文が魅了され、「中華民国」という国号が生まれたのです。それを引き継いだのが、今日の「中華人民共和国」です。

茂木　唐代の碑文に「中国」という文字が出てきますが、これは国を表しているのではなく、中華文明圏を指しました。「中国」という言葉を国号として使おうと考えたのは章炳麟が最初でしょう。

宇山　一方で「中華」という概念は、宋王朝の時代に編纂された『資治通鑑』で確立されます。

茂木　『資治通鑑』は「政治の資料にするための歴史書」という意味です。中国で一番有名な歴史書が司馬遷の『史記』で、もう一つがこの司馬光による『資治通鑑』です。宋王朝は北方民族の契丹に苦しめられ、中華ナショナリズムが高まりました。

宇山　『資治通鑑』には「われわれは文明の中にいる存在であり、その文明の中にいるわれわれを中華と呼ぶ」といった一節があります。
さらに『資治通鑑』では、文明の外に住む野蛮人たちを「化外」の地にある「蛮族」としています。「中華人は、蛮族たちに施しを与えてやる寛容性も、ときに必要である」といった記述もあります。これこそ中華思想をきちんと明文化した始まりでしょう。

ただし「中華」という概念自体は、すでに唐の時代にありました。唐の時代に編纂された『晋書』でも「中華」という言葉が使われています。とはいえ『資治通鑑』を編纂した司馬光こそが「中華思想の父」といえるでしょう。

◇◇◇◇◇◇◇◇◇◇

中国の朝貢冊封体制を脱した日本文明

茂木　中華が周りの蛮族を手なづけるために行うのが、朝貢《ちょうこう》の儀式です。中国の皇帝は、蛮族たちにまず「貢ぎ物を持ってこい」と命令します。彼らが貢ぎ物を持ってくると、彼らを手厚く迎え、褒美を与えます。

この褒美に貢ぎ物の10倍、20倍の価値があるのです。そうなると周辺の民族は、とりあえず中華皇帝に頭を下げておけば、経済的に儲かると学習します。だから中国に朝貢するのです。

この中華文明が築いた朝貢システムに対し、周りの民族には「ふざけるな」という思いがあります。それでも近代ヨーロッパが行ってきた植民地に対する徹底的な収奪と比べれば、経済的に利益を与える点ではるかにマシだったともいえます。

中国人はいまも、この朝貢システムを潜在的にやりたがっています。習近平主席が外国首脳と会談するとき、絶対に頭は下げません。自身は絶対に動かずに相手側が歩み寄り、握手を求めるのを待ちます。「中国国家主席に握手を求める外国首脳」という写真を撮らせるのです。日本の政治家や財界人は、すぐにこれに引っかかり、日本式にペコペコ頭を下げます。

もうひとつは、中国に頭を下げるなら、経済的にメリットがあるように仕向けるのです。日本企業に「どんどん工場をつくっていい」とする一方、中国政府に礼儀を尽くすように求めるのもそうです。自民党の二階俊博氏が幹事長時代、国会議員や経済人を北京にぞろぞろ連れていき、ペコペコ挨拶していた光景は、まさに現代の朝貢です。「このシステムに乗ったほうが平和でいい」と考えているのが、日本の親中派国会議員や経済人、マスメディア、そして創価学会ですね。

宇山　朝貢体制は「冊封《さくほう》体制」ともいいます。先ほど出たトインビーが決定的に間違っているのは、「日本が朝貢・冊封体制に組み込まれていた」という歴史認識です。

茂木　ただ敗戦後の日本を見て、「これが独立文明か」と言われると、非常にこころもとないものがあります。

宇山　たしかに第2次世界大戦後、日本はアメリカに従属させられました。「だからそれより前は中国に従属していたのだろう」と言わんばかりです。

東アジアで「王」は中華皇帝の臣下

宇山　ただその一方で、朝鮮については、中国の冊封体制に組み込まれた、いわゆる属国です。だから朝鮮王の尊称として、「陛下」を使うことは認められていません。「陛下」は主権を持った皇帝のみに与えられる尊称です。

日本の天皇は、中華皇帝と対等ですから「天皇陛下」と呼ぶことができます。けれども朝鮮王を「陛下」と呼ぶことはなかった。「殿下」という一段格下の尊称で呼ばれていました。お世継ぎも「太子（テジャ）」ではなく、「世子（セジャ）」と呼ばれていました。

また朝鮮王に対して、「万歳（マンセ）」と言うこともできませんでした。「万歳」は皇帝に対する賛辞であり、朝鮮王に対しては「千歳」、朝鮮語なら「チョンセ」と言わなければならない。このように朝鮮王は、中華皇帝や日本の天皇とは、まったく違う扱いだったのです。

茂木　ヨーロッパや中東では「王」というと、独立した一国の君主というイメージがあります。けれども中華文明圏では、そもそも王の意味が違うのです。

秦の始皇帝は、もともと秦の国の王でした。戦国時代の中国では彼以外に6人の王がいて、始皇帝は彼ら6人を打ち倒すことで初めて「皇帝」の称号を使いはじめるのです。

統一後、秦の始皇帝は自分の息子たちを各地に封じ、「王」の称号を与えます。だから中華世界においては、「皇帝」こそが君主であり、「王」は皇帝の臣下でしかありません。

中国人は、この皇帝と王の関係を周りの異民族にも当てはめ、周りの異民族の君主も全部「王」と呼んだのです。東アジア世界で「王」と名乗るなら、自動的に中華皇帝の臣下になるのです。

ベトナムの王も、タイの王も、マラッカの王も、朝鮮の王も、みんな中華皇帝の臣下になります。日本の君主も663年の白村江の戦いまでは「倭王」と自称していましたが、白村江以後はこれを拒絶して「天皇」という新しい称号を名乗り、中華皇帝の臣下にならない姿勢を示していたのです。逆に室町幕府の3代将軍・足利義満が「日本国王」を名乗ったのは、「明の皇帝の臣下」になります、ということです。

◇◇◇◇◇◇◇◇◇

天皇に「皇」の字が使われる意味

茂木　天皇の「皇」は、皇帝の「皇」でもあります。この皇という文字が絶対に必要だったのです。先ほど言われたように「王」は、皇帝の臣下を意味するからです。王に君臨するのが皇帝ですから、「皇」は必ず称号に入れなければならなかった。「皇」が入っている限り、天皇も日本も中華皇帝の臣下ではない。このことを当時の日本人が示した意義は、じつに大きいです。

宇山　因みに「皇」は王と同じ意味ですが、光輝くという意味の「白」が付いています。つまり、「皇」は「王」よりも格上の称号です。「帝」は束ねるという意味があり、統治者を指す言葉です。糸偏をつけた「締」は文字どおり、糸を束ねるという意味です。従って「皇帝」とは「世界を束ねる光輝く王」という意味になります。

「天皇」という尊称を実際に使うようになるのは、7世紀後半とされます。720年に成立した『日本書紀』によると7世紀前半、推古天皇の時代に「天皇」という言葉が使われていたとされます。

ご存じのように607年に小野妹子が隋の煬帝《ようだい》宛ての国書を持参し、その国書には「日出づる処の天子、書を日没する処の天子に致す」とありました。これに対して煬帝は小野妹子に返書を渡し、帰国させます。さらに翌608年、小野妹子は隋からの国書に対する返書を隋に持参します。その返書には「東の天皇が謹んで西の皇帝に申し上げます」とあります。この国書が「天皇」という言葉の初出になります。

茂木　『日本書紀』は、「日本は古来、中華皇帝から冊封されたことはない」というイデオロギーで書かれていますので、邪馬台国女王・卑弥呼も、倭の五王も出てきません。だから推古天皇の記事もうのみにしないほうがよいと思います。この天皇号の問題については、宇山先生との対談による前著『日本人が知らない！　世界史の原理』に詳しく書きました。こちらもご参照いただきたいと思います。

じつは「天皇」という称号は7世紀後半の中国に登場します。白村江の戦いのときの第3代高宗《こうそう》の没後、皇后の則天武后が女帝として即位します。彼女は夫の高宗に「天皇大帝」というおくり名を贈ったのです。これがおそらく最初の「天皇」の称号で、もともとは中華皇帝の諡だったのです。

宇山　「天皇大帝」は、もともと道教の言葉ですね。

茂木　そうです。もともとの意味は、宇宙の中心である「北極星」です。道教では北極星を「天皇大帝」といい、その「天皇」を則天武后が夫のおくり名に使い、天武天皇が日本の君主の称号にも使うようになった可能性があるわけです。

天皇にはもともとやまとことばで「すめらみこと」や「おおきみ」と呼ばれていました。「すめらみこと」の「すめる」は治める、統治するという意味で、「みこと」は尊称です。つまり、すめらみことは「治めていらっしゃる御方」という素晴らしい言葉なのです。

宇山　「すめらみこと」にどのような中国語を当てるかということで考案されたのが「天皇」ですね。つまり「すめらみこと」や「おおきみ」の対外的な称号として「天皇」を使うと決めたのです。とくに中国に向けた対外的称号として「天皇」が必要だった。「天皇」という称号はあくまで対外向けの書き言葉、文書上の称号でした。日本国内では依然、「オオキミ（またはオホキミ）」や「スメラミコト（またはスメラギ、スベラギ、スベロギ）」と呼んでいたと考えられます。平安時代には、天皇は御所を表す「内裏（ダイリ）」とか、御所の門を表す「御門（ミカド）」と呼ばれました。「ミカド」に「帝」の漢字を当てるのも、中国語を意識した表現であったと考えられますが、日本人がミカドを「テンノウ」と呼ぶことはなかったでしょう。

「テンノウ」という呼び名は明治時代以降、一般化しました。日本国内では、普段から使われていた呼び名ではなかったのですが、文書上の表記である「天皇」をその呼び方とも一致させなければならないとする明治政府の意向もあり、天皇を「テンノウ」と呼ぶ慣習が一気に普及し、定着しました。これらは明治政府が天皇を中心とする新国家体制を整備する段階で起こった近代的な変化だったのです。

朝鮮が「天皇」を認めない理由

茂木　日本の天皇と中華皇帝は、長く正式な外交関係を持っていませんでした。日本側は天皇と中華皇帝の関係は対等と主張しますが、中国側は対等の存在を認めません。「天皇」の称号を認めないので、そもそも国交を結べなかったのです。

ところが明治になって、そうした関係に変化が生じます。明治政府が、日本の天皇と清の皇帝は対等という前提条件で、国交を結ぼうと交渉し、1871年の日清修好条規《じょうき》で対等外交が実現します。

本来なら清国側が「ふざけるな！」と無視して終わるところですが、当時の清国はアヘン戦争に敗れ、太平天国の乱によって弱体化していました。ここで日本を敵に回すのは得策ではないと、日本の要求を認めたのです。

こうして日清間は対等となりましたが、日本に嚙みついたのが朝鮮です。「倭人ごときの王が『皇』の字を使うとは無礼なり」と非難し、朝鮮は日本との国交を開きませんでした。朝鮮では日本からの使節を侮辱する事件が繰り返され、ついには1875年の江華島事件に至ります。日本が武力を背景に朝鮮に開国を迫った結果、日本と朝鮮の間に国交が結ばれるのです。

宇山　朝鮮では、いまだに天皇を「天皇」として認めていません。彼らは古くは天皇を「倭王」と呼び、いまは「日王」という言い方をしています。

李明博大統領の時代、当時の天皇陛下、いまの上皇陛下の韓国ご訪問が取り沙汰されたことがあります。このとき李明博大統領は「韓国に来たいのであれば、独立運動家を回って跪いて謝るべきだ」と言っています。彼は天皇に対して「日王」という呼び方もしています。

朝鮮が天皇を認めないのは、認めると朝鮮が日本より一段格下になってしまうからです。では現実の朝鮮がどうかというと、歴代の朝鮮王は主権を持った王ではありませんでした。朝鮮は長く中華王朝の属国でした。

だから朝鮮はつい最近まで「国」ではありません。私は「朝鮮国王」でなく、「朝鮮王」と呼ぶことにしています。朝鮮は国でなかったからです。その朝鮮を解放し、主権を与えたのが日本です。朝鮮は華夷秩序の従属に縛られてきました。しかし、下関条約後、朝鮮は大韓帝国として独立し、朝鮮王は皇帝となります。朝鮮は華夷秩序から脱却するという歴史的悲願を達成したのです。

中華帝国への接し方がまるで違った朝鮮とベトナム

茂木　中華帝国は、漫画『ドラえもん』に登場するジャイアンのような存在です。そのジャイアンの家の隣りに住む朝鮮民族は、本当にお気の毒です。中華帝国に逆らったら、ボコボコにされます。その恐怖心から、朝鮮は中華文明に最も忠実な優等生になったのです。ベトナムもこれに近いところがありますが、朝鮮のほうが圧倒的に優等生ですね。

宇山　中国の横にありつづける朝鮮は、「地政学的に見てかわいそう」とよく言われます。朝鮮は「中国に従属しなければならない宿命に置かれている」という言い方もよくされます。私もそう思いますが、ではベトナムはどうなのか。

朝鮮と似た状況にありながら、ベトナムは中国に対抗する気概を持っています。ベトナムの歴史は、朝鮮の歴史のように、中国にへりくだってばかりではありません。ここも着目したいところです。

茂木　「中華ジャイアンの隣りに住む半島国家」という点で、ベトナムと朝鮮は非常によく似ています。たとえば古代の漢の時代、朝鮮半島に楽浪郡という中華帝国の出先機関が置かれました。ベトナムにも同時期に同じような中華帝国の出先機関が置かれました。その中心が交《こう》阯《し》郡で、いまのベトナムのハノイのあたりです。

以後ベトナムは1000年以上も中華帝国の属国のような時代を経験しますが、10世紀、唐の滅亡に乗じて中華王朝から独立します。その後のベトナムは、ほとんど中華帝国の支配を受けていません。

宇山　ベトナムは独立国家として、自らの主権を存続させてきました。1225年、陳朝が成立します。このとき、モンゴル人の元王朝がベトナムに侵攻しますが、陳朝王族の武将陳興道（チャン・フン・ダオ）の活躍により、元王朝を3度にわたり、撃退します。陳興道は今日でも、ベトナム民族の誇りとされます。元王朝を撃退したベトナム人は、民族意識が高揚し、漢字を基に、ベトナム人の文字である字喃（チュノム）を作成します。中華文明に支配されてきたベトナム人が独自の民族文化を形成する必要を自覚しはじめました。

茂木　中華帝国は、漢王朝、唐王朝と王朝が交替するたびに周辺諸国に攻め込みます。とくに13世紀のモンゴルの侵攻は、苛烈を極めました。朝鮮はモンゴルの騎兵によって全土を蹂躙されますが、ベトナムはゲリラ戦によってモンゴル軍を撃退しています。

この違いは何で生まれたのか？　それはベトナムと朝鮮の置かれた自然環境の差だと思います。朝鮮には、樹木が多くありません。寒冷地なので樹木が繁茂しにくく、しかもオンドルの暖房用に樹木を切ってしまうからです。それでモンゴルの騎馬軍団は、朝鮮を簡単に占領できたのです。

一方ベトナムの自然環境は、基本的にジャングルと田んぼです。こういう土地で、騎馬軍団はどうやって移動すればいいのか。

馬の足が田んぼのぬかるみにめりこめば、馬はもう動けません。あるいは樹木が鬱蒼と生い茂るジャングルに、騎兵は侵入できません。ベトナム人はジャングルに籠もり、田んぼのぬかるみを利用しながら、侵略者に抵抗していったのです。

侵略者に対する戦いに勝てば、それは神話となり、民族の気概になります。ベトナムではこうした気概が子々孫々に語られ、「われわれは大国に屈しない」という意志になっていったのです。

近代になると19世紀にフランスがベトナムの侵略にかかります。フランスのベトナム支配は残酷なものでしたが、ベトナム人はフランスの支配に抵抗しつづけ、最後には第１次インドシナ戦争でフランスを追い出してしまいました。

両者の戦争を決したのは、１９５４年のディエンビエンフーの戦いです。この戦いではベトナム人だけでフランス正規軍を破り、２万人ものフランス兵を捕虜としています。

次にやって来たのがアメリカで、１９５４年からのベトナム戦争となります。アメリカはベトナムの共産主義者を倒すという名目で、ベトナム人との戦いを始めます。

ベトナム戦争でアメリカがベトナムに投下した爆弾量は、第２次世界大戦でアメリカが日本とドイツに投下した爆弾量の２・８倍に達します。アメリカは大量の爆弾で小さなベトナムを蜂の巣状態にしましたが、それでもベトナム人は屈せず、ゲリラ戦を展開しつづけました。最後はアメリカ軍を泥沼にひきずり込むようにして勝利します。ベトナム人には、大国フランスにもアメリカにも負けない気概があったのです。

宇山　日本にも同じことがいえるかもしれません。日本は四方を海に囲まれています。この「海に守られている」という自然環境が、日本人に自分たちの民族性を意識させている。海を越えてやって来る外敵と戦い、日本を守るという国防意識は、すでに『万葉集防人歌』の時代から育まれているように思います。

茂木　ここで残念なお知らせです。「あなたは国のために戦うか?」という世論調査（世界価値観調査２０２０）で、「はい」と答えた人の割合はベトナム人が最多で96%。韓国人は67%。敗戦国のドイツ人でさえ44%でしたが、日本人は13%で最下位でした。敗戦後の歴史教育の問題だと思いますが、これは本書のテーマとは外れるので深入りはしません。

ヤンチャしては頭を下げるベトナムの対中外交

宇山　いまベトナムと朝鮮の置かれた自然環境の違いという、重要な指摘をいただきました。同時に「気概」という言葉が出ました。この「気概」について、私からも付け加えたいことがあります。

民族には統計上は表れない、生まれもっての気概があるのではないかと思うのです。朝鮮人は自ら進んで「中華文明圏の一員になろう」と意識してきました。ベトナムも黎（レイ）朝や阮（グエン）朝という近世、近代の王朝は、朝鮮と同じく科挙や漢字、儒教などの中国的な文明を取り入れてきましたが、独立を維持しようという民族の気概を保ちつづけたのです。

ところが朝鮮は当初から、独立国家を存続させようという気がない人たちばかりです。日本でいうなら二階元幹事長のような政治家ばかりが、朝鮮王朝をひたすら支配してきたのです。中国帝国に対して「三跪九叩頭《さんききゅうこうとう》の礼」という儀式をずっとやってきました。朝鮮王が使者に向かって3回土下座して、そのたびに3回地に頭を打ちつけては立ち上がる。都合9回も頭を地に打ちつける儀式です。そして中華王朝とつながっていることを「自分たちの権力の源泉」と見なしつづけてきた。ベトナムと朝鮮の歴史を比べたとき、民族の気概の差は大きかったといえます。

茂木　ベトナムについて少し補足すると、いくら気概のあるベトナムでも、中華帝国から年がら年中攻め込まれるのは嫌です。そこでどうするかというと、まずは抵抗して中華帝国の軍を叩きまくります。そのあと「少しヤンチャして、すみませんでした」と頭を下げて、中華王朝に朝貢するのです。

中華皇帝は内心「この野郎」と思いながらも、ベトナムと戦いつづけるのも面倒だから、ベトナム王を臣下と認める儀式を行う。ベトナムと中国の関係は、この繰り返しです。面従腹背。ベトナム人は非常に賢いと思います。

宇山　ベトナムが巧みなのが味方づくりです。現在ベトナムは中国から核の恫喝にあっています。これをなんとか凌いでいるのは、他の核保有国と手を組むようにしているからです。

一つはロシアで、ベトナムは伝統的にロシアとは良好な関係を保っています。ベトナム戦争のときも、ベトナムはロシアから大きな支援を得ていました。中国とロシアは表面上良好な関係でも、広大な国境線で接している限り、潜在的には敵国同士です。中国を牽制する意味で、ロシアとの友好関係を築いているのです。

さらに近年は、ベトナム戦争を戦ったアメリカにも接近しています。ベトナムはアメリカ海軍の軍艦のベトナム寄港を認めています。これも中国を牽制するためです。

儒学の理想は日本で体現され、中国では真逆が行われている

宇山　さてここからは、中華文明の本質について述べていきます。中華文明が何によって機能しているかといえば、基本的に儒教思想です。「儒教は宗教なのか」という問題が議論されますが、私は宗教と考えていいと思います。そして「儒教文化圏＝中華文明圏」になると思います。これについては、どうお考えですか。

茂木　私は「儒学」と「儒教」を分けて考えています。「孔子崇拝」「祖先崇拝」という意味では宗教的であり、儒教です。けれども儒教は本来、学問で「儒学」です。儒学はイデオロギーであり、思想、哲学です。

宗教は、必ずあの世や霊魂について語ります。ところが孔子は「人間が死んだらどこへ行くのか」「魂はどうなるのか」といったことを一言も言っていません。孔子は冷めたリアリストです。「この世の国家や社会をどう運営していくか」が、孔子の儒学のテーマなのです。

宇山　儒教は宗教というより、倫理規範のようなものということですね。「目上の人には逆らうな」「先祖をきちんと崇拝せよ」といった秩序づけをする規範です。

この儒教の持つ倫理規範は漢民族社会だけでなく、中華文明圏の外にいる異民族との関係にも彼らは当てはめています。儒教の倫理規範からすれば、「蛮族が中華に対して頭を下げて冊封体制下に入るのは当然」というわけです。

茂木　儒教を国教化した漢王朝の頃から、そうなっていると思います。儒教の基本は家族です。そこから儒教では家族を国家のモデルとしています。君主がお父さんで、人民が子どもになります。だから「お父さんである君主を敬え」ということになります。

逆に父親だからといって、子どもを毎日叱ってばかりではいけないように、「君主も人民を慈しみ、愛しなさい」としています。このように支配者と人民がお互いに相手のことを思いやり、国がまとまっていくのが儒学の理想です。この儒学の理想を体現しているのは、じつは日本ではないかと思います。

宇山　たしかに日本人は儒学を理想的に継承しています。

茂木　残念ながら、リアルな中国社会では儒学が理想的に体現されることはありませんでした。父親が妻や子どもに暴力を振るい、虐待もする。親が子を売り飛ばす。今日なお、人身売買や臓器売買まで横行しているのが中国社会です。

中国社会はまさに暴力の支配する世界であり、だからこそ孔子は「こうあってほしい」というファンタジーを学問にしたのです。人間は自らの社会にないものを欲しがり、理想化してしまうのです。

宇山　「目上の者に逆らうな」と教わりながら、じつは逆らいつづけていたのが中国社会です。目下の者が次々と反乱を起こし、そのたびに王朝が交替してきた。皇帝を倒し、また新たな皇帝が即位するという、その繰り返しになっていったのです。

儒学の説く易姓革命を拒否した日本

茂木　なぜ中国で王朝交替がたびたび起きるようになったか。これも儒学に原因があります。孔子の2世紀あとに出た孟子が、奇妙なことを言い出したのです。君主が偉いのではなく、偉いのは「天」であると。

この世には全世界、全宇宙を支配する絶対的な神が存在し、それが「天」です。天はつねに人間社会を見ていて、もし君主が暴走して人民を迫害するなら、命令を下す。これが「天命」です。天命が下りれば人民が立ち上がって君主を打ち倒し、新しい君主を選んでいい。孟子はこれを「革命」と呼びました。

「革命」という言葉をつくったのは孟子です。孔子はこのようなことは、まったく言っておりません。

革命で王朝が交替すると皇帝の姓が替わります。だから「革命」といいます。「天命が下れば革命を起こし、いまの王朝を打ち倒していい」という恐るべき理論です。孟子がなぜこういう発想に行き着いたのか非常に知りたいところですが、まだよくわかっていません。

易姓革命理論の一番の問題は、実際には天が「しゃべってくれない」ところです。ふつうの人には、天命が下ったかどうか、わかるはずありません。ではなぜわかるかというと、クーデターを仕掛けた本人が「俺は天命を受けた」と宣言するからです。

天命が自らに下ったと吹聴することで、いまの皇帝を倒し、自らが玉座を奪い取るのが易姓革命の実態です。中国ではこうして暴力による政権交替が、孟子の学説によって正当化されたのです。

宇山　日本人は、中国の真似をしませんでした。易姓革命を受け入れず、天皇の血統だけを守ったのです。

茂木　なぜ天皇の「万世一系」が大事かというと、中国風の易姓革命を拒否しているからです。朝鮮もベトナムも易姓革命を受け入れましたが、日本は拒否した。日本史のユニークさはこの点にあり、これが日本を日本たらしめている点なのです。

宇山　日本で天皇が天皇たりうる唯一の理由は、この血統だけです。能力ではありません。かりにその天皇が資質に問題があっても、血統さえ男系で神武天皇につながっていれば、天皇たりうるのです。

逆に易姓革命の理論では、日本のように君主の血統を守ることはあまり意味がない。能力のない暗愚な暴君は首を切り、新たに賢君を立てればいいという発想です。このような発想は中国社会のみならず、ヨーロッパをはじめ全世界で見られます。そうした中で、日本は唯一、易姓革命の道を選択しなかったのです。

茂木　易姓革命が認められる世界では、君主はいつ倒されるかもしれない危うい立場にいます。とくに独裁者の立場が、いかに危ういか。いつ自分の側近が裏切って、自分を倒しにくるかわからない。疑心暗鬼に駆られ、だからますます独裁を強化し、少しでも怪しそうな奴がいたら、すぐに粛清する。中国の習近平主席もそうでしょう。彼は易姓革命を非常に恐れているから、全人民を監視したがるのです。

宇山　中国の新疆ウイグル自治区では、10メートルおきに監視カメラが設置されているといいます。北京や上海でも10メートルおきに監視カメラがあり、少しでも怪しい人物は検挙しています。

茂木　これとは対照的に、日本の京都御所の周囲には堀も城壁もありません。入ろうと思えば簡単に御所内に入れます。日本では易姓革命が起きないからで、自分が天皇に取って代わろうなどという者はいない。だから防備に気を使わなかったのです。

宇山　日本の先人の知恵というべきでしょう。日本はこの血統主義によって国家の形、すなわち国体を維持してきました。中国や朝鮮など、その他の国とはまったく違います。この点でも日本文明の独自性を主張できるでしょう。逆に男系の血統主義を失ってしまえば、もう日本が日本でなくなります。

日本で独裁政治が生まれない理由

茂木　日本文明の特徴といえる天皇ですが、古代には軍を指揮して戦っています。しかし平安時代以降の歴代天皇は権威であって、権力者ではありません。ここは日本文明を知るうえで重要なところです。

権力と権威の違いを知ることは重要です。政治権力と権威が合体すると独裁になります。典型が、いまの中国です。習近平氏は主席にして軍の最高司令官ですから、最大の権力者です。しかも現在の中国において、彼を超える権威はありません。中国は完全に独裁国家です。

アメリカも中国と似ています。アメリカでは、軍の最高司令官である大統領が最高権威でもあります。大統領の上にあるのは神のみです。つまりアメリカ大統領は独裁者になる潜在的な危険があり、これを防ぐために合衆国憲法で三権分立を定めました。また、第2次世界大戦中にF・ルーズヴェルトが四選されたことを反省し、大統領の三選を禁止したのです（憲法修正第22条）。

日本では、権威と権力を分けています。権威を持っているのは天皇であり、権力を握っているのは摂政関白や征夷大将軍、あるいは総理大臣です。権威と権力が完全に分け隔てられてきたので、日本では独裁政治は生まれないのです。

宇山　権威とは政治的な行使力を持たず、名声・信仰のようなものの上にあります。権力者は実際に政治的な強制力を持っているけれど、人民から敬愛されません。それが権威と権力の違いで、天皇は権威であっても権力者ではありません。

日本では源平の武人政権から徳川の江戸幕府に至るまで、世俗権力が天皇の権威に挑み、その地位を侵すことはしません。それは天皇の持つ神性の伝統が尊重されたからです。

よく「天皇は権力者なのに」というコメントをインターネットなどで見ますが、天皇は権力者ではありません。古代や中世の一時期、権力を持っていた時代もありましたが、少なくともいまはそうではありません。

近代日本のコピーである、いまの中国

茂木　日本文明と中国文明の関わりについては、東京外国語大学の教授だった岡田英弘氏が「現代中国は日本化したのだ」と説いています。中華民国の時代に日本への留学生による日本化が始まり、日本由来の漢字を採り入れ、いまの「中国語」を生み出したという説です。

もともと中国には書き言葉として漢字はあっても、「話し言葉としての漢語」がなく、方言の差が激しすぎて意思疎通は難しかったのです。日本の近代化の影響を受け、近代日本語のような共通の話し言葉として、いまの中国語を成立させたというのです。

宇山　１９１２年、辛亥革命で清王朝が崩壊した後、白話運動という文体の改革運動が始まり、従来の文語体をやめ、口語（白話）体で文章表現をすることを主張し、近代的な新しい文化の創造を目指しました。文章表現のスタイルの革新にとどまらず、文語表現を支えている伝統的な思考からの脱却を目指し、簡易な話し言葉を使うことで、知識や思想を広く大衆に開放することを目指しました。

1918年、『新青年』に発表された魯迅の『狂人日記』がその始まりとされます。この白話運動は文学革命、新文化運動とも言われます。保守的な儒教思想が封建社会からの脱却の障害となっているとして、儒学を否定します。

魯迅は日本で医学を勉強していました。先ほど、おっしゃられた「日本への留学生による日本化が始まり」というのは魯迅などが代表です。

魯迅は文学に傾倒し、列強の中国支配、遅れた中国、その人々の姿や苦悩をテーマに作品を創ります。『新青年』に発表した『狂人日記』は口語のスタイルで書かれ、白話文学の始まりとなりました。その後、代表作『阿Q正伝』で辛亥革命期の農民を風刺的に描き、中国民衆の植民地的奴隷根性を批判しました。

茂木　現代中国の革命は、孫文の国民革命も毛沢東の共産主義革命も、モデルとなったのは日本です。彼らは日本のように秩序だった民族国家をつくろうと革命を起こし、これまでにない中国を目指したのです。

それまでの中国は多民族がそれぞれバラバラに動き、まとまることがありませんでした。そのためアヘン戦争以降、イギリスやフランスに侵食されていったという苦い経験があります。侵略されないためには、まず革命によって民族国家をつくる必要がある。そして革命後、最初に行ったのが国語の統一なのです。

われわれ日本人は、学校で漢文を教わります。この漢文というのは、いまの中国語ではありません。日本の漢文の教科書を北京や上海に持っていって一般市民に見せても、誰も読めないでしょう。われわれが習う漢文は、古代中国語なのです。

２０００年ぐらい前、漢の時代に成立した古い言葉、古文です。なぜそんな古い言葉が長く残り、日本で漢文になったかというと、中国に科挙があったからです。科挙の学科試験では、答案をすべて古文で書きました。それは中国人がふだん話している言葉とまったく異次元の言語で、外国語に等しかった。現代日本人が、古事記の日本語を注釈なしに理解できないのと同じです。

明治時代に来日した中国人留学生が、日本人がふだん話しているとおりに文章を書いていることを知ります。「これは凄い！」と思い、いまの北京語を話し言葉に採用して現在の共通語としての「中国語」としたのです。

さらに「中国語」をつくりだした延長線上で、「中国人」という民族も発明しました。それまで中国にはたくさんの民族がいて、「それぞれが異なる民族」という意識でした。革命後の中国では、「中国語を話しているなら中国人」としたのです。

中国語を中心とした国民国家をつくることで、二度と外国から侵略されない国になろうとした。その意味で「近代日本をコピーしたのが、いまの中国」という話は間違いではありません。

◇◇◇◇◇◇◇◇◇◇

日本文明と中華文明の狭間に存在する台湾

茂木　その日本文明と中華文明のちょうど狭間に位置するのが台湾です。台湾には、狩猟と焼畑で生活する先住民が数千年にわたり暮らしていました。これは縄文人的な存在です。大航海時代以降、外から荒々しく文明人が入ってきます。最初はスペイン人、続いてオランダ人、そのあと対岸の福建省の中国人、そして明治以降に日本人が入ってきます。

宇山　日本人が来る以前、台湾は清朝の支配下にありました。ただ実際には清朝の統治をほとんど受けておらず、中国側は台湾を「化外の地」としていました。「化」とは「文明化」の意味ですから、化外の地とは中華文明圏の及ばない地ということです。

清朝が台湾を日本に割譲した１８９５年の下関会議では、清の全権大使として李鴻章がやって来ます。日本全権で当時の首相でもあった伊藤博文が李鴻章に台湾割譲を迫ると、李鴻章は不思議がります。「台湾は化外の地であり、日本はすぐに台湾の劣悪さに気付くことになろう」という言葉も残しています。

なかでも先住民の生活エリアは、清朝の役人は入り込んでいません。台湾の先住民は漢民族ではなくマレー・ポリネシア系の民族で、インドネシアやマレーシアの人たちに近いです。彼らの風習は中国とまったく違い、独自の文明圏にありました。

茂木　台湾の先住民は、見た目も中国人とまったく違います。目がぱっちりしたところは、フィリピン人に似ています。いまでも台湾の南側や山の中に行くと、先住民をたくさん見かけます。30年くらい前までは、顔に刺青を入れた人も多かったそうです。

宇山　台湾の先住民は、基本的に台湾の東側に多く住んでいます。アミ族など東部平原に住む一部の部族を除き、彼らは台湾の中東部の山岳密林地帯に住んでおり、複数の部族社会を形成していました。山に住む人という意味の「高山族」とも呼ばれていました。今日の台湾でも、山岳地域に先住民族の血統を強く残す部族が残っており、独自の習俗と言語文化を持っています。彼らは米や粟を作る農耕生活を主に続けていますが、牧畜や狩猟も行います。

これらの部族に属する人々は約50万人いるとされ、台湾の総人口の約２％を占めます。しかし、中国人との混血やその子孫、また部族の村を去って、都市住民と化した人々を含めると、もっと数は増えるでしょう。アミ族、パイワン族、タイヤル族、ブヌン族、そして、後述の霧社事件を起こしたセデック族など先住民族は16の民族がいるとされます。しかし、これは台湾政府が正式に認定した数で、これに含まれていない少数部族も多くあります。

台湾に行けば、気軽に先住民族の文化に触れることもできます。台北から東南方28㎞離れたところにタイヤル族が多く住むウーライ（烏来）という山岳の温泉観光地があります。「ウーライ」とはタイヤル族の言葉で「温泉」を意味します。

文化交流施設等で、タイヤル族の踊りや歌に触れることができ、通りには、山菜、川えび、アワ餅、竹筒飯などのタイヤル族の伝統料理が店頭に並べられています。これらは中華料理とは異なる料理で、石焼きや蒸し焼きにした食材に塩で味付けするだけの原始的な料理です。

東部の花蓮県では、先住民族の中で最大の数を擁するアミ族が多く生活する「花蓮の阿美文化村」があり、彼らの文化にも触れることができます。

台湾の主な先住民族の分布

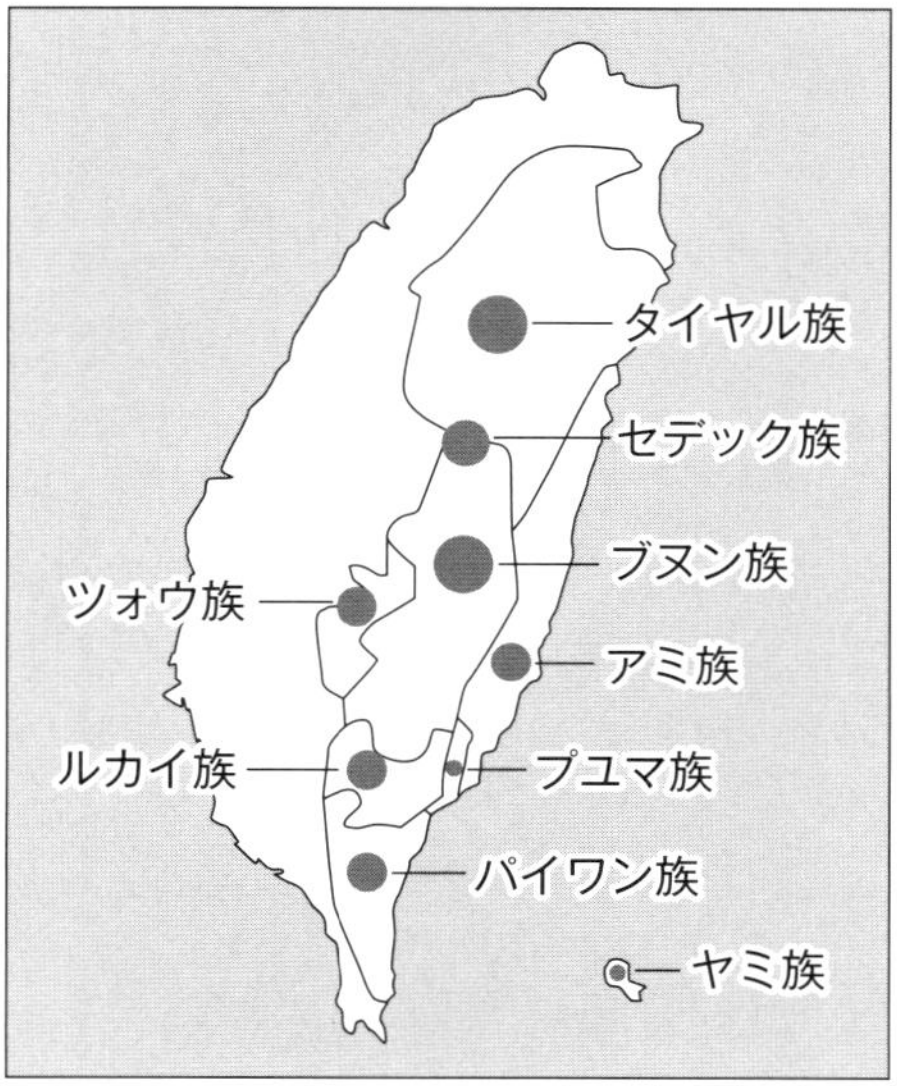

先住民族が舞踏の際に着る鮮やかな色彩の民族衣装はインドネシアなど東南アジア島嶼部の民族衣装のデザインに近く、祭りや儀式なども東南アジアのものと共通点が多くあることが指摘されています。

茂木　台湾を文明化したのは日本でした。日本の明治政府は日清戦争に勝利し、１８９５年の下関条約で清朝から台湾を譲り受けました。最初の海外領土ということで、当時の日本人は「台湾の文明化」に前のめりになり、電気や水道を整備し、日本語の読み書きも教えました。

台湾の先住民には、当時20くらいの部族があり、お互いに争いが絶えませんでした。彼らは「首狩り族」ともいわれていました。対立する部族の相手を殺して首を狩る文化があったからです。

先住民の子孫の方から聞いた話では、狩りとった首はミイラにして大事に保管していたそうです。彼らはご飯を食べるとき、ミイラにした首にもご飯をお供えするのです。タバコを吸うときも、ミイラの首にタバコをお供えしていた。

彼らの首を狩る行為は、敵に対する一種の敬意の表れなのです。日本の侍が切腹して死ぬことを美しいと思っていたのと同じような感覚で、他部族民の首を狩っていたのだと思います。

宇山　台湾では、首狩りのことを「出草《しゅっそう》」と呼んでいました。先住民は、草むらに隠れて、敵対する部族の者が来ると草むらから出て襲撃し、首を狩る。これが出草です。日本による統治が台湾で始まると、日本人はこの出草の習慣をやめさせようとしたのです。

茂木　そう、日本人は先住民の首狩りの文化をやめさせました。首狩りのような風習が長く続いたのは、異なる部族同士で言葉が通じなかったからです。そこで日本人は、彼らの共通語として日本語を教えようとしたのです。

そのために人里からかけ離れた山中にも小学校などをつくり、いろいろな部族の子どもたちを一緒に学ばせました。こうした努力の結果、部族間抗争は収まっていきました。先住民の高齢者は、いまでも共通語として日本語を使っています。

半世紀にわたる日本の教育により、ほとんどの先住民は〝日本人〟になっていった。大東亜戦争で地獄のニューギニア戦線を日本兵とともに戦い、飢えと病に苦しむ日本兵を助けたのは「高砂《たかさご》義勇兵」と呼ばれた台湾先住民の志願兵たちでした。

この「台湾文明化」の過程で、日本人と先住民との衝突もあった。「縄文人」がいきなり鉄道や電気の生活に投げ込まれたのですから、当惑したでしょう。文明化されたくない部族もいて、彼らにとって日本による文明化は、自分たちが長く維持してきた伝統文化が破壊されることを意味しました。

そうした中で起きた最大の事件が、霧社《むしゃ》事件です。霧社という集落で起きた衝突で、私も先日訪れましたが、ちょっと辛いものがありました。

宇山　霧社事件について、詳しく解説していただけますか。霧社事件は台湾中部の霧社にいた先住民セデック族が、当時の日本統治に対して反逆したことに始まる一連の事件ですね。

茂木　「われわれは日本人ではない」と伝統を守ろうとした先住民の代表がセデック族でした。台湾総督府は、セデックの部族長モーナ・ルーダオを東京に招待し、近代文明を見せることで懐柔しようとしました。東京見学の感想を聞かれたモーナ・ルーダオは、「日本人は、河原の小石のように数が多い」とだけ語りました。

１９３０年、霧社の集落内に日本人が建てた小学校で運動会が行われたとき、モーナ・ルーダオに率いられたセデック族は小学校を襲い、日本人の子どもとその親たち、また日本人に協力したセデックの者たちを殺し、首を狩ったのです。

台湾の日本社会はパニックになり、日本軍が霧社に派遣されました。日本軍は霧社のセデック族と戦い勝利しますが、セデック族の男たちはほとんど戦死しました。残された女性と子どもは、首を吊って集団自決しました。霧社には、その遺跡が残っているのです。

◇◇◇◇◇◇◇◇◇◇

日本が負けなければ、台湾は日本文明圏の一員になっていた

宇山　霧社事件は日本統治時代の悲劇ですが、この事件が起きたのはまさに日本文明との衝突だったわけですね。

茂木　霧社事件という悲劇を乗り越えて、台湾は日本統治時代に日本文明を受け入れてきました。日本の台湾統治は50年ですから、朝鮮統治36年よりずっと長く、二世代に及んだのです。ところが１９４５年に日本は大東亜戦争に敗れ、台湾から去ります。

代わって台湾にやって来たのが蔣介石の中国国民党で、台湾は突然、中華文明圏に投げ込まれてしまいました。中国文明と日本文明はまったく違うものですから、台湾人は戸惑います。最初のうちは台湾人も、国民党を歓迎しようとしました。台湾の統治者となる蔣介石が「大日本帝国の植民地だった台湾をこれから解放しに行く」「お前ら歓迎しろ」と言うので、「よくわからないけれど、すごくいい人たちが来るらしい」と歓迎した。

ところが、まず言葉が通じない。台湾の中国系の人たちは福建語（閩南語《びんなん》）をしゃべりますが、北京語からみれば福建語はほぼ外国語です。

習慣も違いました。長く日本統治下にあったため台湾人の習慣は、ほぼ日本人と同じです。いまも台湾に行くとわかりますが、たとえば電車に乗るときに台湾では降りる人を優先します。降りる人がすべて降りるのを待ってから、乗車する。この習慣は中国大陸にはなく、押し合いへし合いになります。役所の窓口で公務員が市民に賄賂を要求する文化は日本にはありませんが、中国大陸にはある。そのような細かな違いから、台湾ではあちこちでトラブルが起こります。

台湾では蔣介石の国民党と一緒に大陸からやって来た人を「外省人」、日本統治時代から台湾に住んでいた人たちは「本省人」と呼びます。国民政府の利権と結びつく外省人と、その恩恵を受けない本省人との緊張が高まり、「外省人は出て行け！」という機運が高まった結果、

1947年2月には本省人による大暴動——2・28事件が起こりました。

このとき国民党軍は、本省人を2万人ほど殺したといわれています。とくに日本語の教師など、インテリ層の人々は狙い撃ちにされ、彼らは暴動に加わっていなくても殺されました。

蔣介石は戒厳令を敷き、暴動鎮圧後もこれを解除せず、1970年代まで言論の自由がまったくない時代が続きます。この結果、国民党統治下の台湾では「蔣介石の国民党が、日本の植民地だった台湾を解放した」という歴史観が教え込まれました。

宇山　日本が大東亜戦争に負けなければ、台湾は日本文明圏の一員として位置づけられ、もっとよい発展をしたように思います。

茂木　私はむしろ、台湾における「台湾人」意識は、蔣介石独裁時代に形成されたと考えています。もともと台湾に住む人たちに「台湾人」意識はありませんでした。いま台湾にいる人の多くは、福建省から渡って来た人たちの子孫です。最初に渡った福建省の人たちは、自分たちを「福建人」というぐらいに思っていたはずです。先住民にはそれぞれの部族意識があっただけです。

19世紀末から台湾は日本統治時代を迎え、住民には日本語教育が施されます。おかげで福建系の人たちと先住民とで、コミュニケーションが図れるようになります。この頃から台湾では、出身民族を超えた台湾人意識が生まれてきました。

台湾の人々の帰属意識

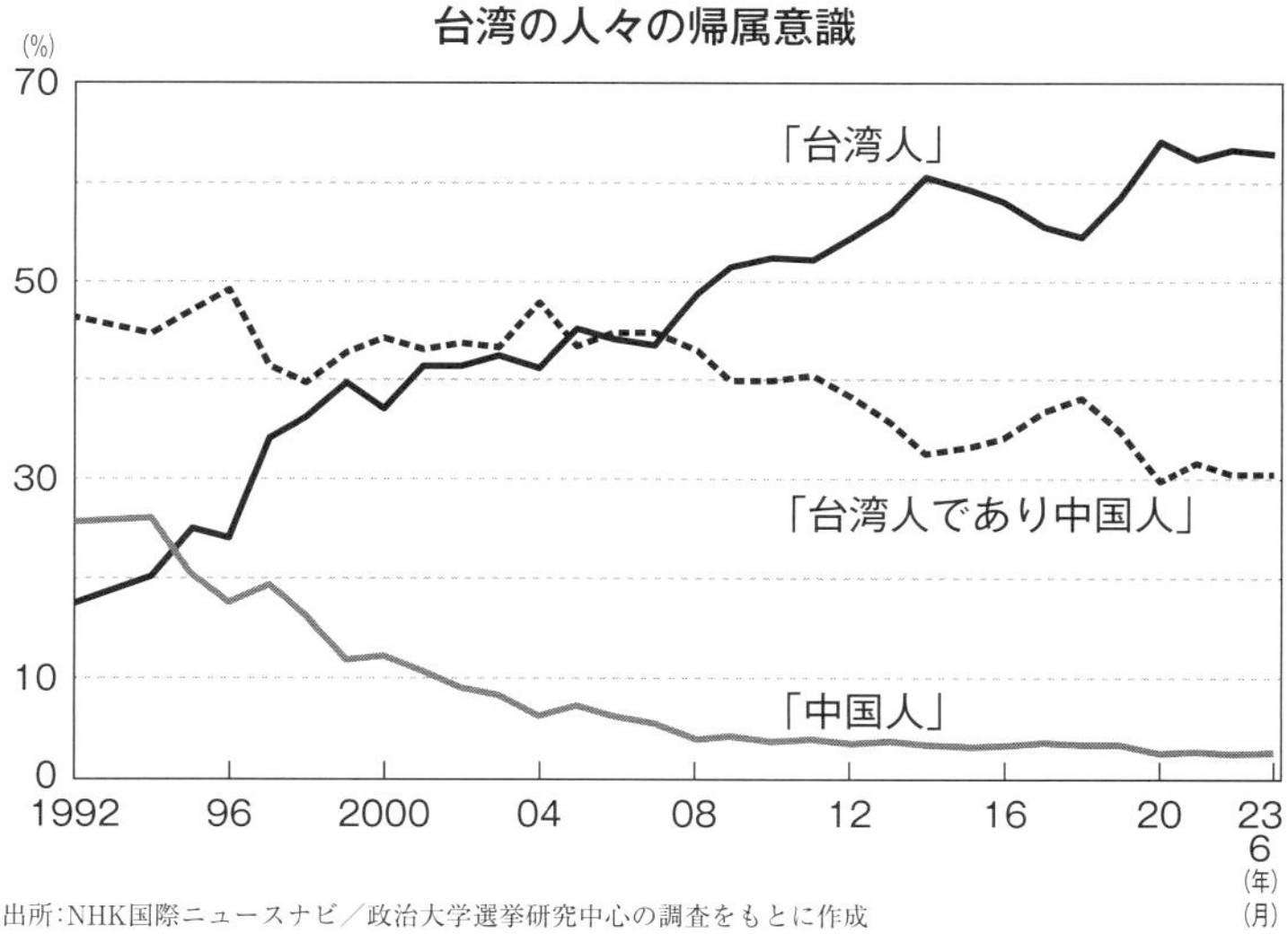

出所：NHK国際ニュースナビ／政治大学選挙研究中心の調査をもとに作成

敗戦で日本が台湾から去ったあと、もし蔣介石が日本以上の善政を敷いていたら、「台湾人」意識は「中国人」意識に変わっていたでしょう。蔣介石の統治があまりに暴力的でひどかったため、「われわれは中国人ではない」「台湾人なのだ」という意識が形成されていった。皮肉な言い方をすれば、これは蔣介石の「功績」です。いま台湾の世論調査を見ると、圧倒的多数の人が自分を台湾人と思っています。

宇山　いまの台湾の問題は、中国経済との関係が強く結ばれながら、政治的には従属したくないところにあります。台湾はこの矛盾の中で苦しみ、なかなか発展できない側面があります。本来なら私たち日本人が積極的に協力し、連携していくことが必要ではないかと思います。

◇◇◇◇◇◇◇◇◇◇

日本文明を普遍的と考え、恨みを買った日本

宇山　大東亜戦争に敗れるまで、日本が台湾と朝鮮を統治していた手法は、たとえばイギリスとはまったく違います。イギリスがインドやアフリカで行ったのは、徹底した植民地支配です。一方、日本が台湾や朝鮮で行ったのは、搾取主体の植民地支配ではなく、共存のための統治です。日本の台湾統治や朝鮮統治を「日本による植民地支配」とは言いません。

１９２０～30年代、朝鮮の経済成長率は４％～５％でした。これに対し、インドは１％です。朝鮮の人口は１９１０年から１９４０年にかけて、約１３００万人から約３０００万人に増大しています。米の生産高は２・８億円から７・１億円に、工業生産高は13億円から86億円に増大しています。（車明洙（チャ・ミョンス）嶺南大教授『韓国の長期経済統計』より）

これほどの社会発展がありながら、日本の朝鮮統治を欧米が搾取したような「植民地支配」とは言えないのです。

茂木　日本の台湾併合、韓国併合は、台湾や韓国を搾取の対象として植民地化したのではなく、日本本土の延長線として投資の対象としたものです。これはオーストリア帝国のハンガリー併合や、ドイツのアルザス・ロレーヌ併合に似ていると思います。

当時の日本人の一番の失敗は、日本の文明が普遍的であると思い込んでしまったところです。周辺アジア諸国が日本のように近代化できれば、アジアは欧米の植民地支配から解放されて豊かになれると思い込んでいた。だから台湾や朝鮮を統治し、大東亜共栄圏構想を掲げてフィリピンやインドネシアをも占領したのです。

けれどもアジアの各地域はそれぞれ異なった文明を持ち、それらは日本文明とはかけ離れています。そもそも日本文明はアジアの中で、さらにいえば世界の中でも特殊で、普遍的ではありません。その特殊な日本文明を押しつけても、うまくいくはずがない。

ましてや朝鮮半島の人たちは、日本とはまったく違う中華思想的、儒学的世界観を持っていました。それなのに日本式で統治しようと考えたから、あとで恨みを買うことにもなったのです。これは日本の失敗だったと思います。

朝鮮や満洲のために使ったお金を日本国内、たとえば東北地方や北海道の開発に使っていたら、いまの日本はどれだけ豊かになっていたかを考えると、本当に残念です。

第2章

中華文明 VS インド文明・チベット文明

ヒマラヤ山脈とチベット高原で隔絶された中国文明とインド文明

宇山　1章で日本文明と中華文明の衝突を見てきました。次に2章では、中華文明とインド文明の衝突を見ていきたいと思います。さらに後半では、両者の中間に位置するチベット文明についても考察していきます。

まず中国文明とインド文明ですが、両者はどちらが強いのでしょう？　また、それぞれどのような特徴があるのでしょう？　茂木先生は、どのようにお考えですか。

茂木　明治時代に岡倉天心という美術史家がいました。東京美術学校（のちの東京藝大）の創設者で、「茶の湯」などの日本文化を英語で海外に紹介した人です。彼は「アジアは一つ Asia is one.」と言いました。われわれアジアが一つにまとまる、東洋文明が一つにまとまって西洋文明に対抗しようと説きました。これは、岡倉が英領インド滞在中に書いた文章です。

「アジアは一つ。ヒマラヤ山脈は、二つの強力な文明――孔子の共同主義の支那文明と、ヴェーダの個人主義の印度文明とを分かつ。しかしこの雪の障壁をもってしても、あの究極と普遍とに対する広い愛の拡がりを、ただの一時も遮ることは出来ない。この愛こそは、世界のすべての大宗教を生み出させたものなのだ」（『東洋の理想』茂木健一郎意訳）

中華文明 VS インド文明

（作図：茂木誠）

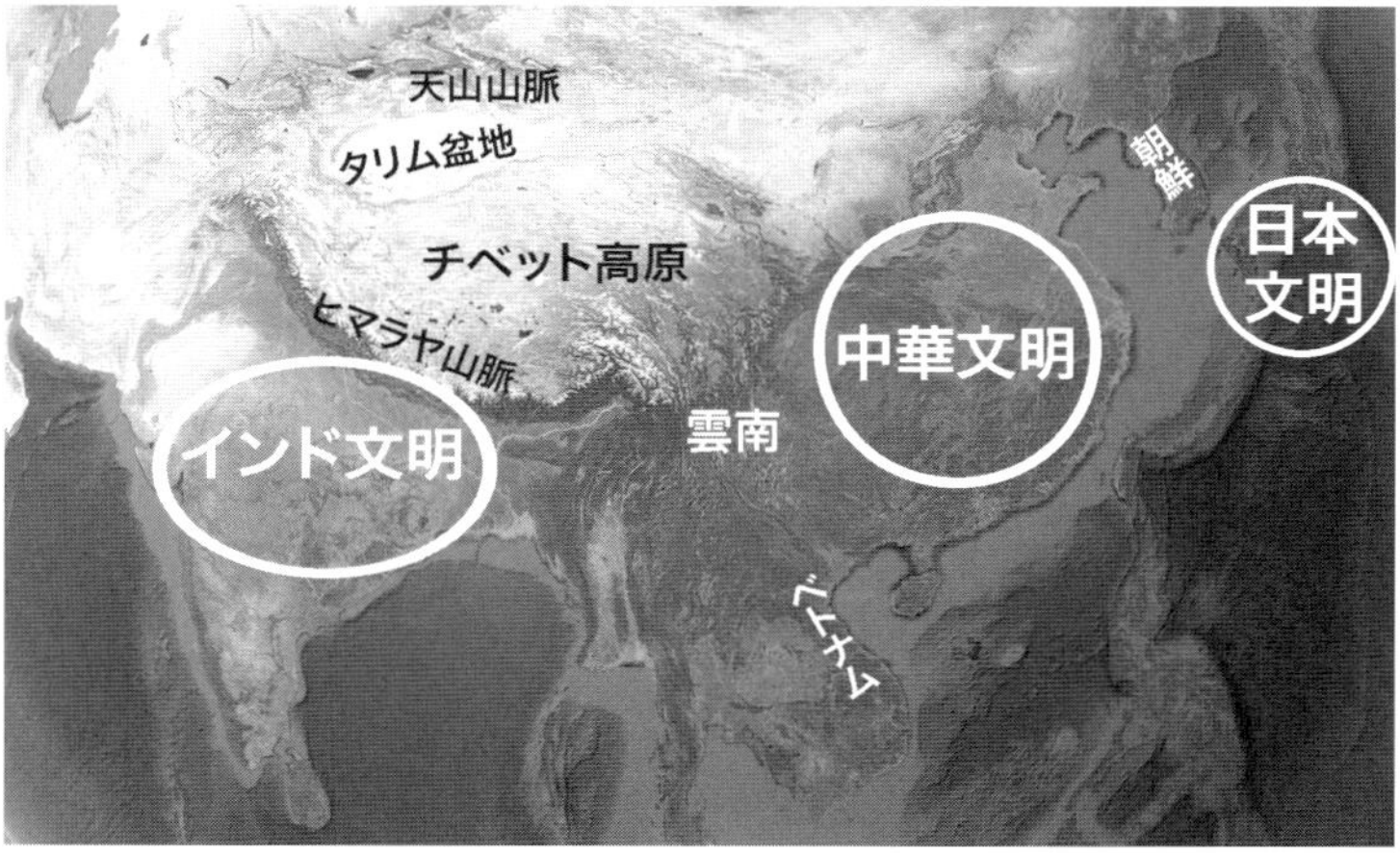

美しい文章ですが、この思想は根本的に正しくないと私は思っています。とくに中国文明とインド文明（ヴェーダの文明）とは、まったく異次元の世界だからです。

先に紹介した歴史家の岡田英弘先生も、「アジア文明の源をたどっていくと、シナとインドになる」と言っています。ただ両者は、ほとんど往来がありません。岡倉が認めるように中国とインドの間にはヒマラヤ山脈とチベット高原があり、越えるのは容易ではないからです。インドと中国を往来するには、海に出て東南アジアを経て行くか、チベット高原の北に広がる砂漠を越えるしかありません。

ヒマラヤ山脈とチベット高原によって、インドは中国からの侵略を免れていました。同時にこれらの障壁があることで、中国とインドはまったく別の世界になり、それぞれが別の文明圏になったのです。

宇山　たしかに、ヒマラヤ山脈とチベット高原という地形が、地政学的にも中華文明とインド文明を隔絶させています。このことを踏まえて東南アジアという地域を見ると、東南アジアにはヒマラヤ山脈のような大きな山脈は存在しません。

そしてインドからミャンマーの南北を走るラカイン（アラカン）山脈という比較的大きな山脈さえ越えれば、東南アジアに入れます。中国からはベトナム経由で東南アジアに入ることができます。あるいは雲南省の昆明からミャンマー、ラオス、タイと抜けることができます。

これは東南アジアという地域が、インド文明と中華文明の文明間闘争の舞台になっているということです。

茂木　中華文明とインド文明の境目は、まずはチベット高原から雲南省のラインになります。中国の雲南省から南へ向かい、ベトナムとラオスの境にあるチュアンノン山脈、アンナン山脈が境目になります。この二つの山脈の東に位置するベトナムは、基本的には中華文明圏となり、西に位置するラオスはインド文明圏となります。

だから食にしても、ベトナム料理には生春巻きやフォーという麺があります。これらは、中華料理の系統です。しかもベトナムでは食べるとき、中国と同じく箸を使います。一方ラオスでは手で食べるか、スプーンを使います。またタイやラオスにはカレー系の料理が多く、これもインド文明圏であることを示しています。

宇山　ベトナムの首都ハノイは漢字で「河内」と書きます。河の内側にある都市だからで、これは漢字の発想です。

茂木　ベトナムという地名は、漢字では「越南」と書きますし、ハノイを中心とする北ベトナムを「東京（トンキン）」、フエを中心とする中部ベトナムを「安南（アンナン）」と書きます。

宇山　古代中国にあった越という国の南にあったから「越南」ですね。まさに中国人から与えられた国名といえます。最初の本格的な独立王朝である李朝は、中国の律令体制を受け継いでいます。ベトナム人の王朝は中華帝国につねに抵抗する一方、漢字を受け入れ、儒教や科挙の制度も採り入れました。

ベトナム南部は中華文明圏に入っていない

宇山　ただし厳密にいうと、中華文明圏になっているのはベトナムの北部のみです。ベトナム南部は、中華文明圏には入っていないと思います。どこで文明の隔絶があったかというと、中部の都市フエとダナンでしょう。フエから北は中華文明圏で、ダナンより南はオーストロネシア語派の文明圏と私は捉えています。

茂木　オーストロネシアは「南の島々」という意味です。インドネシアやマレーシアの人々、フィリピン人などが、オーストロネシア語派になります。中国系とは見た目も違います。台湾先住民や太平洋のポリネシア人もこの系統です。

宇山　北部のハノイで会うベトナム人は、顔だちや雰囲気一つとっても、中国人とほとんど変わりません。けれども南部のホーチミンで会うベトナム人は、中国系とは似ていません。体つきががっちりしていて、色黒です。顔の彫りも、中国系のような扁平とは違います。濃い顔になっていて、ハノイとホーチミンでは民族の隔絶もあるのです。

茂木　そもそもベトナムは古代から長い間、フエよりも北だけを支配する国でした。ダナンから南は別の国で、古代にはチャンパー王国が存在していました。

宇山　チャンパーは、インドシナ半島東南部に居住していたチャム族の国です。チャム族はオーストロネシア語派の民族で、中国系であるハノイのベトナム人とは民族的に異なります。

そのチャム族はもともと中華王朝に従属していましたが、しだいに分離独立を求めだします。そして中国が三国時代の動乱に向かう隙をついて、2世紀末に後漢から独立を果たすのです。

これにより「チャンパー王国」が成立、中国では「林邑」「占城」などと記されています。独立後のチャンパーは、ベトナム王朝の圧力を受けるまで、長く中国文明を拒否しつづけてきました。

インドシナの文明闘争

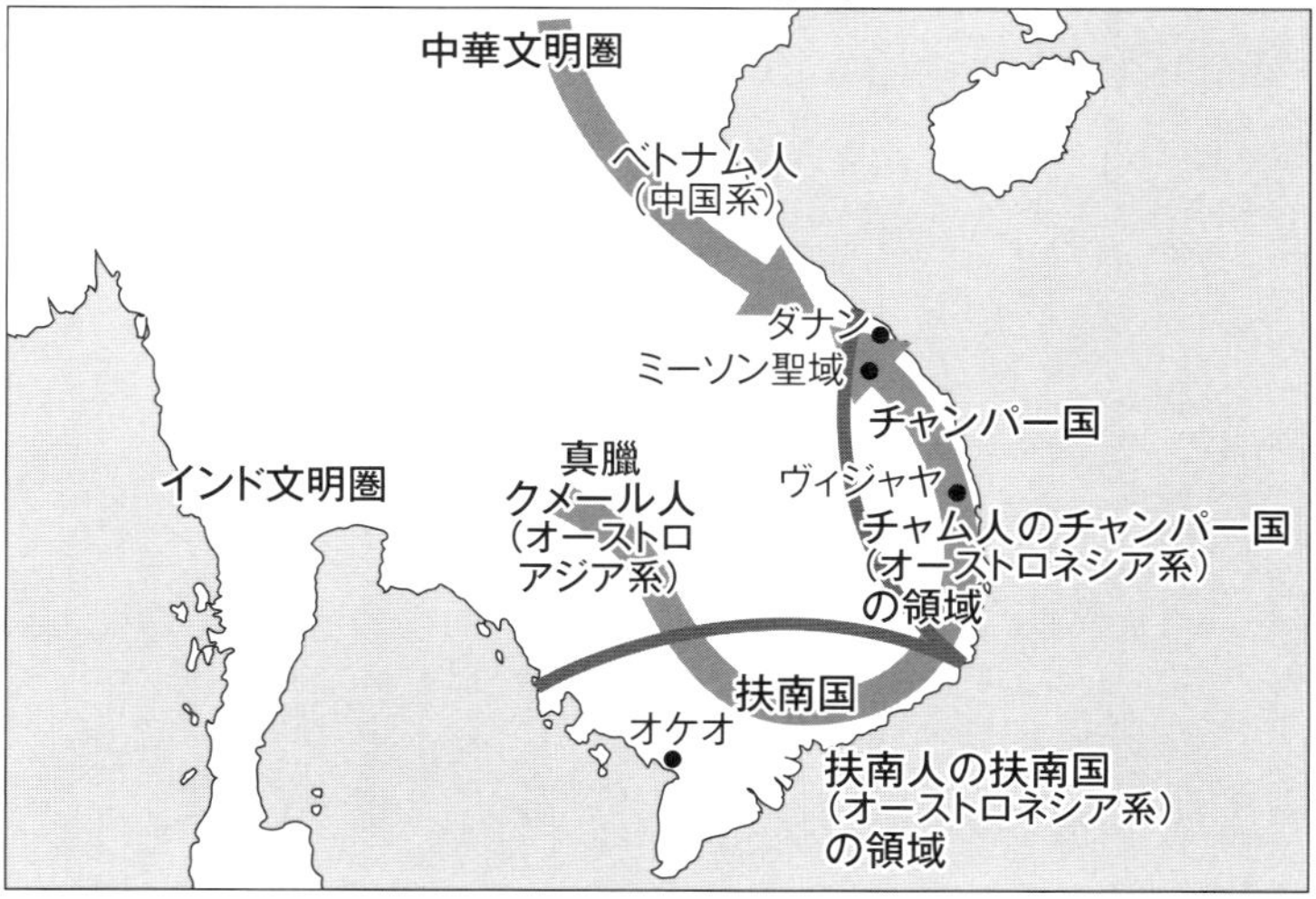

茂木　宇山先生は、チャンパー王国の遺跡を訪れたことがあるそうですね。

宇山　ベトナムの中部ダナンの西にある、ミーソン聖域という大きな遺跡に行きました。ミーソン聖域の遺跡はカンボジアのアンコール・ワットと一見よく似ていますが、アンコール・ワットほど精緻・精巧なものではありません。アンコール・ワットがオーストロアジア語派の遺跡なのに対し、ミーソン遺跡はオーストロネシア語派の遺跡で、両者は異なります。

さらにベトナム南部からカンボジア南部にかけてのメコン川下流域には、紀元１世紀末に扶南という国がありました。「フナン」あるいは「プノム」と呼ばれ、扶南は東南アジアで初の統一国家でした。かつてはクメール人の国と考えられていましたが、現在ではマレー系のオーストロネシア語派の国とする説が有力になっています。扶南はチャンパー王国を支援してきた国でもあります。

加えて扶南は、インド化された国でもありました。インド人官僚を使い、ヒンドゥー教を採り入れ、サンスクリット語を法律用語としていました。インド化された扶南の影響で、その支援を受けていたチャンパーもインド化されていきました。

茂木　ここで面白いのはベトナムと長く対立していたチャンパーが、ベトナムと敵対してきた中華王朝に接近し、朝貢するところです。チャンパーは東南アジアに勢力を広げるベトナム王朝に怯え、ベトナムを押さえ込むことを中華帝国に期待したのです。「敵の敵は味方」ということです。

宇山　ところがベトナム王朝は中国に屈しない力を持っていて、中華帝国が南進しようにも不可能でした。ベトナム王朝が障害になり、中華文明圏は東南アジアに広がりを持てなかったのです。ここには「隣り合う国はすべて敵」という世界史の鉄則が働いています。結局チャンパーも、17世紀にベトナムの王朝によって完全に滅ぼされます。

茂木　ベトナムがいまのS字型の領土になるのはここからですね。

宇山　扶南がインド文明を輸入する拠点にしていたのは、オケオという街です。オケオは現在のベトナム南部にあり、扶南の外港として機能していました。オケオは古代ローマとも交易

アンコール・ボレイ遺跡（撮影：宇山卓栄）

していて、ローマ文明も採り入れてもいます。文明を考えるうえで、非常に重要な土地だと思います。

茂木　オケオからは、古代ローマ帝国の金貨も出土していますね。

宇山　私は2024年7月に、かつて扶南があった地域を旅行しました。扶南があった地域には、今日のカンボジア南方も含まれています。カンボジアの首都プノンペンからクルマで南に1時間ぐらい走ったところに、アンコール・ボレイ遺跡群があります。この扶南の遺跡には、中国的な要素はまったくありません。

アンコール・ボレイ遺跡の南にもオーストロネシア語派のつくったヒンドゥー遺跡がたくさんありますが、やはり中国系の要素は皆無です。扶南の遺跡には世界遺産に登録されているところもありますが、日本ではほとんど知られていません。
先ほど述べたチャンパーのミーソン聖域の遺跡もまた、扶南の影響を受けています。チャンパーは扶南の人たちと同系統の民族だったこともあり、扶南の文化の影響を大きく受けていたのです。

◇◇◇◇◇◇◇◇◇◇

扶南、チャンパーが東南アジアの中華文明圏化を防いでいた

宇山　話を戻すとベトナムの中部フエとダナンは、北の中華文明と南のインド文明の境界地帯であり、二つの文明の勢力争いの地になっています。より具体的にいえば、古代には中華文明圏のハノイの勢力と、インド文明を汲むチャンパーが、お互いに争奪する地でした。

茂木　ハノイは日本でいえば、京都に当たります。京都を都としたヤマトの王朝は中華文明の影響下で独自の日本文明を立てたわけです。この日本が東北へと勢力を伸ばし、縄文直系の狩猟民であるエミシ（蝦夷）と対峙します。このエミシにあたるのがチャンパーであり、扶南であると考えれば、イメージを摑みやすいと思います。
日本の歴史ではヤマトがエミシをしだいに北へと追い詰めていったように、ハノイの勢力もまた、チャム人を南へ追いつめていきました。このときハノイ勢力のベトナム中部における最

フエの王宮（順化京城）

前線だったのが、フエとなります。

ハノイの王がフエに出先機関を置いたのですが、その司令官となった有力貴族の阮（グエン）福暎がフエ一帯の王になり、やがて１８０２年に最後の王朝である阮朝を打ち立てます。その王宮がフエに復元されていますが、やはり中華風です。

宇山　このベトナム中部こそ、インド文明と中華文明との衝突の最前線でした。古代には扶南とチャンパーが力を持ち、北部のハノイを拠点とするベトナム勢力の圧力と浸透を中部地域で跳ね返しつづけました。扶南はチャンパー王国の独立を支援し、ハノイ勢力は中部ベトナムで思うように勢力を伸ばせなかった。

７世紀にメコン川中流域のクメール人国家・真臘（シンロウ）が勃興し、扶南を滅ぼします。

この真臘の全盛期がアンコール王朝で、インドシナ半島の大半を支配しました。チャンパーはその後も存続し、ハノイ勢力の南下を食い止めていたのです。

もしベトナム中部が中世までにハノイ勢力に侵食され、中華文明圏に乗っ取られていたら、雪崩を打ったように一気にベトナム南部まで中華文明圏に組み込まれていたとしても、不思議ではありません。

そうなると、いまのカンボジアやタイにも中華文明が浸透し、中世には東南アジアが中華王朝の属国になっていた可能性があります。中華文明圏の東南アジアでの南下を食い止めたという点で、扶南やチャンパーは存在意義が大きいと思います。

茂木　1章でもお話ししたように、唐の滅亡を機にベトナムは中華帝国から独立します。中華帝国は何度もベトナムに攻め込みましたが、ベトナムはすべての侵攻を撃退しました。この点に注目すると、中華文明圏から自立したベトナムが、逆に東南アジアを中華文明から守る防波堤になったともいえるでしょう。

宇山　東南アジアでは、そうしたねじれのような現象が、ずっと続いていました。結論をいえばベトナム北部は中華文明圏、ベトナム南部はインドの影響が強い東南アジア文明圏、という位置づけになります。

茂木　ベトナム南部には、東南アジア最大の大河、メコン川が注いでいます。この大河は大型船が航行でき、これを遡るとカンボジアからラオスとタイ国境を通って、雲南省（雲貴高原）にまで行くことができます。

その意味でメコン川は古代から重要な貿易ルートで、その河口を擁するベトナム南部地域は各国の争奪の場となりました。古代においては扶南とクメールがここで争い、中世以降はクメール（カンボジア）とベトナムとが争い、19世紀のフランスによるベトナム侵略でも、最初に占領したのがメコン川河口のコーチシナ地方でした。

カンボジアのポル・ポト政権を支援しつづけていた中国共産党

茂木　ベトナムを侵略した国は、歴代の中華帝国、フランス、アメリカと続き、最後にやってきたのが中華人民共和国でした。鄧小平政権が、「懲罰」と称してベトナムを侵略しています。

宇山　１９７９年の中越戦争ですね。

茂木　中越戦争は、中国のベトナム封じ込め戦略から起きた戦争です。ベトナム戦争時、中国はベトナムを支援しましたが、ニクソン訪中を機に毛沢東はベトナムを見捨て、アメリカと結びました。これに反発したベトナムがソ連と結んだため、中越関係は一気に悪化します。そ

中越戦争時のインドシナ　（作図：茂木誠）

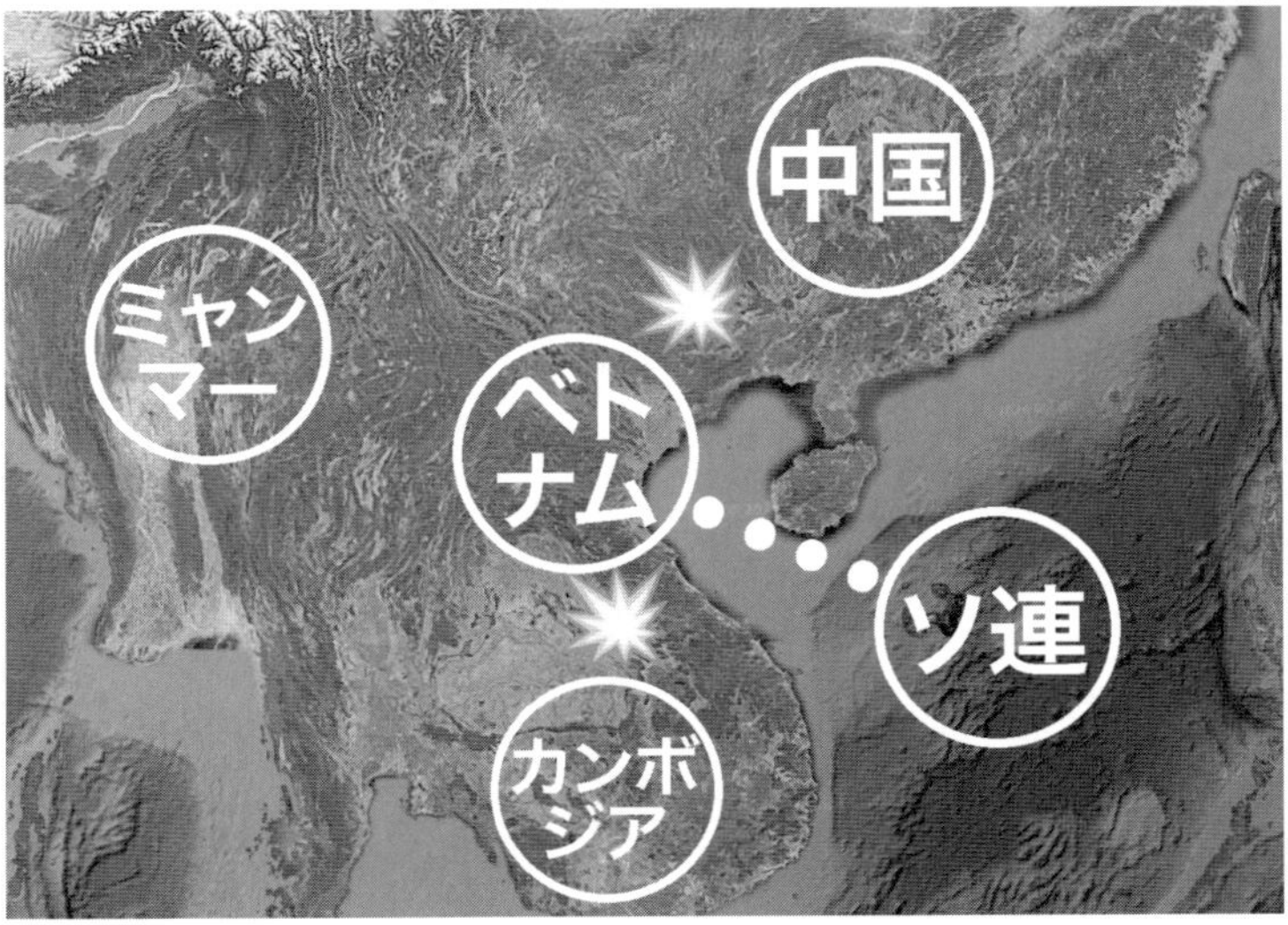

してベトナム封じ込め対策として、中国が新たに接近したのがカンボジア共産党のポル・ポト政権やラオス共産党でした。自国民の大虐殺を繰り返すポル・ポト政権打倒のためベトナム軍がカンボジアに攻め込むと、ポル・ポトの保護者である中国の鄧小平が「ベトナム懲罰」とうそぶいて攻め込んだのが中越戦争ですが、ベトナムは中国人民解放軍を撃退します。

かつて中華王朝はベトナム王朝封じ込めのために、チャンパーを支援しました。20世紀の中国は、カンボジアやラオスを支援してベトナム包囲網を形成したのです。

宇山　中国が支援していたカンボジアの政権は、悪名高いポル・ポト派の民主カンプチア政権です。カンボジア旅行では、トゥールスレン刑務所というポル・ポト時代の施設を訪れる人は多いでしょう。トゥールスレン刑務所は、じつに残酷な場所です。ここでインテリやブルジョアに対する拷問と処刑が行われ、その写真も残っています。

カンボジアのポル・ポト政権は、資産家や地主、知識人はすべて処刑しています。眼鏡をかけているだけで「インテリの読書人」という嫌疑をかけ、刑務所行きにしました。あるいは歯を検査して虫歯の治療跡があるなら「金持ちのブルジョア」と断定し、刑務所で拷問し、最後は処刑しました。

茂木　ポル・ポト派のやったことはあまりに非道で、人類史上最悪といえるものです。その政権自体はわずか4年しか持ちませんでした。1979年、ベトナム軍が侵攻して、ポル・ポト政権を崩壊させたからです。

しかしポル・ポト派は、その後もジャングルに籠もって抵抗しました。彼らが抵抗できたのは、中国政府の支援が続いていたからです。人類史上最悪の犯罪を引き起こした政権を支援しつづけたという点で、中国政府の行いは人類に対する犯罪でしょう。

中国共産党の幹部クラスは日中間でトラブルがあったとき、「もっと歴史に学べ」「もっと反省しろ」などと日本に説教を垂れます。私はその言葉をそのまま中国に返したい。「ポル・ポト政権のスポンサーだったことを、お前たちは反省したのか？」と。

宇山　中国共産党が存在しなければ、ポル・ポト政権の悪夢はもっと早く終わっていました。

ミャンマーの軍事政権は、親中ではない

宇山　ベトナム、カンボジアの現代史の話になりましたが、現代の東南アジアで浸透を図りつづけているのが中国です。中国は東南アジアを地政学的に俯瞰し、東南アジア諸国を利用しようとしています。とくにミャンマーとカンボジアに大胆に進出していて、とりわけミャンマーを重視しています。

中国がミャンマーを重視するのは、マラッカ海峡危機に備えるためです。中国が中東から原油を輸入するとき、中国行きのタンカーは、インド洋からマラッカ海峡を通過するからです。

茂木　現在、マラッカ海峡を押さえているのは、アメリカです。マラッカ海峡は、横須賀を母港とするアメリカ第7艦隊の監視下にあり、米中間で揉め事が起これば、アメリカはマラッカ海峡を封鎖することができます。

マラッカ海峡が使えなければ原油が入らず、中国は干上がります。そこでマラッカ海峡を通過せずに、中東からの原油を確保するために浮上するのが、ミャンマーを中継点にするルート

です。

中東からのタンカーをミャンマーの港に寄港させ、ここからパイプラインで流せば、中国の雲南省まで原油を運べます。このミャンマールートを確保すればマラッカ海峡を通過する必要がなくなり、マラッカ海峡危機を回避できるのです。

宇山　現在中国はミャンマーのチャウピューに港を造成し、中国につながる幹線道路の建設も始めています。

ミャンマーでは実質の最高指導者だったアウン・サン・スー・チー国家顧問が、２０２１年の軍のクーデターで失脚、拘束されました。代わって軍のトップであるミン・アウン・フライン が、実質の最高権力者になっています。

ミャンマーの軍事政権については批判も多く、とくに中国との癒着に対する非難が欧米諸国からなされています。でも実はミャンマーの軍事政権は中国嫌いで、中国と癒着していたのはスー・チーのほうです。

スー・チーはミャンマー民主化の象徴として、日本では聖人のように扱われていますが、彼女の外交は中国べったりでした。彼女の統治時代に中国はミャンマーで積極的に道路を建設していましたが、いまの軍事政権はこれにストップをかけています。中国の東南アジアにおける強大化を食い止めるという意味では、ミャンマーに軍事政権が誕生したのは幸運でした。

茂木　中国が援助に力を入れている国には、パキスタンもあります。そのパキスタンの北東に位置するのが、新疆ウイグル自治区です。

いま中国はパキスタンで、アラビア海に面するグワーダルに大規模な港湾を建設しています。狙いは中東の原油をグワーダルまでタンカーで運び、グワーダルからパキスタン領内を通過し、新疆ウイグル自治区に至るパイプラインを建設することです。グワーダルから新疆までのパイプラインが完成すれば、インド洋やマラッカ海峡を通過せずに、中東の原油を中国に直接入れることができます。

しかもパキスタンはインドと犬猿の仲なので、パキスタンを中国寄りにすればインドを牽制できます。さらに中国はスリランカにも浸透し、ハンバンドタに大規模な港を建設しています。

こうして中国はミャンマー、スリランカ、パキスタンを自分のチームに引き込み、インドを包囲しています。これが「真珠の首飾り」（124ページの地図参照）と呼ばれるもので、首飾りでインドの首を絞め上げようとしているのです。

雲南地方から南下し、アンコール朝の領土を奪ったタイ人

アンコール・ワット

宇山　次にタイについて見ていきましょう。先ほどカレーを食べる国や地域には、インド文明の影響が強いという話が出ましたが、タイの人たちもカレーをよく食べますね。

茂木　タイは現在、インドシナ半島の中央部にありますが、もともとここはカンボジア領でした。

クメール人（カンボジア人）が建てたアンコール朝は、インドシナ半島の大半を支配していました。その領域は、現在のカンボジアを中心に、タイ・ラオス・南ベトナムに及ぶ大国でした。この国もインド文明を受け入れ、ヒンドゥー教を崇拝していました。王はヒンドゥー教の最高神ビシュヌの化身として統治し、「生き神様」として崇拝の対象でした。

カンボジアの世界遺産アンコール・ワットは

最盛期の王、スールヤヴァルマン2世の王墓であり、ヴィシュヌ神殿でもありました。アンコールは「都」、ワットは「寺院」の意味で、都を守護する役割があり、ちょうど奈良平城京を守る東大寺のような位置付けでした。なお、クメール人はのちに上座部仏教に改宗し、アンコール・ワットも仏教寺院に変わりました。

アンコール朝の時代にタイ人の祖先はどこにいたかというと、雲南の高原地帯です。雲南の山岳民族が長い時間をかけて少しずつ南下し、アンコール朝の北辺に住むようになったのです。

タイ人の見た目はベトナム人と同じ系統で、日本人や中国人ともよく似ています。これに対してカンボジア人の見た目ははっきり異なっており、先ほどのチャム人や台湾先住民と同じく南方系です。

13世紀、南下したタイ人はアンコール朝の王に服属していましたが、アンコール朝の内紛に乗じて独立し、スコータイ朝を立てました。そして少しずつ、アンコール朝の領土を侵食していくことになります。クメール人たちが気付いたときには、かなりの領土をタイ族に乗っ取られていました。

14世紀にはタイ人の別の王家がアユタヤ朝を建て、アンコールを攻略します。「庇《ひさし》を貸して母屋を取られる」形になったクメール人は、現在のカンボジアに封じ込められてしまいました。

そのため現在のタイ領内にもアンコール朝の時代の遺跡があり、しかもタイとカンボジアの国境線はいまだ定まっていません。国境線付近ではタイ軍とカンボジア軍の軍事衝突がしょっちゅう起きていて、カンボジア人はタイ人を嫌っています。

宇山　雲南に住んでいたもともとのタイ人は、ベトナム人と同系のオーストロアジア語派の一派といわれます。それがチベット系の人たちをはじめ、さまざまな民族と混血しながら南下し、タイという国をつくっていきます。そのためタイ人としての純血は、ほとんど失われたと考えられます。

ではタイ人のルーツが中国にあるから、タイは中華文明かというと、まったく違います。タイ人は国をつくっていく過程で、インド文明化されているからです。

茂木　そもそも雲南の高原地帯は「百越《ひゃくえつ》」と呼ばれた少数民族の居住地でした。ビルマ人も、タイ人も、そのなかにいたのです。13世紀にフビライのモンゴル軍が南宋包囲作戦の一環として雲南に侵攻した前後から、ビルマ人はエーヤワディー川の流域へ南下しミャンマーを建国します。一方、タイ人はチャオプラヤー川の流域に南下して、アンコール朝と争いながらタイを建国しました。

そしてモンゴル軍を撃退した明の軍隊が雲南を制圧した結果、雲南は初めて中国領になりま

東南アジアの宗教遺跡

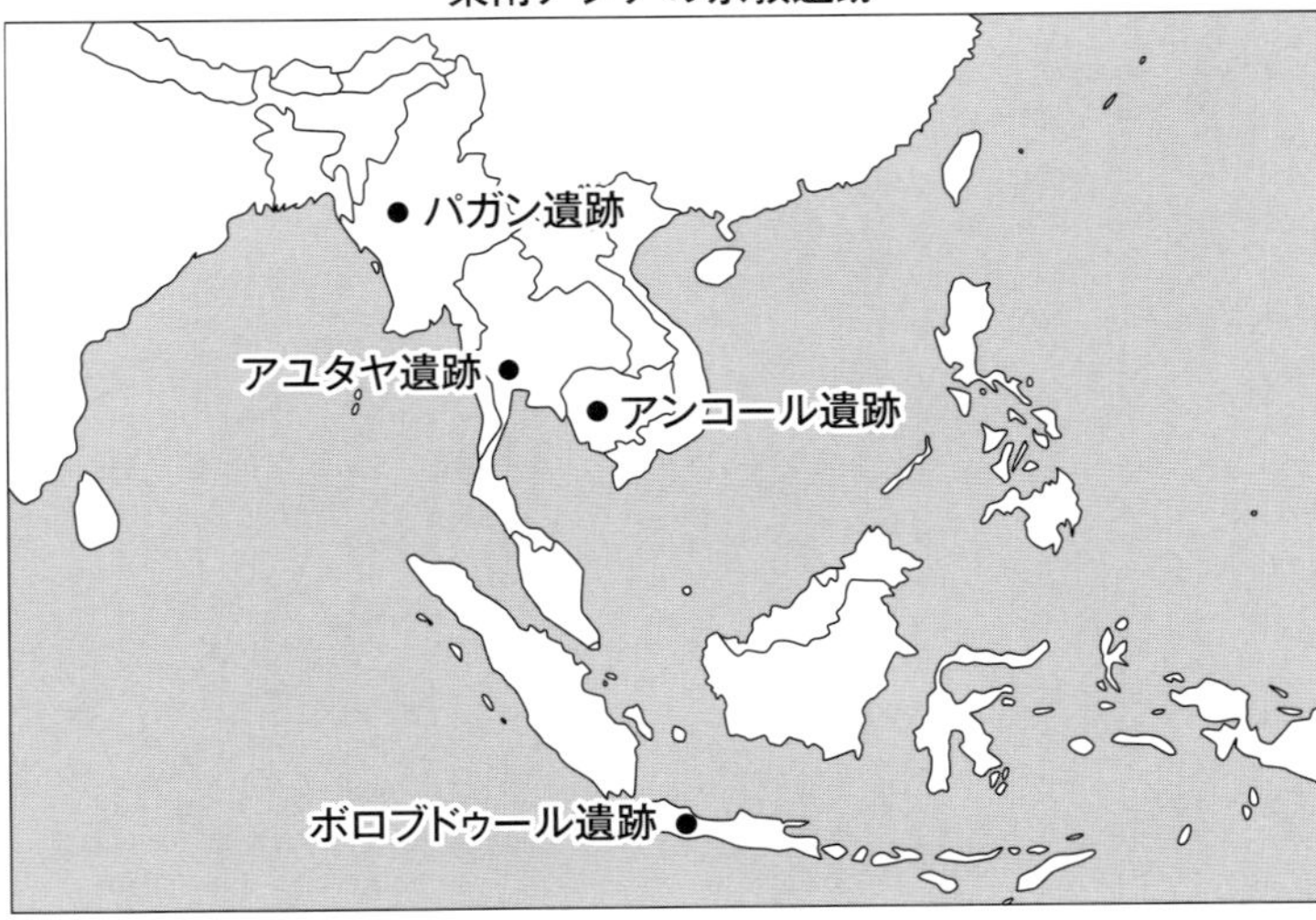

した。

宇山　雲南では大理と呼ばれる仏教王国が少数民族を束ねていました。これがモンゴルの侵攻で崩壊したわけです。雲南から出てミャンマーを初めて統一したビルマ人のパガン朝は、エーヤワディー川流域の先住民を統合する必要から、上座部仏教に改宗しています。その影響はタイにまで及び、現在、ミャンマーとタイは代表的な上座部仏教国になっています。

茂木　上座部仏教は原始仏教の名残をとどめる古い仏教で、男子は基本的に全員が出家することで知られています。有名なアショーカ王の時代にスリランカへ伝わり、インド本土で仏教がヒンドゥー教に取って代わられたあとも、スリランカは上座部仏教を守りつづけました。この古い仏教が海上交易ルートに沿ってミャンマ

インドシナ半島の王朝変遷図

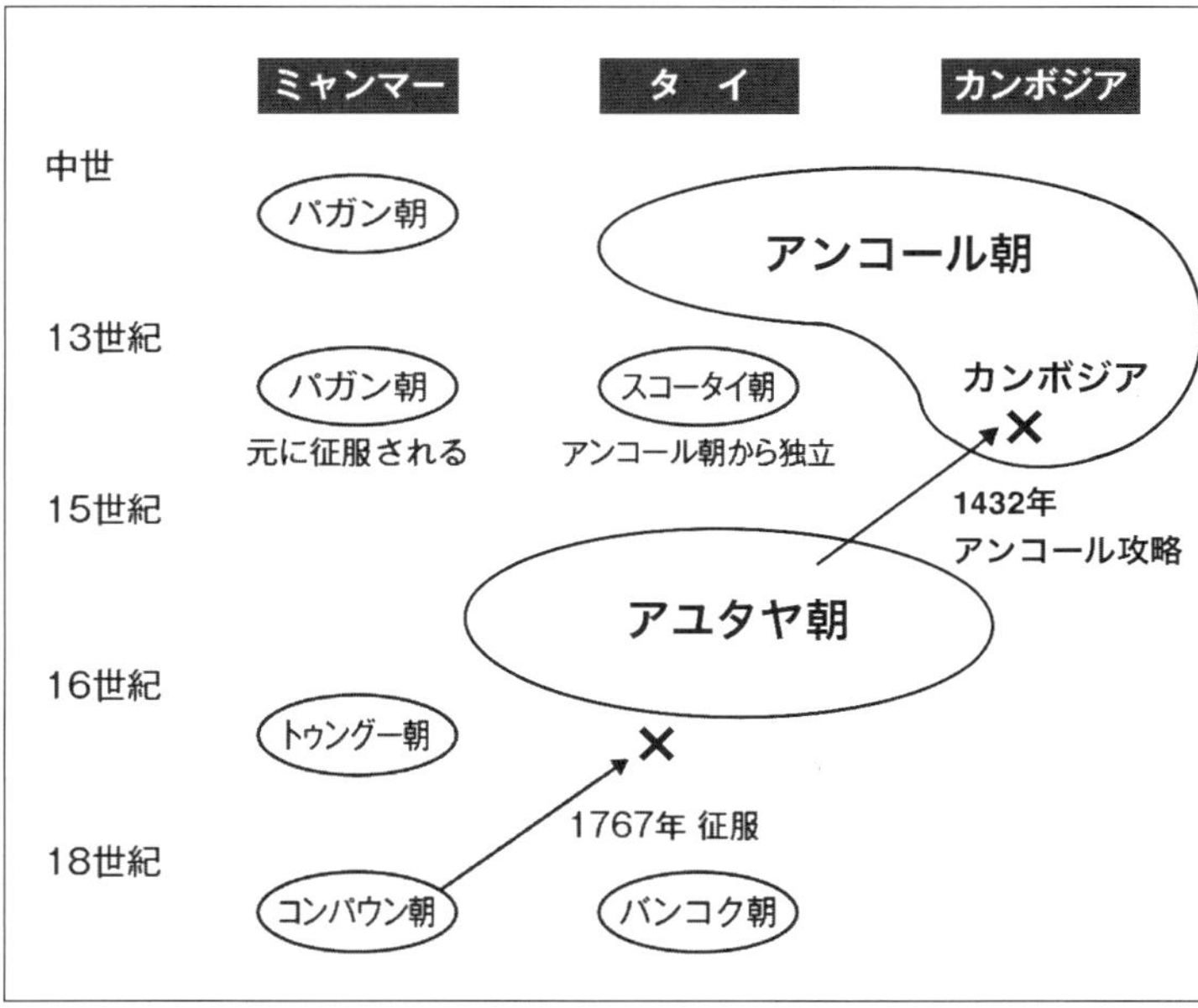

ーに伝わり、パガン朝がこれを受け入れたわけです。

宇山　たとえば13世紀中頃、タイの最初の統一王朝であるスコータイ朝がタイ北部に登場します。このスコータイ朝の全盛期を築いたラーマ・カムヘン王の時代にタイ文字がつくられますが、これはアンコール朝のクメール文字から派生したもので、さらにさかのぼると古代インドで生まれたブラフミー文字の系譜、つまりインド文明圏に属します。

茂木　タイ人はアンコール朝のヒンドゥー文化から脱するため、ミャンマーに倣って上座部仏教を取り入れました。ところがタイの仏教は国王を「菩薩の化身」「生き仏」とする独特のもので、これはアンコール朝の王がヒンドゥー教の「ヴィシュヌ神の化身」「生き神様」として君臨したのとそっくりなのです。タイの現王朝（ラタナコーシン朝）の歴代国王は「ラーマ◯世」という王号を継承していますが、「ラーマ」とは古代インドの叙事詩『ラーマーヤナ』のヒーローである王子の名です。

つまりタイ人は国づくりの過程でインド文明圏のアンコール朝に抗しつつ、最も奥深い部分ではインド文明圏を脱していなかった。この点がタイを考えるうえで、最も重要なことです。

イスラム文明とも衝突しているタイ

茂木　雲南地方から南下してインドシナ半島にアユタヤ朝を建てたタイ人は、さらに南下してマレー半島の中部あたりにまで達しています。ここで彼らは、文明の衝突を経験します。マレー半島南部はイスラム文明圏になっていたからです。

宇山　現在マレー半島の南部はマレーシアの領土ですが、マレーシアの一つのルーツをたどるとマラッカ王国になります。マラッカ王国はマレー半島の西南部にあり、15世紀には国王によってイスラム化されています。上座部仏教を信仰しているタイ人がマレー半島を南下すれば、イスラム化したマレー人と対立することになります。

いまもタイのマレー半島中部の細長い地域にはイスラム教徒が住み、タイの仏教徒に抵抗しています。「自分たちはタイ人ではない」として武装闘争も行っています。

このタイとマレー半島南部の対立に少し関わっているのが、日本からやって来た山田長政です。山田長政は、江戸時代の初期に日本からタイに渡った武士です。当時の日本では徳川幕府による幕藩体制が始まろうとしていました。この「平和な世」をつまらなく思った山田長政は、ひと旗あげようと日本を飛び出し、タイのアユタヤ朝の傭兵隊長になったのです。

茂木　山田長政に限らず、当時の東南アジアには同じような志を持った日本の武士が数多く存在したのです。当時、日本の武士は剣術において世界最強ともいわれ、東南アジア諸国も欧州列強も、サムライを傭兵として求めていました。

当時アヤタヤ朝の宮廷には、華僑やヨーロッパ人をはじめ、さまざまな勢力が入っていました。山田長政はスペイン艦隊の侵入を撃退するなどの功績を認められ、ソンタム王の側近にまで上り詰め、王女を妻とするなど権勢を誇りました。このためアユタヤ朝の宮廷内で恨みを買うようになります。ソンタム王の死後、王位継承争いに日本人勢力と華僑勢力との対立が結びつき、山田はリゴールの長官に任じられます。事実上の左遷でしたが、このリゴールこそマレー半島のイスラム勢力との最前線で、山田の力量を期待しての登用でもあったでしょう。

ある日、山田が戦場で受けた足の傷を治すため塗り薬を使い、急死しました。毒が盛られていたようです。

この直後に日本では、三代将軍・徳川家光が日本人の海外渡航を禁止します。列強の植民地戦争に日本が巻き込まれないための懸命な策でしたが、東南アジアで雇われていた日本の武士たちは帰国しようにも帰れなくなります。彼らは現地の人たちと結婚して、現地社会に溶け込んでいったようです。

◇◇◇◇◇◇◇◇◇◇

中国経済に乗っ取られているタイや東南アジアの国々

宇山　中国系の話が出たところで、華僑の話もしたいと思います。現在、タイの有力政治家のほとんどが華僑です。ピブーン、タノム、チャートチャーイ、チュワン、バンハーンなど長期政権を築いてきた歴代首相も、ほとんどが中国系です。

21世紀の華僑系首相としては、タクシン一族が有名です。タクシン・シナワットは２００１年からタイの首相を務めました。２０１１年から首相を務めたインラックは、タクシン・シナワットの妹になります。２０２４年から新たに首相になったペートンターンは、タクシン・シナワットの娘です。

また２０２４年に政権を追われたセター・タウィーシンも華僑です。タイの不動産王にして、インラック政権時代のアトバイザーも務めていました。２００８年に首相に就任したアピシット・ウェーチャチーワは、客家の華僑です。

華僑でないタイの首相としては、２０１４年から軍事政権を率いたプラユット・チャンオチャがいます。彼は中国が大嫌いで、華僑勢力を排除しようとしました。コロナ禍で活躍した首相でもあります。

また、政治のみならず、経済もほぼ華僑財閥に仕切られています。タイはインド文明圏の国ですが、経済面では中国に乗っ取られているのです。

カンボジアも同じです。経済は華僑によって動かされ、プノンペンの街を歩くと看板は漢字だらけです。「いったい、ここはどこの国なのか」と思います。マレーシアやシンガポールの経済を牛耳っているのも華僑で、これが東南アジアの現状です。華僑による経済支配にどう対抗するかが、それぞれの国の課題にもなっています。しかも華僑はネットワークを構築しています。中国と協力・連携しているので、圧倒的なパワーを持っているのです。

茂木　華僑はよく働きます。だから彼らと競争をすると、現地の人は負けてしまうのです。華僑が根を降ろさなかったアジアの国は、日本と朝鮮ぐらいでしょう。日本にも横浜、神戸、長崎に中華街がありますが、華僑が日本経済を牛耳っているわけではありません。そもそも日本人が働きすぎるので、華僑が日本経済に浸透する隙を与えなかったのでしょう。

宇山　逆に朝鮮の場合、完全に中国化されています。だからあえて華僑が根を降ろす必要がなかったのかもしれません。そもそも貧しすぎて、華僑が相手にしなかった部分もあると思います。

華僑は、他のアジア人と比べて頭がよいところがあります。しかもネットワークを持っているので、かつてタイの国王・ラーマ6世は彼らを「東洋のユダヤ人」と呼んでいました。それほど東南アジアでネットワークを広げ、いまやグローバリズムの代表的勢力といえます。

茂木　華僑の頭のよさには、計算高さも含まれます。これはベトナム人にも近いところがあります。ところがイギリス植民地時代に大量の華僑とインド系が流入したマレーシアでは、現地のマレー人が完全に主導権を失ってしまった。イギリスからの独立後、マハティール・ビン・モハマド首相が、70年代からマレー人を優遇するブミプトラ政策を始めます。国公立大入学や公務員採用の優先枠、免税措置などでマレー人を「底上げ」したのです。当然、華僑やインド系は猛反発しました。

宇山　シンガポールとマレーシアは、マレーシア連邦を構成していました。ところがシンガポールの人口のうち8～9割を華僑が占めていた。そこでマレーシアは華僑を分離するために、1965年、シンガポールを独立させるのです。インドネシアでも華僑は圧倒的な存在で、有力財閥のすべてが華僑です。華僑はタイのアピシット元首相のように、多くは客家《ハッカ》出身です。

茂木　ここで華僑と客家の違いについて、お話ししておきましょう。華僑の「僑」は「仮住まい」、外国に住む中国系の人たちを指す言葉です。海外在住の中国籍の人はみな「華僑」になりますが、その出身地は広東が圧倒的です。

「客家」の「客」は文字どおり「お客さん」の意味、つまり「よそ者」です。中国国内で根無し草のような人たちを指す言葉です。彼らは南中国の山間部に住み、自分たちだけに通じる北中国の言葉をしゃべっていました。北中国では王朝交替や政変が繰り返され、そのたびに難民が発生して南中国の山の中に逃げ込みました。その子孫が客家となったのです。

避難民だった彼らには痩せた土地しか与えられず、生きるために商売や金融に活路を求め、大成功する者も少なくなかったのです。その流れで中国を飛び出し、華僑として東南アジアや台湾に定住したのです。

先ほど「華僑はアジアのユダヤ人」というお話がありました。厳密にいうと、華僑の中でも商売に長けた客家こそ「アジアのユダヤ人」なのです。豊富な資金力を背景に政治的に成功した者も多く、シンガポール初代首相のリー・クアン・ユー（李光耀）、中国共産党の最高実力者・鄧小平、台湾総統の李登輝と蔡《さい》英文、先ほどお話に出たタイ首相のタクシン、いずれも客家の出身でした。

世界で中国人を好きな国はいない

茂木　宇山先生はインドに何度も行かれていますね。

宇山　私はインドが大好きです。とくにインドの食べ物は大好きです。２０２３年にもインドに行きましたが、このときはインドに入る前にヨーロッパを回りました。ヨーロッパの食事はユーロ高もあって非常に高く、しかも美味しくないものばかりでした。満足に食事もできない状態でインドに行くことになり、インドで食べたカレーがどれだけうまかったことか！

一般に日本人がインドに滞在すると、不衛生なこともあって、３日いればお腹を壊すといわれます。でも私の場合、10日間インドに滞在しても、ビクともしませんでした。屋台の食べ物も頻繁に食べましたが、お腹を壊すことはなく、逆に太りました（笑）。

ふだんの体重は90キロですが、ほとんど食べなかったヨーロッパで70キロに痩せ、インドで10キロ太って80キロになりました。日本に戻ってさらに10キロ太り、結局もとの体重に戻りましたが（笑）、いずれにせよインドは面白い国です。

茂木　インド人は中国をどう思っているのでしょう。

宇山　インド人は、中国人が大嫌いです。そもそもインド人だけでなく、世界で中国人を好きな国は、どこにもないと思います。申し訳ない言い方ですが、中国人は世界のどこからも嫌われています。

なぜなら彼らは偉そうにふるまうからです。中国人は世界各地に進出すると、現地でふんぞり返り、現地の人を小間使いのように扱います。インドや東南アジアでも、そうです。「あれを持ってこい」「これを持ってこい」という態度をとっていれば、嫌われるのは当然です。

しかも露骨にカネの力で押しまくります。政治的にも、札束で相手をひっぱたく外交をする。

ただし、だからといって日本がインドや東南アジアでのプレゼンスを拡大できるかというと、まったくできていません。そこが日本の問題です。日本人は中国のやり方を批判しますが、ただ批判するだけでは何もできません。政治家が「日本なら、こういうことができる」と訴える。それができていないのです。

茂木　かつて、それをやろうとしたのが安倍晋三元首相ですね。

宇山　「自由で開かれたインド太平洋構想」を提唱し、クアッド（日米豪印戦略対話）を形成していきますが、彼に続く政治家がいませんでした。

神を信じるインド人と「この世」しかない中国人

茂木　ここから、インドについて本格的に議論していきたいと思います。「インド人は中国人が大嫌い」という話が出ましたが、そもそもインド人と中国人は、本質的に理解しあえないと私は考えています。それはインド人が、神々を信じているからです。

インド人の多くは信心深い人たちです。仏教はほとんど廃れてしまいましたが、多数派はヒンドゥー教徒です。他にイスラム教徒、シク教徒もいます。宗教は違っても、インド人は何かしら神を信じています。つまり人間を超えた存在を認識しています。

ところが中国人には、こういう神のような存在、人智を超えた超越的な存在がありません。中国にも道教という多神教があり、台湾ではいまも生活に根付いています。しかし大陸中国では、毛沢東が発動した文化大革命で徹底的に破壊されました。彼は個人崇拝を強制し、毛沢東思想という新たな宗教を創設したわけです。しかし文化大革命の熱狂が去り、鄧小平が「改革開放」という資本主義を導入した結果、中国人の人生の目的は、この世でいかに儲け、いかに権力を握るかだけになったのです。「天罰」とか、「あの世」とか、「お天道様が見ている」いう概念が彼らにはなく、実利しかない。アメリカ人以上に資本主義に毒されてしまったのが、いまの中国人です。この点において、根本的にインド人とは相容れないのです。

宇山　インド人は歴史の中でも、宗教を狂信的に信奉してきたこともありました。インドでは、19世紀まで、女性を生きたまま焼き殺すサティーというヒンドゥー教の儀式がありました。死んだ夫の亡骸を焼く炎で、生きている妻も焼きました。サティーは「寡婦焚死」と訳されます。

17世紀半ば、インドを旅したフランス人旅行者で医師のフランソワ・ベルニエはサティーの様子について、『ムガル帝国誌』の中で詳しく書き記しています。ベルニエはインドで、夫を亡くした12歳頃の少女がサティーで無惨にも焼かれるのを見ました。燃え盛る炎を前に、少女は震え、泣き、逃げようとしましたが、周囲の人間が無理やり、彼女の手足を縛り、炎の中に押しやったと述べています。

インドでは、１９７８年の幼児婚抑制法が制定されるまで、10歳頃の少女が結婚するのは普通でした。年老いた金持ちと結婚した場合、10代の少女がサティーで焼かれることはよくありました。

また、ベルニエは上記の少女とは別の若い女性が焼かれるのも見ました。彼女は炎の前で泣き喚き、後ずさりしていましたが、周囲の人たちが棒で彼女を小突き回し、炎から逃げられないようにしたと記しています。

ヒンドゥー教の聖典『マヌ法典』では、女性は「独立に値しない」と記され、男性の所有物と見なされていました。そのため、夫が死ねば、所有物も一緒に焼かれるべきで、妻の貞淑を守るためにも、そうするべきだと考えられたのです。ただし、『マヌ法典』に、サティーを認める記述はありません。

ヒンドゥー教は極端な男尊女卑で、女性が社会的に保護されていません。そのため、インドではレイプが頻発しており、社会問題化しています。理不尽なことに、レイプをされた女性が罰せられることが多く、男性を取り締まっていません。

茂木　サティーはヒンドゥー改革運動の指導者ラーム・モーハン・ローイの働きかけにより、１８２９年にイギリスの植民地政府が禁止しました。女性蔑視は今も残っていますが、イスラム世界と比べてどちらが深刻でしょう？　インドのインディラ・ガンディー首相、パキスタンのベナジル・ブット首相、スリランカのシリマヴォ・バンダラナイケ首相など、女性首相を輩出したのもインド世界の特徴です。

インダス文明といまのインド文明はまったく違う

宇山　インドというと「汚い」「臭い」というイメージが強いです。実際インドの街は不潔で貧しくもあります。そんな不潔なインド人が、本当にインダス文明という、非常に精緻な古代文明をつくったのかという謎があります。誰がインダス文明をつくったのかは、歴史学会の中では激しく議論されています。

ここでいうインダス文明は、現代のインド文明とはまったく違います。インド文明は、インド人が中世までにつくりあげたヒンドゥー教を中心とする文明のことです。一方インダス文明は、ヒンドゥー教が成立するよりはるか以前に形成されたものです。

この古代に成立したインダス文明が、中世のインド文明にどう継承されていったのか。あるいは、されていないのか。そのあたりを伺えますか？

茂木　インダス文明の遺跡からわかるのは、碁盤の目のような計画都市が建設され、上下水道まで整備されていたことです。都市には大きなプールも存在し、宗教的な沐浴に使われていたと考えられています。

つまりインダス文明は水を重視していた。その点は、のちのヒンドゥー教にも受け継がれており、インダス文明はインド文明の源の一つといわれています。ただしインダス文字が解読できていないため、「どういう王がいたのか」「どんな国があったのか」「どのような戦いがあったのか」など、いっさい知られていません。

宇山　インダス文明を形成したのは、ドラヴィダ人というインド原住の民族ではないかと推測されています。インダス文明で使われていたインダス文字がドラヴィダ語に最も近いとされているからです。

ただし、インダス文字は未解読であり、それにもかかわらず、ドラヴィダ語に近いという判定が本当にできるのかどうか、疑問の残るところでもあります。インダス文字とドラヴィダ語の近似説以外に、インダス文明を形成したのがドラヴィダ人であると考えることのできる材料・根拠はありません。ドラヴィダ人以外の可能性も否定できません。

高度な文明を持っていた人々が自分たちの祖先であるということを言いたがる勢力は古今東西、どこにでもあります。このインダス文字のドラヴィダ語近似説も、インド人学者によって唱えられていることを考えれば、尚更のことです。

茂木　いまのインド文明をつくったのは、アーリア人といわれる人たちです。彼らは中央アジアにいた遊牧民で、紀元前１５００年頃にインドに侵入してきました。

ただしアーリア人は、全インドを征服したわけではありません。インドは広大すぎるからです。インドの面積はヨーロッパ全体の面積とほぼ同じで、さまざまな民族と言語が存在しています。

ヨーロッパに「これがヨーロッパ人」と定義できる民族がいないように、インドにも「これがインド人」と定義できる民族はいません。インドは東と西、北と南とでも言葉が通じません。

宇山　インドは水を大切にするという話がありましたが、ヒンドゥー教の「ヒンドゥー」は、ペルシア語で「水」「川」という意味です。古代インドのサンスクリット語でヒンドゥーは「シンドゥ」となります。シンドゥはインドでは、インダス川のことでもあります。インドという国名は、このインダス川に由来していて、「ヒンドゥー」「シンドゥ」「インダス」「インド」は、すべて「水」を意味しているのです。

茂木　ギリシア連合軍を率いたアレクサンドロス大王は、アケメネス朝ペルシアを征服すると、さらに東へ向かい、大河に到達しました。おそらく現地の人に大河を指差して名を尋ねたのでしょう。現地人は「川」を意味する「ヒンドゥー」と答え、これが大河の名「インダス川」と誤認した。これにペルシア語で国を表す「スターン」をつけ、大河の向こうの国を「ヒンドゥスターン」と呼びました。この名が欧州各国に伝わり、「インド」の語源となったようです。

つまり「Indo インド」という国名は外国人が付けたもので、インド人自身は自国のことを「Bharat バーラト」と呼んできました。インド憲法にある正式な国名もこれです。これはサンスクリット語で、アーリア人の有力部族であるバラタ族に由来します。古代インドの叙事詩『マハーバーラタ』は、「偉大なるバラタ族」という意味になります。

BHARAT（バーラト）と表記された国名標の席についたインドのモディ首相
（G20ニューデリー・サミット公式サイトから）

ヒンドゥー復古主義を掲げるインド人民党のナレンドラ・モディ首相は、対外向けの国号も「Indo」から「Bharat」に変更しました。2023年のG20サミットでも公式に「バーラト」と名乗っています。これは日本人が国名を「Japan」から「Nihon」あるいは「Yamato」に変更しようと主張するような感覚です。

民主主義が根付きやすかったインド

茂木　インド文明で不思議なのは、たくさんの民族を抱える多民族国家なのに、民主主義が根付いていることです。これは凄いことだと思いますが、いったいなぜでしょう？

宇山　インドのナレンドラ・モディ首相は、非常に独裁的な強い権限を持っていますが、選挙で選ばれていますから、インドはたしかに民主主義国です。インドで民主主義が根付きやすかったのは、インドの人たちが協調主義を志向しているからでしょう。

彼らは平和的に物事を解決しようとします。インド社会は混乱が日常化したような、無秩序なものに見えますが、大きな犯罪は少ないです。スリのような軽犯罪は日常茶飯事でも、強盗や殺人といった重犯罪は、インドの人口からすれば極めて少ない。インド社会には物事が過激化することに歯止めをかける側面があり、そこから民主主義が根付きやすかったのでしょう。

もう一つはインド人が農耕民族で、日本のような多神教社会が形作られているということです。ヒンドゥー教にはカースト制度や「マヌの法典」による厳格な規範、規律はありますが、多神教という側面もあり、非常に緩やかな信仰形態です。そこからインド社会では物事に寛容なところがあります。これもまた民主主義と相性がよかったのではないでしょうか。

茂木　もう一つインドの謎として、共産主義が根付かないことがあります。長年にわたってソ連と緊密な関係にあったにもかかわらず、マルクス主義に冒されなかった。冷戦期にはインド共産党が勢力を伸ばしたケースもありましたが、その後は衰退し、共産主義は広まっていません。いったいなぜなのか？

宇山　インドは長く貧困に苦しみ、いまも大量の貧困層がいます。富の平等を訴える共産主義が広まる条件はもっていますね。

茂木　私の考えですが、これはヒンドゥー教の持つ思想の影響ではないでしょうか。人間が何度も生まれ変わるという輪廻転生の思想では、人生はこの世の一回きりではありません。それまでに何十回、何百回と生まれ変わっていて、これからも何千回と転生を繰り返します。

この思想を信じる人は、「いまの世の中でうまくいかなくても、生まれ変わったときに、もっと成功を手にすればいい」と考えるようになります。そのため「いまの世を改善しよう」というモチベーションが低くなる。

いまの世で「共産革命」を起こすより、神様に祈って生まれ変わったときによい人生を送りたい。この生まれ変わりの輪廻転生思想が、共産主義に対する一種の防波堤になっているように思います。

宇山　同時に、カーストと共産主義の関係も考える必要があるでしょう。インドにはカースト制度という厳しい身分差別が、いまも根強く残っています。このカーストについて、インド人に尋ねたことがあります。

インドにはゴミ溜めのようなところに住んでいる「アウトカースト」といわれる人たちがいます。彼らはカースト制度の中にすら入れてもらえません。そんな被差別の人たちに聞いたのです。「ヒンドゥー教の文化や伝統があるから、あなたたちはアウトカーストとして虐げられた生活を強いられているのではないか」と。

彼らには英語が通じません。私はヒンドゥー語を話せないので、グーグルの翻訳機能を使って聞きました。

これに対し、驚くべきことに、ヒンドゥー教やカーストについて否定的なことを言う人は誰もいませんでした。彼らは心からヒンドゥー教を信仰し、「すべては神様から定められた運命である」と語っていました。カースト自体も嫌ではなく、「気楽で楽しい」とさえ言っていました。

彼らの話を聞いて、インドにカーストという身分制度がある限り、徹底的な平等を目指す共産主義は根付かないと思いました。でも民主主義は、根付いたのです。

茂木　共産主義の祖であるカール・マルクスは、「宗教は、人を騙して階級を固定化させる」と言っていました。インドではそのとおりになっていますが、それで誰も不満はないということです。カーストに満足しているなら、共産革命は不要なのです。

イスラム教を受け入れたカーストの下位の人たち

宇山　このようなインドについて論じるとき、ヒンドゥー教というものの成立をよく考える必要があります。まず誰がヒンドゥー教の根本をつくったかですが、もともといた土着のインドの人たちではありません。先ほど話に出たように、中央アジア方面からやって来たアーリア人です。

もともと中央アジアから南ロシアやウクライナに居住していたアーリア人は、インドに南下しただけではありません。地中海方面にも進出し、ヨーロッパ世界も形成しました。中東にも向かっているし、ウクライナ方面に定着したアーリア人もいます。

紀元前1500年頃からインドに侵入してきたアーリア人は、自らを「神に選ばれた民族」と自負し、そこからカースト制度をつくりだします。カースト制度ではアーリア人が上位に立ち、もともとインドにいた人たちはカーストの下位になります。

インドにやって来たアーリア人が生み出した宗教が、バラモン教です。バラモン教から派生したのが仏教で、バラモン教が大衆化したものがヒンドゥー教です。つまりヒンドゥー教のルーツは、もともとインドにあった宗教ではないのです。少なくとも、その世界観は、外来民族にありました。

茂木　ただしインド土着の神々も、ヒンドゥー教の神々になっています。ヴィシュヌ神やシヴァ神がそうで、ブッダもヒンドゥー教の神々の一員とされ、「神仏習合」しています。

宇山　ヒンドゥー教は土着の神々を取り込みながら、信仰を広げていく巧みさがあったのです。

2014年、東寺を訪れたモディ首相と安倍晋三首相（首相官邸ＨＰ）

茂木　そして中世の11世紀くらいから、インドにイスラム教が流入してきます。イスラム教が入ってきたとき、ここでインドでも、「文明の衝突」が起こったのです。

イスラム教は輪廻転生を認めません。人生は一回限りで、死後に待っているのは最後の審判です。アッラーの前では、すべての人が平等です。輪廻転生のヒンドゥー教とは相容れません。破竹の勢いで拡大を続けたイスラム帝国の世界征服の野望は、ここインドでヒンドゥー教徒の激しい抵抗に遭い、挫折することになりました。

例外的にインドでイスラム教を受け入れたのは、カーストの外側にいる被差別身分の人たちでした。彼らにとって、アッラーの前での平等を説き、アッラーがすべてを救ってくれるという教義は新鮮だったのでしょう。北西部とベンガル州ではイスラム化が進みますが、インド全体では少数派にとどまりました。結局、イギリスからの独立の際にイスラム教徒は、「パキスタン」として分離独立の道を選びました。

こうしてインド世界でのイスラム教の浸透はパキスタンで止まってしまいました。インドはいまだ圧倒的なヒンドゥー教の世界、神々の世界です。モディ首相は２０１４年に初来日したとき、安倍晋三首相の案内で京都の東寺を参拝し、真言密教の仏像の前で合掌されました。これはイスラム教国の指導者では絶対にできないことです。今日、世界の大国で多神教文明を守ってきたのは、インドと日本くらいなのです。

ヒンドゥー文明圏とイスラム文明圏の対立

宇山　インド世界で唯一イスラム化されたのがパキスタンです。国土の面積が日本の約2倍あり、2億人もの人口を擁する巨大国家です。西はイラン、東はインド、北は中央アジアにつながる交通の要衝で、古来、さまざまな民族が集う「人種のるつぼ」で、インド系、イラン系、トルコ系などの少数民族が無数に分布しています。しかし、どの民族もイスラム教を信奉しており、宗教が連帯の基盤となっています。

インドへと向かうイスラム化の波

	時期	地域	支配勢力
第1波	10～16世紀	西北インド	ガズナ朝～デリー＝スルタン朝
第2波	16～18世紀	インド中央部	ムガル帝国→イスラム化失敗

茂木　インドのイスラム化の話をするとき、遊牧民が重要な役割を果たしていますね。

宇山　はい。唐代までモンゴル高原に居住していたトルコ系遊牧民が8～9世紀に西進し、中央アジアへ入ってイスラムに改宗し、10世紀にカラハン朝を建国します。さらに、トルコ人は同世紀、アフガニスタンのガズナ（ガズニー）を首都として、ガズナ朝を建国します。このガズナ朝が北インド（現在のパキスタン）に侵入を繰り返し、ヒンドゥー教徒との衝突が始まったのです。

13世紀に、モンゴル人勢力が台頭し、中央アジアを席巻すると、トルコ人は南部に押し出され、北インドにデリー＝スルタン朝と呼ばれるイスラム5王朝が16世紀まで、興亡します。デリー＝スルタン朝時代に、仏教やヒンドゥー教を奉じていた土着豪族が武力で一掃され、イスラム化統一が達成されていきます。

この地域の諸民族はバラバラのまま、分断されているよりも、イスラムにより統合され、地域勢力の団結を推進していったほうが経済的にも政治的にも有利と考える世俗的な動機を持っていました。

イスラム化はパキスタンや西北インドに及びましたが、最終的に、インド中心部には及びませんでした。図のように、16世紀からイスラム教国のムガル帝国がインドで成立しますが、インド人たちのヒンドゥー教信仰を揺るがすことはできませんでした。

茂木　デリー・スルタン朝時代、イスラム教自体が変質していったことも見逃せません。アラブ人の民族宗教として始まったイスラム教ですが、イラン人やトルコ人に広まる過程で教義が緩〜くなっていったのです。アラビア語の『コーラン』なんか読まなくていい。アッラーを讃える歌や踊りで信仰を表現しよう、という運動で、これをスーフィズム（イスラム神秘主義）といいます。トルコにはいまでも「旋舞教団、メヴレヴィー教団」というのがありますが、あれです。

そしてヒンドゥー教にも「サンスクリット語の難しい経典は読まなくていい、歌って踊ってヴィシュヌ神を讃えよ」というバクティ信仰というものがあり、これが触媒となってイスラムのスーフィズムと化学変化を起こしたのです。この結果、アッラー＝ヴィシュヌ神という解釈が生まれ、両者を統合しようとするシク教が生まれました。

宇山　インドにおける最大のイスラム国家がムガル帝国で、その前身はモンゴル帝国です。チンギス・ハンらモンゴル人はもともと原始的な自然神を信仰していました（現在、モンゴル人のほとんどはチベット仏教を信仰）。チンギス・ハンの孫のフラグが中東でイル・ハン国を建国します。このイル・ハン国の７代目ハンのガザン・ハンが１２９５年、即位したとき、イスラム教を正式な国教と定めます。

14世紀末、イル・ハン国はをはじめとするチンギス・ハンの末裔たちの国家はティムール帝国に吸収統合されます。ティムール帝国もイスラム主義を継承しました。１５０７年、ティムール帝国が消滅したとき、ティムール帝国の皇族の一人であるバーブルはティムール帝国の残存勢力を率い、中央アジアを捨て、豊かなインドへと南下します。

バーブルは前述の北西インドのデリー・スルタン朝最後のロディー朝を破り、１５２６年、デリーを占領して、ムガル帝国を建国しました。

ムガル帝国の「ムガル」は「モンゴル」が訛ったものです。ティムール帝国はモンゴル人政権で、ティムール帝国の王族であるバーブルもまた、モンゴル人政権の後継者であったため、「ムガル」と呼ばれるようになります。

ムガル帝国はイスラム教を奉じていましたが、３代目皇帝のアクバルは現地インド人のヒンドゥー教を認め、人頭税（ジズヤ）を廃止するなどして、ヒンドゥー教徒との融和に努めました。アクバルはインドのヒンドゥー土着豪族を排斥することは不可能と考え、融和が得策と考えたのです。

茂木　ムガル帝国の建築物で最も有名なのがタージマハルです。アクバルの孫シャー・ジャ

タージマハル

ハーンが、若くして亡くなった王妃のために建てた霊廟で、建築様式はイスラム教のモスクですが、アッラーではなく王妃を神と祀っているのです。こんなことは中東のイスラム諸国ではありえません。アクバルからシャー・ジャハーンの時代、ムガル帝国では宗教融和が実現し、繁栄の絶頂を迎えました。しかしこれはイスラムの教義からの逸脱であり、これを不快に思う人々もいました。皮肉なことにその代表が、シャー・ジャハーンの息子アウラングゼーブでした。父の融和路線を引き継ごうとした兄を殺したアウラングゼーブは、父シャー・ジャハーンを幽閉して王位を奪います。こうして、インドの平和は崩れました。

宇山　17世紀後半に君臨した6代目皇帝アウラングゼーブはヒンドゥー教や土着豪族を弾圧

し、イスラム化統一を図りますが、失敗します。アウラングゼーブはヒンドゥーの土着豪族を制圧しない限り、帝国としての実態を確立できないという信念を持っていましたが実現することはできませんでした。

こうした意味では、ムガル帝国は統一帝国と言うものの、真の統一は達成されておらず、実際には、ヒンドゥーの土着豪族が各地で割拠する分断状況が中世以来変わることなく続いていたのです。これに乗じたのがイギリスです。

茂木　19世紀、イギリスの侵略により、ムガル帝国が崩壊させられると、イスラム勢力はパキスタンやインド北東部（バングラデシュ）にのみ残存します。イギリスは植民地支配において、ヒンドゥー教勢力とイスラム教勢力を互いに反目させて、対立を煽りながら、両者を分割統治していました。

イギリスの策謀で、ヒンドゥーの国民会議派とイスラムの全インド・ムスリム連盟の政治対立も増幅されていき、融和不可能な状態となります。１９４７年、イギリスのアトリー内閣のもとで、イギリス議会がインド独立法を可決させ、インドとパキスタンが分離して、それぞれ、独立します。

宇山　ガンディーは分離独立に強く反対しましたが、両者が妥協する余地はありませんでした。インドはネルーを首相とし、パキスタンはジンナーを総督としました。

インドを締め上げる「真珠の首飾り」　（作図：茂木誠）

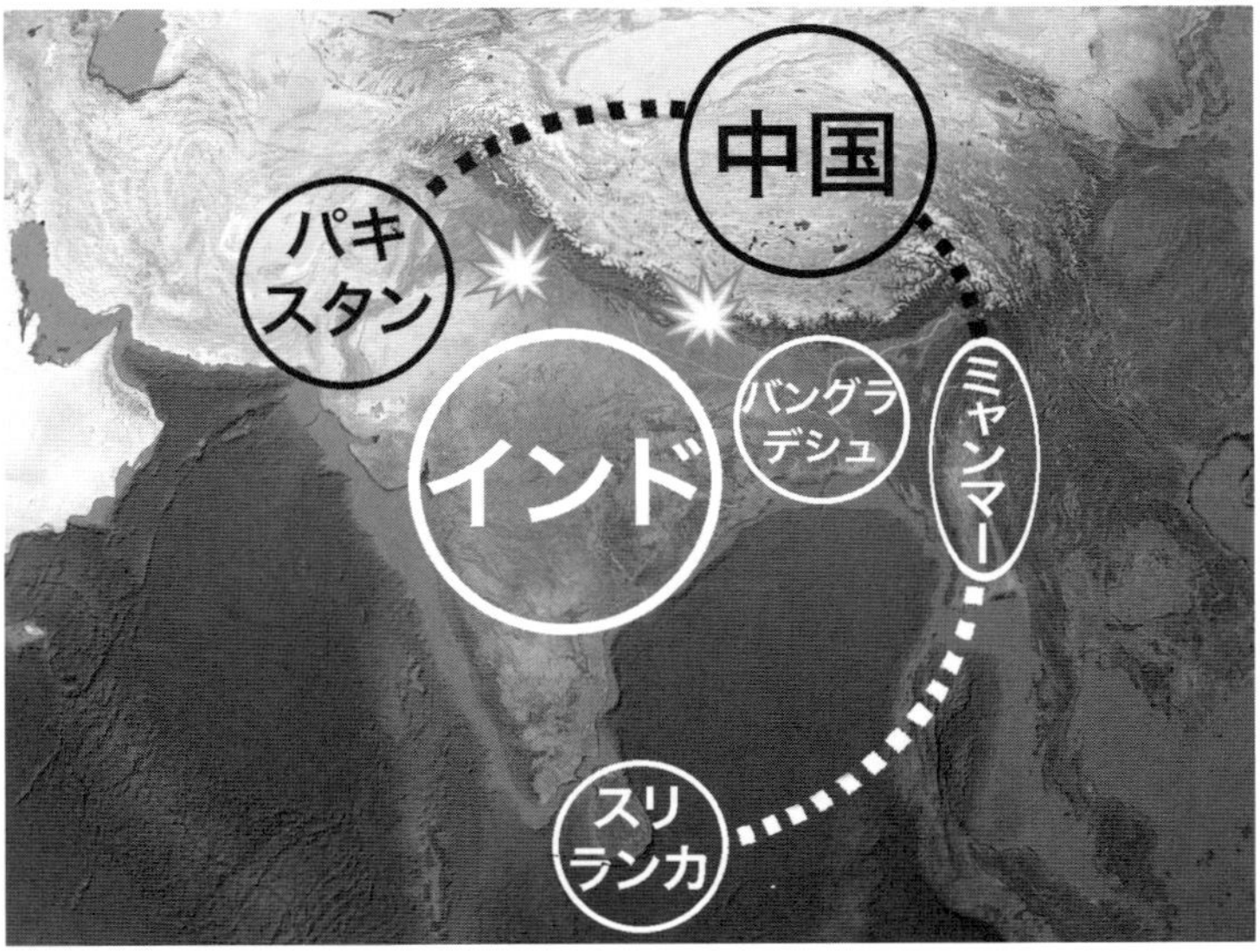

ガンディーはイスラム勢力との対話を試みつづけましたが、ヒンドゥー教徒は過激派ガンディーの融和姿勢を裏切りと捉えました。ガンディーは１９４８年、狂信的なヒンドゥー教徒の青年によって暗殺されます。

イギリスは両教徒が混在するカシミール帰属問題などを放置する形で、両国の独立を承認したために、独立直後からインド・パキスタン戦争が起こり、今日に至るまで、事実上の戦争状態にあります。インドは１９７４年、核保有し、パキスタンもこれに対抗して、１９９８年、核保有しました。

まさに、インドとパキスタンの対立はヒンドゥー文明圏とイスラム文明圏の境界線上で起こったわけです。

茂木　インドは当初、中国と友好関係を結びましたが、1959年、チベットで中国に対する反乱が起こると、ネルーはチベット支持を表明し、ダライ・ラマ14世の亡命を受け入れ、中国との関係を悪化させます。この結果、1962年、中印国境紛争（中印戦争）が起こります。これ以降、中国がインドを牽制するため、パキスタンを支援します。追い込まれたネルーはアメリカに援助を求め、インド・パキスタン戦争の構図が複雑化します。

中国は近年、経済圏構想「一帯一路」の中核として、「中国・パキスタン経済回廊」を打ち出し、ますます、パキスタンとの連携を強めています。

宇山　ヒンドゥー文明圏とイスラム文明圏の対立に、中国が介入し、そこにチベットが絡むという複層的な対立構図ですね。

バングラデシュがイスラム教国であるのはなぜか

茂木　バングラデシュが飛び地のようにイスラム国家になっているのは不思議ですね。

宇山　ガンジス川下流のベンガル地方には、イスラム教徒が大部分を占めていました。1947年、インドとパキスタンが分離独立したとき、この地域のイスラム教徒たちはヒンドゥー

バングラデシュ、インド周辺

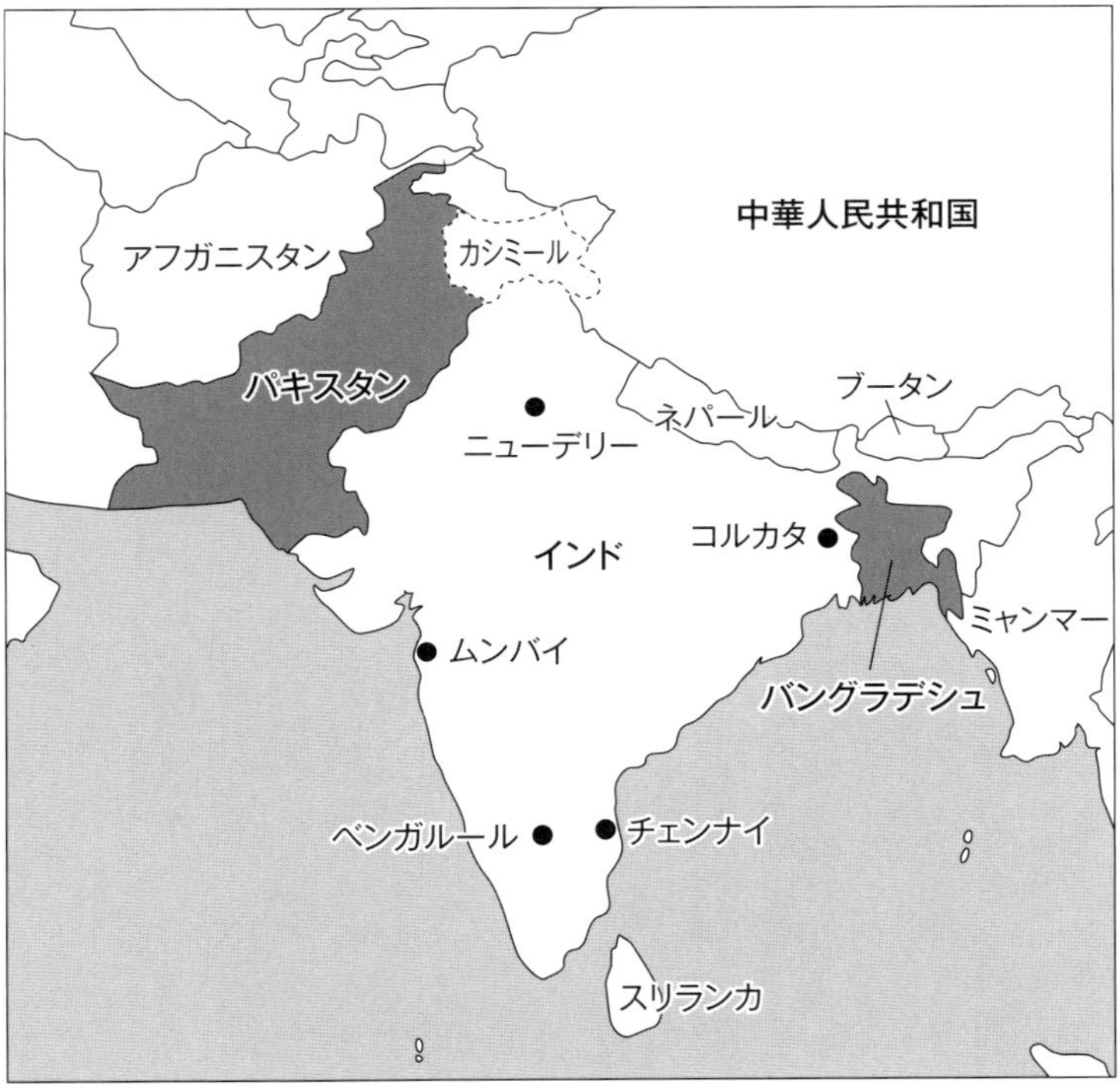

教のインドに統合されるのを嫌がり、パキスタン政府に参加し、パキスタンと国土が離れた飛び地となります。１９７１年、インドは飛び地の東パキスタンの分離独立運動を支援し、バングラデシュとして分離独立させます。バングラデシュは、国土は日本の約４割しかありませんが、人口は約１億５０００万もあり、首都ダッカの人口密度は世界最高水準です。

茂木　しかし、東西のパキスタンは民族も言語も異なり、領域も離れていたため、ベンガル人（東パキスタン人）はパキスタンからの分離独立を目指すようになります。インドはこれを、パキスタンを弱体化させる絶好の機会と捉え、ベンガル人の分離独立を支援し、バングラデシュを成立させたのです。

宇山　ベンガルはもともと、14世紀にイスラム化されます。西北インドのデリー＝スルタン朝の分派であるベンガル＝スルタン朝がこの時代に成立し、ヒンドゥーの土着豪族を排斥し、イスラム化を進めます。ベンガル＝スルタン朝はムガル帝国のアクバルに滅ぼされる16世紀後半まで続きます。

今日、バングラデシュでは、イスラム教徒が人口の約９割を占めていますが、これはベンガル＝スルタン朝とムガル帝国のイスラム主義を歴史的に引き継いだものです。

仏教、ヒンドゥー、イスラム。マラッカの文明変遷

茂木　インドネシアとマレーシアはイスラム教国です。インドネシアの人口の約９割がイスラム教徒で、マレーシアは６割以上がイスラム教徒です。

インドネシアやマレーシアは、もともとは仏教国で、徐々にヒンドゥー化しました。スマトラ島に本拠を置くシュリーヴィジャヤ王国が消滅する14世紀には、イスラム商人がマラッカに

進出し、インド・中東イスラム圏と中国の明王朝を中継貿易でつなぎ、莫大な富を蓄積していました。

このイスラム商人たちはアラブ系、イラン系、トルコ系など中東やインドから来航した人々で、彼らが現地の人々を取り込んで、イスラム教勢力を形成していきます。この時代、造船などの航海技術が飛躍的に上がり、イスラム教勢力が海洋進出を活発に展開していました。イスラム教勢力が交通の要衝、マラッカ海峡を狙い、交易利権を独占しようとしたのは必然でした。

唐代から、仏教国として栄えたシュリーヴィジャヤ王国はヒンドゥー教に改宗していました。内紛を避けた一部の王族はマレー半島に移住、マラッカ王国を建国します。ちょうどタイのアユタヤ朝が南下してきたため、2代目の王がイスラムに改宗し、イスラム商人の協力で国力を増強します。

宇山　「マラッカ」という地名の語源についてですが、シュリーヴィジャヤ王族がスマトラからマレー半島に逃れたとき、「この地の名前は何か」と現地人に聞いたとき、現地人が「この木の名前は何か」と問われたと勘違いして、側にあった木の名前である「マラカ（トウダイグサ科コミンソウ属の落葉高木）」と答えました。そして、この地は「マラカ」と名付けられ、王都となりました。「マラッカ」は「マラカ」の英語読みです。

マラッカ王国は東南アジア最初のイスラム国家です。マラッカ王国は仏教国のアユタヤ朝に対抗するために、イスラム教を奉じ、結束することが戦略的に好都合でした。

茂木　イスラム商人がマラッカ海峡を発見して交易を握ったのは唐代（7世紀）ですが、マラッカ海峡の住民がイスラムに改宗するのは13世紀です。モンゴル帝国から海路、ヴェネツィアへ向かう途中のマルコ・ポーロが、「住民はメッカに向かって祈っている」と書いています。13世紀に何が起こったのか？　インドと同じで「歌って、踊って」のスーフィズムが浸透したのです。

宇山　当時のアラブ人の航海者たちは、マラッカ王国における人々のイスラム教の戒律意識が低く、飲酒や肉食をしていたと記しています。イスラム教は支配層や商人らに信奉されていましたが、すべての人々に浸透していたとは言えず、また政治戦略上の政策という側面もあり、その信仰は緩いものでした。今日でも、マレーシアやインドネシアのイスラム教徒と称する人が半ば公然と飲酒しています。

茂木　だからインドネシアはイスラム教国ですが、バリ島にはヒンドゥー文化がそっくりそのまま残っていますし、ジャワ島の仏教遺跡ボロブドゥールも、イスラム教徒の住民によって大切に保存されています。アフガニスタンのバーミヤン仏教遺跡が、イスラム過激派のタリバン政権によって徹底的に破壊されたのとは好対照です。ただしインドネシアにも、異文化に敵

マラッカ海峡迂回ルート（16世紀後半）

意をもつジェマ・イスラミヤというイスラム過激派組織があり、２００２年にはバリ島で無差別爆弾テロを起こしているので注意が必要です。

宇山　マラッカ王国の成立以降、イスラム商業圏の拡大とともに、マレーシアのみならず、インドネシア、ブルネイ、フィリピン南部などの東南アジアの島嶼部にイスラム化の波が及びます。16世紀後半、ジャワ島でヒンドゥー教国のマジャパヒト王国に代わり、イスラム教国のマタラム王国が建国されます。

14世紀から16世紀に、イスラム教勢力は世界的に拡大しました。ティムール帝国、オスマン帝国、マムルーク朝、ムガル帝国などの強大なイスラム国家が興隆します。この時期に、モロッコの大旅行家イブン・バトゥータ（１３０４～68年）などが世界を巡っています。拡大するイスラム教勢力が海を渡り、マラッカ海峡に到達したことは時代の必然でした。

茂木　マラッカ王国は15世紀後半に最盛期を迎えますが、16世紀以降、大航海時代に入ったヨーロッパ勢力が進出してきます。１５１１年、圧倒的な火力を武器にしたポルトガル人によって占領され、マラッカ王国は滅ぼされてしまいます。

宇山　ポルトガルがマラッカ海峡を制圧したため、イスラム商人やマラッカ王国の残存勢力はスマトラ島に渡り、島の西沿岸域の港をつくり、マラッカ海峡を経由せずに、交易ができるルートを新たに形成します。

このルートの開発により、スマトラ島のアチェ王国、バンテン王国が新たに発展します。これらのイスラム教勢力はポルトガルに対抗します。

スマトラ島西沿岸部のルート開拓により、スンダ海峡の重要性が増し、富がジャワ島にも波及して、前述のように、16世紀後半、イスラム教国のマタラム王国が誕生します。

茂木　17世紀以降、このスンダ・ルートを発見したオランダ東インド会社がバンテン王国を保護国化し、ここにバタヴィアを建設しました。そして、マラッカ、スマトラ島やジャワ島など地域全体を植民地化していきます。

中華文明圏とはまったく違うチベット文明圏

宇山　北に目を転じると、インド文明圏と中華文明圏の狭間にチベット高原があります。チベットは一つの文明圏といってよく、これは「チベット文明圏」と定義できます。チベット文明圏は、たんに中国のチベット自治区にとどまりません。もっと大きな広がりを持っています。あとで述べるように、モンゴルもチベット文明圏の中に入ります。チベット文明について、茂木先生はどのようにお考えですか？

茂木　平均標高4500メートルのチベット高原は、本来なら人の住める場所ではありません。ところがこの高原にも人が住み着くようになり、遊牧を中心にして生活を成り立たせています。

チベットの人たちはもともとボン教という多神教を信仰していましたが、ヒマラヤ山脈の南にインド仏教が成立すると、インド仏教が流入してきます。インド仏教の中でも、とくに密教と相性がよかったようです。

密教は、難しい経典をアタマで解釈するというより、修行を通じて体で体得する仏教です。これがチベットのような高地に住む人たちに向いていたのです。高地ゆえの空気の薄さや気圧の低さと関係があると思います。

登山をするとわかりますが、空気が薄く、気圧の低い世界において人間は、思考力や運動能力が低下します。そのような状態で激しい修行をすることで、わりと簡単に〝あちら側の世界〟に行けるのです。

こうしてチベットがインド仏教の密教を受け入れ、成立したのがチベット仏教です。僧侶を「ラマ」と呼ぶので、欧米ではラマ教とも呼ばれてきました。

ちょうど唐の時代、7世紀にチベットを初めて統一したソンツェン・ガンポという王が、吐《と》蕃《ばん》という王国をつくります。「Tibet チベット」という国号に中国人が漢字を当てはめたわけです。この吐蕃の時代に、チベット仏教の基礎ができます。つまりチベット文明圏は、インド文明圏の影響を受けて生まれたといえます。

唐王朝は吐蕃に何度も攻め込みますが、勝てません。平均標高4000メートルの高原は空気が薄く、気圧が低いから、平地で暮らしている唐の兵士は高山病にかかり、無力化されるのです。結局、唐の2代皇帝・李世民は自分の娘をソンツェン・ガンポに嫁がせ、和平を結びました。以来チベット王朝は、一度も中華王朝に屈したことはありません。

チベット仏教は北方の遊牧民にも広がり、チベット文明は尊敬を受けています。モンゴル帝国のフビライ・ハンは、チベット仏教のリーダーであるパスパという僧を丁重に迎え入れています。パスパをモンゴル帝国の宗教大臣にする条件で、南宋攻略に協力させたのです。元朝の公用文字であるパスパ文字を定めたのがこのパスパです。

モンゴル帝国の保護下でパスパの教団（サキャ派／紅帽派）は世俗化し、僧侶の規律も乱れました。これをただして肉食妻帯を厳禁したのがツォンカパという宗教改革者で、明代の初め頃です。ツォンカパの教団（ゲルク派／黄帽派）がチベット仏教の主流になります。このツォンカパの4代弟子にモンゴルのアルタン・ハンから贈られた称号が、「ダライ・ラマ」です。

ゲルク派は妻帯しないので、教団指導者であるダライ・ラマも生涯独身です。そこで考え出されたのが、魂の転生によりダライ・ラマの地位が継承されるというルールでした。先代のダライ・ラマがなくなるとき、次はどこで生まれ変わると遺言します。その場所で同時期に生まれた赤ん坊の中から、さまざまな試験を経て、転生者を探し出すのです。

清の歴代皇帝も、じつは熱心なチベット教徒でした。歴代の清皇帝はチベットのリーダーであるダライ・ラマをとても大事にしています。軍事的にはチベットを占領しましたが、清の皇帝がダライ・ラマと会う時には、両者は対等の立場で向き合いました。

中国の教科書ではチベットを古代から中国の一部としていますが、まったくのファンタジーです。中国（漢族）がチベットを占領したのは、毛沢東が最初なのです。

宇山　チベット文明が、中華文明とインド文明のどちらに近いかは明らかです。チベット仏教は、インド仏教から影響を受けています。チベット文字は、インドのブラフミー文字から派生しています。

言語については、これまで「シナ・チベット語族」という言語学上のグループ定義がありました。チベット語と中国語は、同じ祖語を持つとされてきましたが、２０００年以降の研究では異なる見解となっています。

シナ語族とチベット・ビルマ語族は紀元前４０００年頃に分かれ、それぞれ別の言語として発達していったようです。つまりシナ語派とチベット語派は分けて考えるべきで、この点でもチベット文明は中華文明とは異なるのです。

にもかかわらず、「シナ・チベット語族」という呼称がいまだ残っているために、これが政治的に利用されています。中国政府からすればシナ人とチベット人が同一である根拠となっていて、「シナとチベットは同じ国として運営されるべきである」という論理になります。

実際にはチベット語と中国語は別系統で、チベット文明と中華文明には接点がありません。チベットは、文明的にはインド文明圏に近いのです。現在チベットは政治的には中国に属していますが、そこにさしたる根拠はない。チベットとは異なる文明の中国が、支配していい場所ではありません。

じつはチベット文明圏に属しているモンゴル

ありません。

宇山　チベット自治区に限らず、異民族や異文明を持つ人たちを、中国が支配する正統性はチベットにしても、中国はチベット人を少数民族扱いしていますが、それは中国の政治事情から来るもので、実態はまったく異なります。中国国内にはチベット自治区以外にチベット人が多い地域やチベット仏教を信仰している地域があります。

茂木　チベット仏教を信仰する地域は、中国国外でも広範囲に分布しています。むしろ「大チベット民族」と呼ぶべきで、アジアには広いチベット文明圏が存在しています。

宇山　典型がチベット自治区の東にある青海省です。青海省に住む人たちの血統をたどると、多くはチベット人です。しかも青海省では、チベット仏教が信仰されています。青海省に隣接する四川省や甘粛省にも、チベット人は非常に多くいます。

チベット自治区の東南に位置する雲南省も、圧倒的にチベット人が多い地域です。昆明を中心とする雲南地域には29の少数民族がありますが、そのほとんどがチベット系です。いまだチベット仏教を信仰している部族もあり、中華文明圏とは異なるのです。

雲南のイー族やペー族はそれぞれイー語、ペー語を話し、他にも少数民族の言語が多くあります。中国では中国語の方言のような扱いですが、実際は独立言語で、チベット・ビルマ語派に属します。ペー語は漢字表記もしますが、シナ語派ではありません。

雲南のチベット人は、７世紀には南詔という統一王国を建国します。南詔では大乗仏教が信仰されていますが、チベット仏教的な密教様式の性格も非常に強いです。崖に仏を刻んだ石窟寺院が多く、そこにはチベット文字も彫られています。

茂木　実はモンゴルも、チベット文明圏の一つですね。

宇山　そうです。たとえば南モンゴル（内モンゴル自治区）はモンゴル人の土地で、中華文明圏ではありません。清朝に属していた時代に中国人との混血が進んでいますが、もとは北モンゴルと同じ文化を持っていました。

そして北モンゴル（モンゴル国）も、チベット文明圏に属しています。彼らの宗教はチベット仏教です。

先ほど話に出たチベット仏教の指導者パスパは、モンゴル帝国に協力する代わりに、チベット仏教の保護をフビライに求めています。以後モンゴル人の間にチベット仏教が広まり、モンゴル帝国の宮廷の人たちも熱心な信者でした。

モンゴル文字をつくったのも、パスパです。それまでモンゴルではウイグル文字を使っていましたが、モンゴルが大帝国になると、もっと便利のよい文字が欲しくなった。それでフビライはパスパに、新たな文字を求めたのです。

パスパはチベット文字を原型としてモンゴル文字をつくり、これはパスパ文字とも呼ばれます。モンゴルは宗教と文字の両方で、チベット文明圏なのです。

チベット文明圏とインド文明圏の境界線——ネパールとブータン

宇山　モンゴル以外にも、チベット文明圏の国があります。一つは、チベットの南にあるブータンです。ブータンの住民のおよそ7割は、チベット系です。ブータンではチベット仏教の中でも、ドゥク派が信仰されています。

もともとブータンのチベット系は、チベットから移住してきた人たちです。チベット仏教にもいろいろな宗派があり、派閥抗争があります。その派閥抗争に負けたグループがチベットを出て、山を越えてブータンに向かったのです。

ブータンでは、アジア系のチベット人が多数を占めています。ブータンではアーリア系の人たちがおよそ4割を占めるとされますが、実際にはチベット系との混血が進み、彼らのほとんどがアジア化されています。

茂木　「ドゥク」はドラゴンのことですね。ブータンの国旗の中心には昇り竜がデザインされています。その他に、ミャンマーもチベット文明圏に入れてよいのではないでしょうか？

宇山　ミャンマーで最も多いミャンマー（ビルマ）族は、もともと、いまのミャンマーにはいませんでした。彼らは現在の中国・青海省、甘粛省、陝西省あたりにいたと思われます。雲南経由で現在のミャンマーに南下したのです。

彼らは中国人から氐《てい》族といわれた遊牧民で、チベット系とされます。４世紀の五胡十六国時代、氐族は中国では前秦、後涼といった国をつくりました。とくに前秦を建国した氐族は、一時的ながら北中国を統一しました。

その後、一部の氐族は雲南へと南下し、８～９世紀にはさらに南下してミャンマーにたどり着いたという説もあります。ミャンマーでは先住のピュー人やモン人を押さえ、パガン朝を建国します。

茂木　面白いのは、ブータンの西にあるネパールが、チベット仏教を拒絶しているんですね。

宇山　ネパールは多民族国家ですが、住民のおよそ７割はインド・アーリア語系です。彼らはヒンドゥー教徒であり、ネパールでは長く支配者層でした。

また、ネパールの山岳地帯にはチベット・ビルマ語系の住民がいて、彼らは仏教徒です。た

チベット人の分布領域

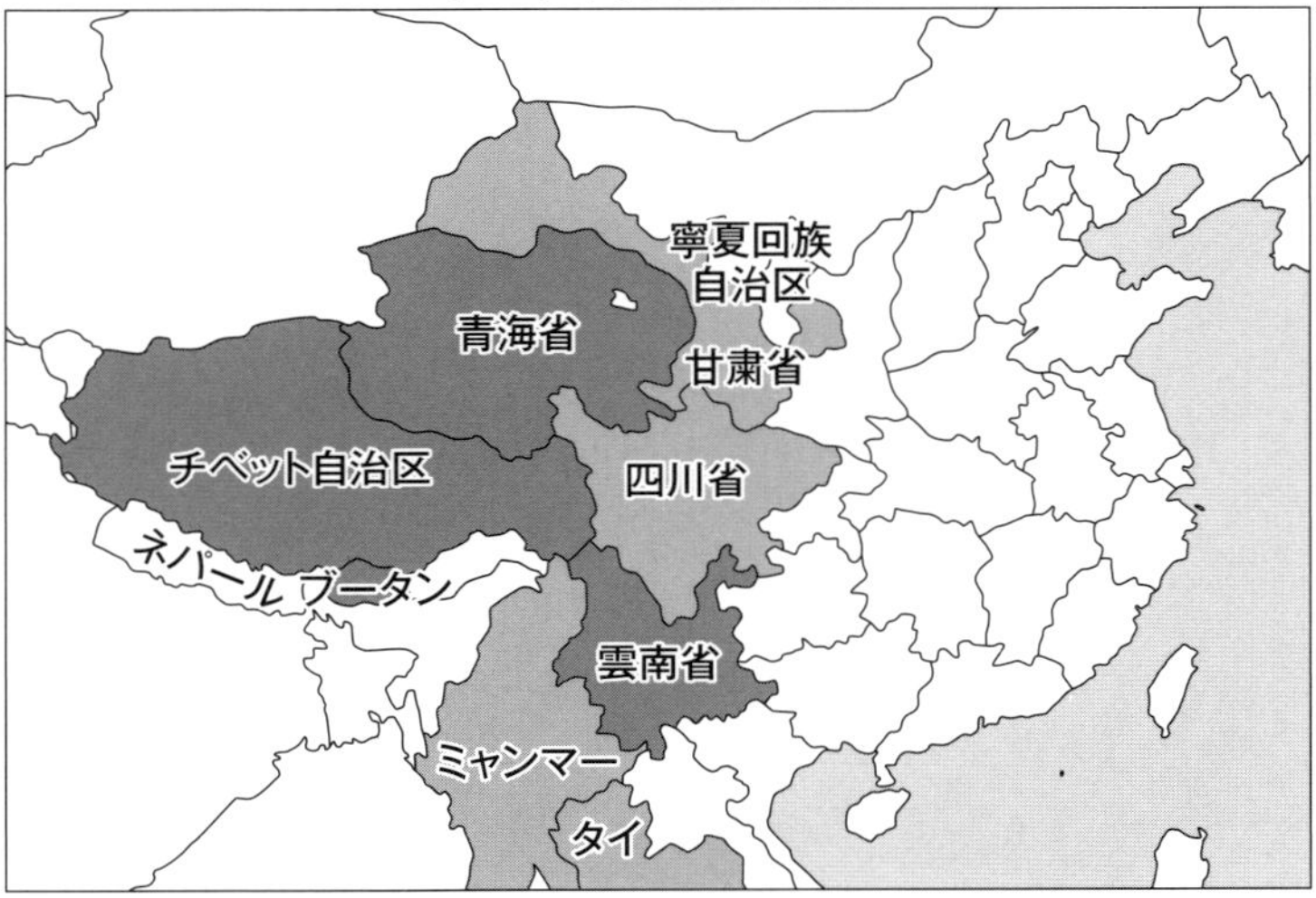

だネパールではヒンドゥー教と仏教の両方を信仰している人もいて、ヒンドゥー教と仏教の神が一緒に祀られた寺院もあります。これはネパールが、チベット文明圏とインド文明のぶつかる地域だったからです。

ネパールでは中世まで仏教信仰が盛んでしたが、13世紀に西北インドに拠点を持つイスラム勢力の侵攻により、仏教とヒンドゥー教が弾圧されました。このとき仏教は衰退しましたが、ヒンドゥー教は弾圧を跳ね返し、多数派を維持しています。

茂木　またネパールとブータンの間には、1975年までシッキム王国という国が存在していました。いまはインドの一部になっていますが、ここはもともとネパールとチベットの確執の地です。シッキム王国ではヒンドゥー教が優勢でしたが、チベット仏教徒もいて、インド文明圏とチベット文明圏が衝突する地でもありました。ヒマラヤの小国家は文明の衝突の最前線にあり、双方が直接ぶつかるのを緩和する緩衝国家の役割を果たしているわけです。

第3章

キリスト教文明圏 VS イスラム文明圏

キリスト教は、多神教化されたユダヤ教

宇山　第3章ではキリスト教文明圏、イスラム教文明圏の衝突についてお話ししたいと思います。

キリスト教文明圏とイスラム教文明圏では、どちらが強いのかを考えるとき、どのような比較ができると思いますか?

茂木　キリスト教とイスラム教は、兄弟宗教です。キリスト教とイスラム教には「お父さん」がいます。ユダヤ教です。

ユダヤ教は、中東の砂漠の中で生まれた宗教です。砂漠という過酷な自然環境の中で、恐るべき唯一の神ヤハウェという存在を設定し、この唯一の神が世界のすべてをつくったと説くのが、ユダヤ教の前提条件です。

この前提条件をそのまま受け入れたのが、イスラム教です。イスラム教が生まれたのはアラビア半島の砂漠で、拡大したのも、おもに砂漠地帯です。だからユダヤ教の最もベースになる考えは、イスラム教の中に生きていると思います。イスラム教も厳格な一神教です。「神々」といった複数の神は存在せず、アッラーの神しかいません。

ところがヨーロッパは違います。キリスト教文明のヨーロッパに砂漠はありません。ヨーロッパは基本的に、森の世界です。森の世界という点では日本と同じで、日本やインドが多神教の国であるように、古代のヨーロッパもまた多神教的な世界だったのです。

古代ギリシア、古代ローマ、古代のゲルマンは、すべて多神教でした。そのヨーロッパに砂漠生まれの一神教が流入した際、森の多神教と砂漠生まれの一神教を無理やりに融合させてしまった。それがヨーロッパのキリスト教です。

だからキリスト教には矛盾が多い。キリスト教は一神教といわれますが、本当に一神教でしょうか？

まごうことない一神教であるユダヤ教やイスラム教では、唯一の神は姿も形もありません。アッラーはもちろん、預言者ムハンマドの姿を描くことも、最大のタブーになっています。

ところがキリスト教の世界では、神の姿を描いた聖像画が溢れています。神どころか、神に近い人たちの絵画も溢れ返っています。イエスやマリアはもちろん、聖アウグスチヌス、聖アントワーヌといった「聖○○様」も描かれ、これなしに西洋美術は語れません。

キリスト教とは、じつは多神教化されたユダヤ教だと私は見ています。これはキリスト教の強さであり、弱さでもあると。

宇山　非常に面白い見立てです。私は文明について考えるとき「文明の闘争」という観点を重視しています。先ほどキリスト教文明圏とイスラム教文明圏とでは、どちらが強いのかという問いを立てました。文明や宗教を語るうえで強弱は重要ではないと思われるかもしれませんが、私はこの強弱こそが大事な視点だと思っています。

なぜなら「弱き文明」は、つねに「強き文明」に滅ぼされるからです。その意味で文明同士はつねに闘争を繰り返し、強き文明のみが生き残ってきました。その事実を鑑みるなら、やはり文明は強くあらねばならない。そして強くあるためには、文明は一定レベルの普遍性を持たねばなりません。

いま一神教と多神教の話が出ましたが、ユダヤ教とイスラム教が一神教を採用したのは、この普遍性を人工的につくろうとした結果だと思います。ユダヤ教とイスラム教は一神教であることにより、普遍性を手に入れ、強くあろうとしたのです。

◇◇◇◇◇◇◇◇◇◇

なぜエジプトは、キリスト教文明をあっさり捨てたのか

宇山　キリスト教文明とイスラム教文明の強弱を考えるとき、私が注目するのがエジプトです。エジプトでは、かつてイスラム教文明とキリスト教文明のせめぎ合いが起こりました。

古代エジプトにはピラミッドに代表される文明がありましたが、その後ヨーロッパ人がエジ

プトを支配していくことになります。紀元前1世紀、古代ローマの内戦にあってローマの武将アントニウスは、ライバルのオクタウィアヌスに対抗すべく、エジプトの女王クレオパトラ（7世）と結びつきます。アントニウスとクレオパトラの連合艦隊はアクティウムの海戦でオクタウィアヌスに敗れ、アントニウスもクレオパトラも自殺、エジプトはローマに併合されます。

古代ローマ帝国崩壊ののちは、コンスタンティノープルのビザンツ（東ローマ）帝国の支配下に入ります。エジプトをはじめ北アフリカ一帯はキリスト教化され、いったんはキリスト教文明圏に入っていきます。

エジプトで広まったキリスト教が、コプト教です。ギリシア語でエジプトは「アイギュプトス」で、この言葉のアラビア語訛りが「コプト」となります。コプト教はローマ帝国時代から独自の教義を発展させ、北アフリカ全域に広がり、エチオピアにも渡っていきます。

ところが7世紀にイスラム勢力がエジプトを占領すると、多くの人がイスラム教に改宗し、エジプトでのコプト教徒は極めて少数になりました。あるいは改宗しないコプト教徒は、南方のエチオピアへと逃げました。

茂木　ヨーロッパ人がエジプトに注目した理由は、二つあります。第一は、エジプトが大穀倉地帯だからです。ローマのカエサルがエジプトに遠征したのは、ここを押さえてしまえば、食べるのに困らなくなるからです。第二は、交易のためです。ヨーロッパからエジプトを見たとき、エジプトの向こうには紅海があり、紅海から船旅をすればインドです。インド貿易の最短距離を考えたとき、エジプトを押さえればいいとなるのです。

そのためエジプトはローマ帝国の一部となり、そのままキリスト教も受け入れました。キリスト教の五大教会（五本山）の一つ、アレクサンドリア教会を抱えていたのがエジプトです。正統派キリスト教の三位一体説を確立したアタナシウスもエジプト人で、アレクサンドリアの大司教でした。のちにアラブ人に征服されてイスラム化しましたが、もともとの多神教文化が残っていますから、イスラム教も緩やかに受容した。だからエジプトのイスラム教徒は、他のイスラム教徒に比べ戒律が緩いのです。

宇山　エジプト人は、酒も飲みますね。

茂木　イスラム教は飲酒を禁じていて、ほとんどのイスラム諸国には酒場がありませんし、酒も売っていません。サウジアラビアでは飲酒は鞭打ち刑です。ところがエジプトの観光地では、ふつうに缶ビールを売っています。イスラム教国とはいえ、完全にイスラム教に染まりきっていない。ここがエジプトの面白いところです。トルコ人はもっと緩いですけど。

宇山　ではなぜエジプトはキリスト教を捨てて、イスラム教化したのか。イスラム教は7世紀に誕生し、642年のニハーヴァンドの戦いでイスラム勢力は中東最強国・ササン朝を蹴散らします。同時に彼らはシリア、エジプト、さらには北アフリカまで征服していきます。このときエジプトの人たちは、あっさりキリスト教を捨てて、イスラム教に改宗しています。

エジプト人がキリスト教をさっさと捨てたのは、第一に交易を考えたからでしょう。エジプト人は、ヨーロッパ人よりもイスラム商人との結びつきを強めたいと思い、イスラム教を大事にすることにしたのです。

もう一つは、エジプトとアラブのイスラム教徒たちの民族的近さです。エジプト人が本当は何人なのかは、かなり議論のあるところです。

かつてアメリカで「スフィンクスやピラミッドをつくった王たちは、黒人ではなかった」と発表した歴史学者がいました。これがポリティカル・コネクトネス（政治的正しさ）に引っかかり、彼は袋叩きにあいました。

アメリカでは「古代エジプト文明は黒人たちがつくったものである」という説がまかりとおっています。エジプトはアフリカの一部で、エジプトももとは黒人の国だったというわけです。

黒人説を否定した歴史学者はアメリカ中からバッシングを受けましたが、彼の意見は間違いではありません。ピラミッドの中でミイラとして眠る古代エジプトのファラオたちは、黒人ではないからです。

ただし古代エジプトのファラオたちがアラブ人だったというのも、違うと思います。アラブ人との混血はかなりあったでしょうが、基本的にはベルベル人に近かったと思います。ベルベル人は北アフリカ一帯に住んでいた民族で、彼らと古代エジプト人は共通する遺伝子が多いのです。

分子人類学で用いる人類のY染色体ハプログループの分類に「E1b1b」という遺伝子がありますこのE1b1b遺伝子を多く持つ民族が、ベルベル人です。このE1b1b遺伝子が古代エジプト人からも、多く検出されているのです。

次に多く検出されるのがアラブ人に多い遺伝子、Y染色体ハプログループJです。つまり古代エジプト人とアラブ人は民族的に近く、そこからアラブ人のイスラム教を選んだと思うのです。

◇◇◇◇◇◇◇◇◇

古代エジプト文明をつくったのはコーカソイド系民族

茂木　20世紀前半にエジプトでツタンカーメン王の墓が発掘され、彼のミイラも出てきました。ツタンカーメンが生前どのような顔だったかは、2005年に科学的に復元されています。ネットでも見ることができますが、明らかに白人の顔です。

そもそもアフリカ大陸のサハラ砂漠より北は、コーカソイド（欧州・中東・北インドの諸民族）が住んでいた地域です。サハラ砂漠から南が、ネグロイド（黒人）が住んでいた地域です。これは民族学、歴史学の基本知識です。にもかかわらずアメリカでは、学問をポリコレで否定して「間違っている」と叩く人たちがいるとは、笑止千万です。

宇山　アメリカ人は学問的に正しいことよりも、政治的正しさを重視するのです。

茂木　ベルベル人の住む地域は北アフリカで、モロッコ、アルジェリア、チュニジアなどでは先住民族です。私はサハラ砂漠の奥にあるベルベル人の村を訪ねたことがあります。彼らは頭にターバンを巻いていますが、ターバンを外したらイタリア人とよく似た顔だちです。肌の色は白く、目の青いベルベル人もたくさんいます。アラブ人の顔つきは、肌は色黒いけれども彫りが深い。これもコーカソイドです。

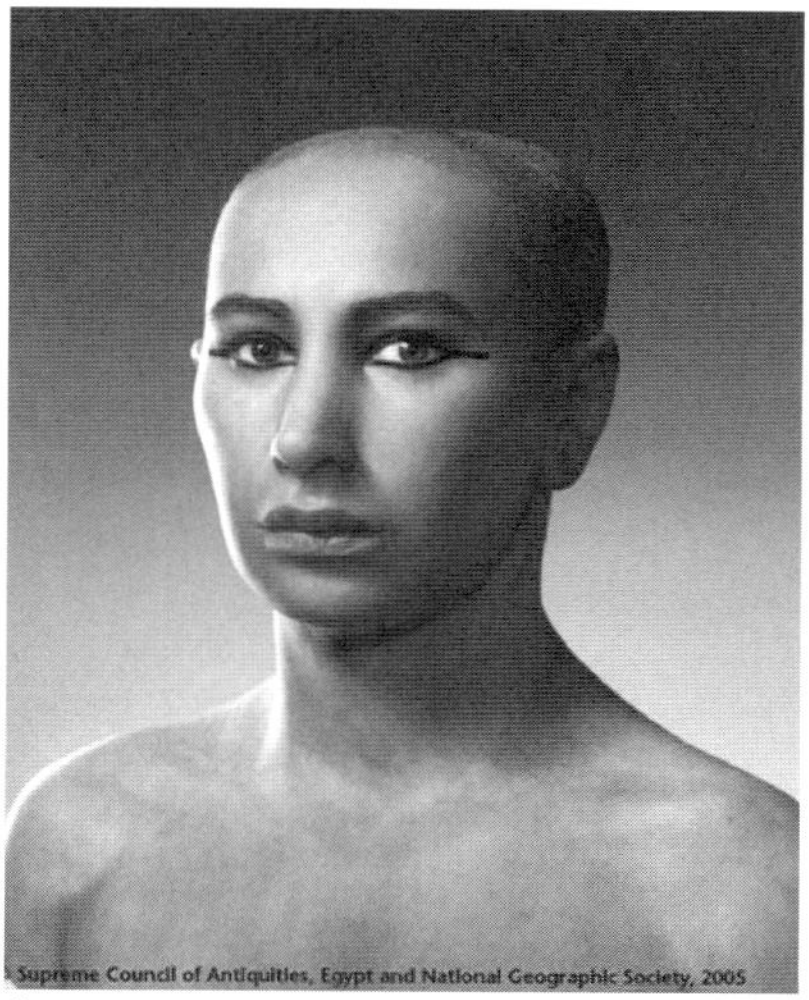

復元されたツタンカーメン

宇山　クレオパトラを描いた歴史絵画は多くありますが、鼻が高く色白です。西洋人のような顔をしています。

茂木　彼女の一族はギリシア系でした。ところがネットフリックスのドラマ「アフリカン・クイーンズ：クレオパトラ」では、黒人女優にクレオパトラを演じさせています。これもまたアメリカのポリティカル・コレクトネスです。

宇山　ベルベル人は民族学的にはコーカソイド、白人系という分類になります。コーカソイドの分類の中にはアラブ人もいますし、先ほどのアーリア人もいます。サハラ以南のアフリカ系黒人、ネグロイドとは違います。

キリスト教文明とイスラム教文明の衝突するコーカサス

宇山　いまコーカソイドの話が出ましたが、コーカソイドについて語るうえでコーカサス（カフカス）地方は外せません。コーカソイドは「コーカサス山脈周辺に広がるコーカサス地方から発生した民族」という意味です。

中東各地の神話には「ノアの方舟」という人類創世の物語があります。このノアの方舟神話とコーカサス地方は関係します。

茂木　コーカサス地方のアルメニア共和国とトルコの国境には、アララト山という富士山が二つ並んだような火山があります。『旧約聖書』でノアの方舟が流れ着いたとされるのが、アララト山です。アララト山にたどり着いたノアの息子にはセム、ハム、ヤペテの３人がいました。

このうちセムとハムは南に向かい、セムは中東のアラブ人やユダヤ人の祖、ハムは北アフリカのエジプト人やベルベル人の祖となります。ヤペテは北西に動き、ヨーロッパ人になったという伝承です。

ノアの方舟の流れ着いたコーカサスから白人の分布が始まったというわけで、白人系をコーカソイドと呼ぶようになったのです。

宇山　コーカソイドの中にセム系のアラブ人もハム系のエジプト人も、そしてヨーロッパ人も含まれるわけですね。

コーカソイドを語派で分けるなら、インド・ヨーロッパ語派とセム語派に分かれます。インド・ヨーロッパ語派はいまのウクライナから南ロシア、コーカサス地方を源郷としています。イランやインド、ヨーロッパに向かったのは、このインド・ヨーロッパ語派で、すなわちアーリア人でもあります。アーリア人もインド・ヨーロッパ語派も同じ意味で、インド人やイラン人、ヨーロッパ人は、学術的には同一の祖先を持つことになります。

茂木　いまは学問的には「アーリア人」という言い方はしません。これはアーリア人説が、ナチズムに利用されたからです。

ナチスの理論では、世界の文明をつくったのは北欧に住んでいた「金髪碧眼のアーリア人」

コーカサス地方での「文明の衝突」　（作図：茂木誠）

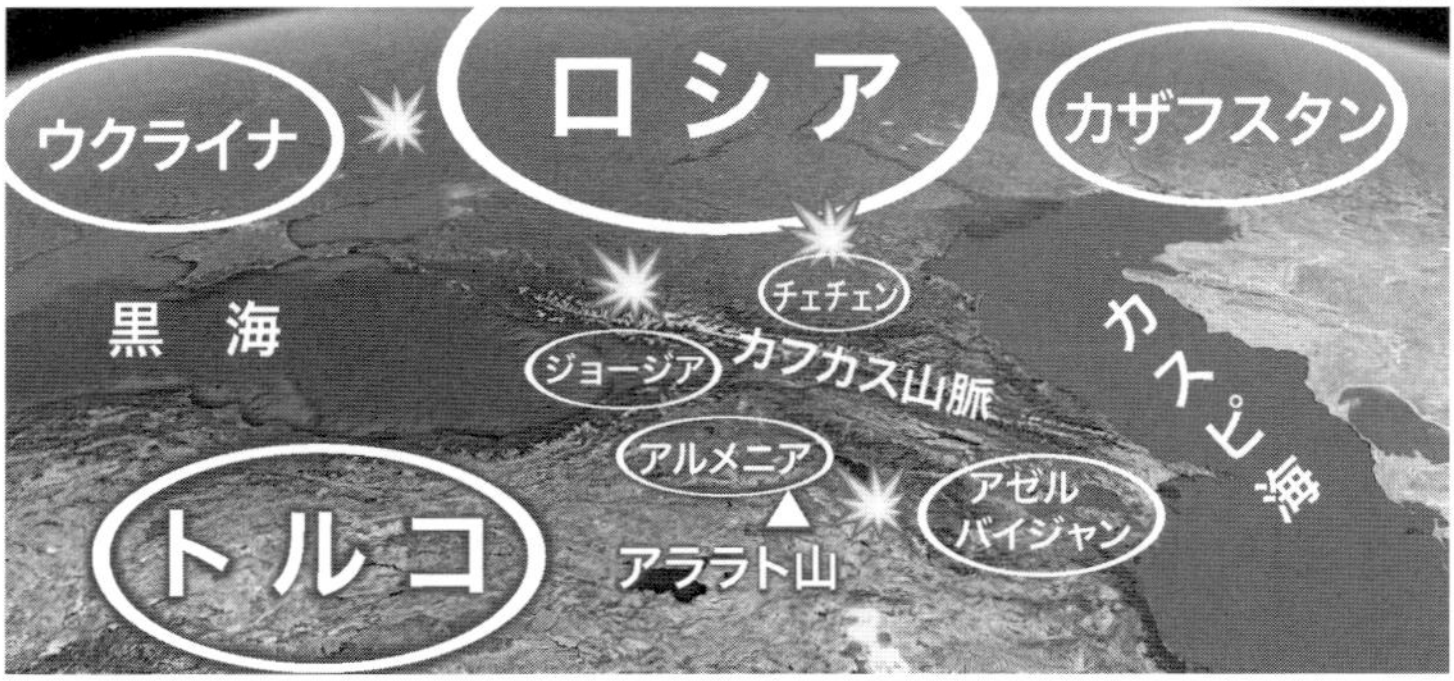

であり、このアーリア人は南下して、ギリシア・ローマ文明をつくり、さらには世界に文明を広げていったと……。

これは完全にファンタジーです。白人至上主義、人種差別理論を疑似科学でメッキしただけです。学問的な概念である「インド・ヨーロッパ語派」と、ナチズムのトンデモ理論で使われる「アーリア人」が混同されるので、学問的には「アーリア人」という言い方をしません。

宇山　コーカソイドの語源となったコーカサス地方は、北にはロシア、南にはイラン、トルコ、東のカスピ海の向こうには中央アジア、西の黒海の先には東ヨーロッパが位置しています。アジアとヨーロッパを結ぶ回廊であり、文明の交錯地のようになっています。つまりコーカサス一帯は、キリスト教（正教）文明とイスラム教文明が、ちょうどぶつかりあう地なのです。

まずコーカサス地方の西部にあるジョージアは、コーカサス人が中心の国です。先ほど述べたように、コーカソイドはコーカサス地方を発祥とするインド・ヨーロッパ語派やセム語派の人種区分です。コーカサス人とは、コーカサス地方固有の現地人を指します。コーカサス人の容貌はロシア人に非常に似ていて、両方の区別がつかないくらいです。

茂木　隣接する北のロシアの影響で、ジョージアではキリスト教の中でも正教を採用しました。ここはキリスト教文化圏、スラヴ文化圏です。

一方、コーカサス地方の東側にあるアゼルバイジャンは、ほとんどがイスラム教スンナ派のトルコ人です。カスピ海を挟んで対岸にある中央アジアのトルクメニスタン人とも近親関係にあります。

トルコ語によく似ているのが、アゼルバイジャン語です。アゼルバイジャンは南でイランに隣接し、ペルシア帝国とロシア帝国との争奪の場だったため、ロシア人とも混血しています。

宇山　問題はコーカサス地方の内陸国・アルメニアですね。アルメニアは、かつて王国であった時代の３０１年に、世界で初めてキリスト教を国教とした国です。いまもアルメニアではキリスト教の一派であるアルメニア教会（アルメニア使徒教会）が、強く根付いています。

その意味でアルメニアはキリスト教文明圏ですが、じつはアルメニア国内にはイスラム教徒も多く存在しています。その点に着目すれば、アルメニアはキリスト教文明圏とイスラム教文明圏の分かれ目といえるのです。

アルメニアは、混血が複雑多様化している国でもあります。アルメニア人にはコーカサス人の血が多く入っていて、他にトルコ人、ロシア人、イラン人などの要素も入っています。

茂木　アルメニアは、イスラム教国に周辺を囲まれています。アルメニアは全盛期には地中海東海岸にまで勢力を伸ばすほどの大国でしたが、西側をトルコ、南側をイランというイスラムの大国に奪われてしまいました。

アルメニアが生き残るために選んだのは、ロシア帝国からの支援でした。そのためアルメニアは、ロシアの出先機関のようにもなっていました。

アルメニアはかつてイランの一部にまで領土を持っていたこともあり、イランにはアルメニア人が多く住んでいます。アルメニア正教会も、イランにあります。

アルメニア人はユダヤ人同様に祖国を失い、各地を流浪する中で商業・金融技術を磨きました。いまも数百万人が海外で生活し、欧州諸国やアメリカの政界にも独自のネットワークを持っています。

トルコ人が建てたオスマン帝国が、第1次世界大戦の敗北で崩壊したとき、帝国東部に住むアルメニア人がイギリスの支援で独立戦争を起こしました。しかしケマル・アタチュルクのトルコ共和国軍に敗れ、追放されました。

このとき「トルコ人によるアルメニア人のジェノサイド（虐殺があった）」とアルメニア人は

主張し、トルコ側は「たんなる内戦の犠牲者にすぎない」とジェノサイドを否定しています。欧米各国の議会はアルメニア人の圧力団体に動かされ、トルコ非難決議を繰り返すのは、このような背景があるからです。

ロシア対トルコの覇権闘争でもあったナゴルノ・カラバフ戦争

宇山　コーカサス地方ではアゼルバイジャンとアルメニアの仲が悪く、ナゴルノ・カラバフが係争地帯になっています。ナゴルノ・カラバフではアルメニア人が多数派ですが、アセルバイジャンの領土内にまで深く食い込んでいるため、紛争が起きているのです。ナゴルノ・カラバフを巡り、アゼルバイジャンとアルメニアがしばしば軍事衝突を起こすようになったのは、ソ連の崩壊以降です。それまでは両国ともソ連の一員だったため、民族対立が押さえ込まれていました。

ところが1989年にソ連が崩壊したことで、1991年に第1次ナゴルノ・カラバフ紛争が始まります。このときはアルメニアが優勢でしたが、その後何度も衝突が起こり、2020年の衝突では、アゼルバイジャンが勝利しています。

2020年の軍事衝突で、アゼルバイジャンを支援していたのはトルコです。トルコとアゼ

南北国際輸送回廊の主な経由都市

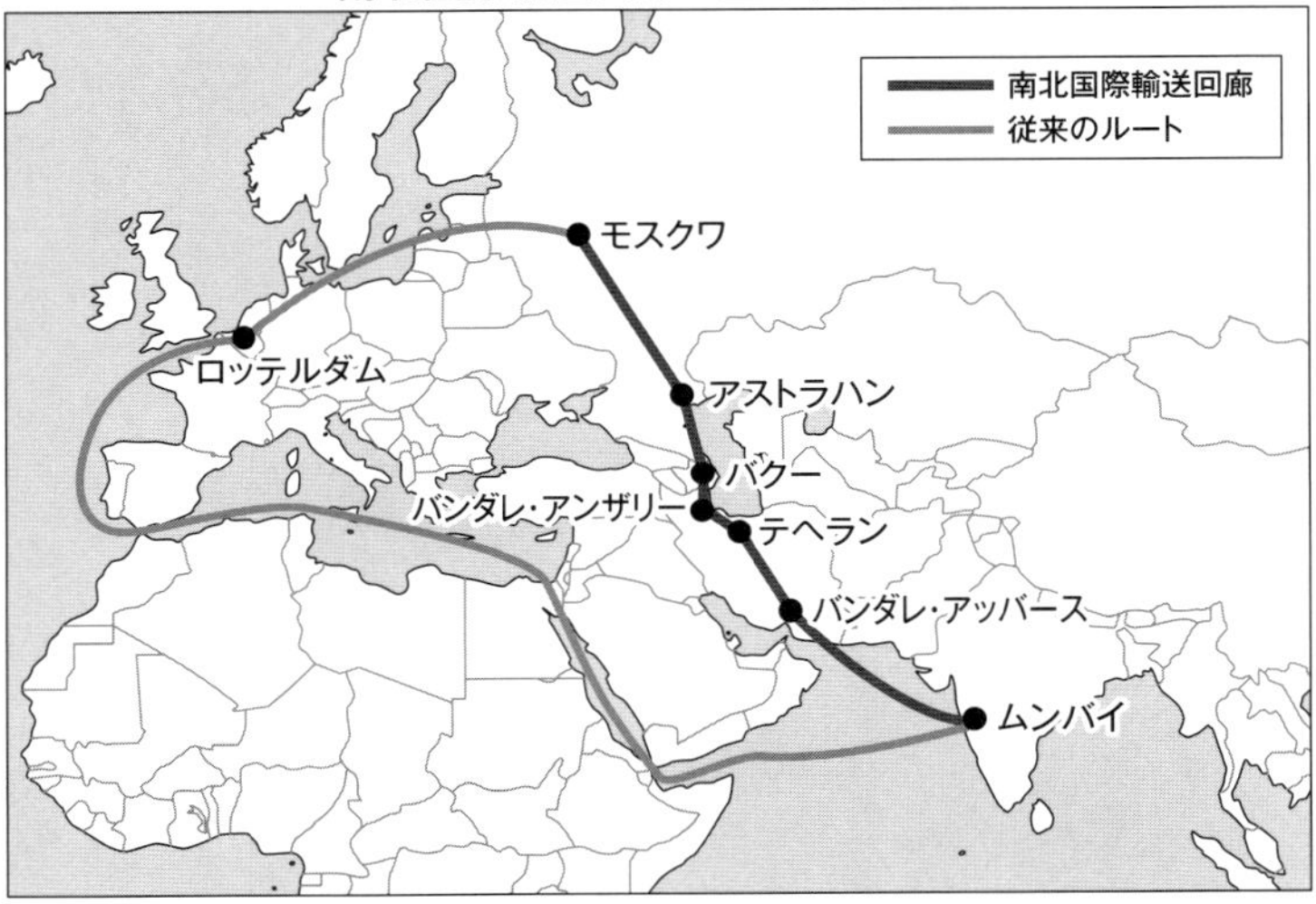

ルバイジャンは、同じトルコ系のイスラム教徒の国です。一方アルメニアを支援していたのはロシアです。アゼルバイジャン対アルメニアの戦いは、トルコ対ロシアの文明の覇権闘争でもありました。

ここで面白いのが戦後、ロシアがアゼルバイジャンに接近を始めたことです。2024年8月にアゼルバイジャンの首都バクー近郊で、ロシアのウラジミール・プーチン大統領はアゼルバイジャンのイルハム・アリエフ大統領と会談し、アゼルバイジャンをロシア側に引き込もうとしています。

日本のマスコミは、ウクライナ戦争によってロシアは国際的に孤立し、「プーチン大統領の頭はどうかしている」といった論調に偏っていますが、現実は違います。ロシアはアゼルバイジャンを取り込み、イランからインド洋へと抜ける南北輸送回廊をつくろうとしています。ロシアは19世紀以来、伝統的に南下政策をとってきました。プーチン大統領は、21世紀の南下政策を取ろうとしているのです。

茂木　アゼルバイジャンのバクーには、カスピ海油田があります。ロシア帝国時代に開発され、スターリンはもともとバクー油田の労働運動から共産党に身を投じました。ソ連時代には巨大コンビナートが建設され、ソ連経済を支えました。

第２次世界大戦下ではドイツ軍もバクー油田を狙い、コーカサスへ進軍しようとしました。ドイツがバクーの油田を押さえれば、ソ連の機械化部隊が機能停止し、スターリンの命運も尽きてしまいます。そこでスターリンは、コーカサスの北に位置するスターリングラード（現ヴォルゴグラード）にソ連軍を集中させます。ドイツはこのスターリングラードでの戦いに敗れ、バクー油田を押さえることができず、敗北を決定的にしてしまったのです。バクーはソ連崩壊でアゼルバイジャン領となりましたが、ロシアはいまでもバクー油田にこだわっています。

なぜ、イラン人はシーア派を信仰しているのか？

宇山　私は２０２４年にイランに行ったとき、イラン国内のアルメニア正教会にも立ち寄りました。国内中部のイスファハーンという都市には、壮麗なアルメニア正教会の建物（ヴァーンク教会）が残っていて、世界遺産に登録しようかという時期でした。

いまお話に出たようにイランにはキリスト教徒のアルメニア人が多く住んでいて、とくにイスファハーンに多くいます。日本のマスコミはイランを「他の宗教をまったく受け入れない不寛容な国」というイメージで伝えていますが、まったく違います。アルメニア正教会も機能しているのです。

イスファハーンにあるイマーム広場では、夕方になるとイラン人がゴザを広げて食事を始めます。私が広場を散歩していると、食事中のイラン人から「お前は日本人か」と声をかけられ、「よく来たな。お前も一緒に飯を食え」と誘われたことがあります。

茂木　私もイランで同じ体験をしたことがあります。アルメニア人についてどう思うかイラン人に聞いてみましたが、よく働くgood peopleだ、という答えでした。

宇山　イラン人はとても親日的で、日本人と中国人の区別もできるようです。世界中を見渡しても、ほとんどの国では日本人と中国人の区別なんてできません。われわれ日本人は中国人と間違えられ、「ニーハオ」と声をかけられます。けれどもイラン人はわれわれを日本人とわかり、「コンニチハ」と言ってくれるのです。

茂木　イランはイスラム教シーア派の国ですが、どこかイスラム教に馴染んでいない不思議な国です。もともとイスラム化される前は、ペルシア帝国だった長い歴史があります。ペルシア帝国はゾロアスター教という、イスラム教とはまったく違う善悪二神教を奉じる国でした。イラン人は「自分たちはインド・ヨーロッパ系の白人」という意識が大変強く、セム系で肌の浅黒いアラブ人を下に見ているところがあります。

ところがアラブ人のつくったイスラム帝国にペルシア帝国は呑み込まれてしまった。イラン人にはプライドを傷つけられた思いがあり、アラブ人と同じイスラム教国であることに、内心では居心地の悪さを感じているのです。

そこでイラン人は、イスラム教の中でも少数派のシーア派を選んだのです。イランはシーア派の中でも「十二イマーム派」を信仰しています。これは、預言者ムハンマドの従弟アリーの血統である12人のイマーム（指導者）だけに従うという教えですが、アリーの息子のフサインは、イスラム帝国に滅ぼされたササン朝ペルシアの王女と結婚したというのです。つまりこれ以後のシーア派の指導者には、ササン朝の血が流れているというわけです。

そうした「血の伝統」を信じるから、イラン人はシーア派が好きなのです。イラン人のシーア派信仰は、大きな声では言えませんが「アラブに滅ぼされたササン朝ペルシアの栄光を、いまも忘れない」という意志表現でもあるのです。ここがイラン人の面白いところです。

シーア派の歴代イマームは、アラブ人スンナ派の迫害を受けて多くが殺されています。11代イマームの葬儀のとき、その息子と称する幼い少年が後を継ぐのですが、その後、その少年を見たものは誰もいない。少年は、忽然と「消えた」のです。

イラン人はこの12代イマームの少年が迫害を免れるため、アッラーによって「隠された」のであり、いまもお隠れになっていると信じています。この「隠れイマーム」が実はマフディー(救世主)であり、世界の終末が近づいたとき、「隠れイマーム様」が姿を現して異端者のスンナを滅ぼし、真のイスラム教徒であるシーア派が、世界を支配すると考えているのです。

宇山　シーア派は、ムハンマドの血統を重んじます。ムハンマドの娘・ファーティマとその婿・アリーの子孫だけをムハンマドの正統な後継者と認める人たちは、「シーア・イ・アリー」と呼ばれていました。シーア・イ・アリーとは「アリーの信奉者」という意味です。これを略して「シーア派」と呼ぶようになったのです。

シーア派はアリーを初代のイマームとし、アリーとファーティマの子孫だけをイマームと認めています。つまり預言者ムハンマドの血統によって、イマームは決まるのです。

これに対してスンナ派は、選挙や戦争など人間によって選ばれた「カリフ」に従います。シーア派からすれば人間の判断は神の判断に及ぶはずもなく、人間の判断によって選ばれた指導者は批判されるべき存在と考えます。これがシーア派の反体制の拠り所ともなっています。

シーア派がイランで受け継がれてきたのは、スンナ派が多数派であるアラブ人支配に対抗する意味があるのです。16世紀にスンナ派のオスマン帝国が巨大化したときも、イランではシーア派のサファヴィー朝が登場し、オスマン帝国に対抗しています。

茂木　イスラム暦３月12日が隠れイマームの誕生日になっています。その日の前夜は、イランはお祭り騒ぎになります。まるで今日、救世主が生まれたかのような喜びようで、私がイランに到着した日が、まさにお祭り騒ぎの日でした。

夜12時を過ぎていましたが、タクシーに乗ると道路ではクルマがビュンビュンと凄い音をたてながら走り、まるでどこかの国のクリスマスのような大変な騒ぎでした。イラン人たちは酒を飲まないのに、酔っぱらっているかのような大騒ぎが続いています。タクシーの運転手に何の騒ぎか尋ねると「明日はイマーム様の誕生日だよ」と言われたのです。

翌日は「聖なる日」ということで、街は一転して静かになります。みんな家族で広場に出て食事をするのですが、異教徒の私が近くをプラプラ歩いていると呼び止められ、お菓子をもらったという楽しい思い出があります。

イラン人がアラブ人を見下すようになった歴史とは

宇山　先ほど述べたようにイラン人は、アラブ人を見下しているところがあります。これは彼らの長い歴史が関係しています。7世紀にムハンマドが登場するまで、それまで1200年以上にわたってイラン人は中東でアラブ人を従属させてきました。

アラブ人と同じセム系のアッシリアは、紀元前671年にオリエントを統一する大帝国となります。ただし苛烈な武力支配が嫌われ、早くも紀元前612年には滅びます。こののちオリエントでは、インド・ヨーロッパ系のイラン人が急速に台頭します。イラン人は制度・文化の形成が得意で、組織的な国家体系を構築します。イラン人のアケメネス朝ペルシアは紀元前525年にオリエントを統一し、長期政権になりました。

その後、紀元前4世紀にアケメネス朝は、ギリシア人のアレクサンドロス大王に滅ぼされます。そして紀元前3世紀からパルティア、3世紀からササン朝というイラン人王朝が、オリエントで優位にありました。その間アラブ人はイラン人に屈伏させられていたので、イラン人はアラブ人を見下しているのです。

イスラム勢力に呑み込まれてからも、イランは多数派のシーア派→スンナ派に反発し、シーア派を奉じて結束します。これに対してウマイヤ朝もアッバース朝も、シーア派を弾圧します。946年にイラン人はアッバース朝の弱体化に乗じて南下し、バグダードに入城、シーア派王朝のブワイフ朝を樹立もしています。

加えてイスラム文明を発展させたのはアラブ人ではなく、ほとんどがイラン人です。イスラム医学を代表する『医学典範』を書いたイブン・シーナー（アヴィケンナ）は、ブハラ生まれのイラン人です。『医学典範』は当時最も進んだ医学書で、12世紀にはヨーロッパに伝わり、ラテン語訳されています。

代数学の創始者にして天文学者であったフワーリズミーや、フィルドゥシー、サアディー、ハーフェズといった詩人や文豪もイラン人です。イスラム神学の大家である神学者ガザーリーも、イラン人です。イスラム神学者にもアラブ人の大家はいません。

あるいは大旅行家として知られるイブン・バットゥータ、世界史『考察の書』を書いた歴史家のイブン・ハルドゥーンは、北アフリカのベルベル人です。

茂木　イラン最高の詩人ウマル・ハイヤームもイラン人ですね。四行詩集『ルバイヤート』を書いた詩人、数学者、天文学者でもあります。

宇山　「アラブ人がイスラム教文明の中で担った領域は何ですか？」「イスラム世界で学問や芸術の大家としてのアラブ人はいるのですか？」と尋ねたとき、残念ながらアラブ人の名は出てきません。イスラム文明を担ったのはイラン人であり、イラン人には「自分たちがイスラム教文明を体現している」というプライドがあります。そのプライドもあって、アラブ人を見下している。それが今日まで続いているのです。

茂木　アラブ人によるイスラム帝国の中で、政治のトップはもちろんアラブ人です。けれども官僚機構と学者は、ほぼイラン人です。イラン人は古くから、文字を書くことに長けていて、ペルシア語という独自の非常に豊かな言語体系を持っています。イスラム帝国がイランを圧したといっても、ペルシア帝国の真髄は、じつは滅んでいないのです。

アラブ人は、たしかに交易は得意ですが、イラン人のように詩を書いたり、法体系をつくることには秀でていません。文明を育み、膨らませる力を持っていないのです。

宇山　イスラム化したのちも、イラン人はアラビア語を話さず、ペルシア語を維持しつづけました。ただし文字だけは、アラビア文字を採り入れました。イラン人には、そんな柔軟性もあったのです。

イランという国の語源は、アーリア人から来ています。「イラン（アーラン）」は、「アーリア人の国」を意味し、アーリア人は高貴な人を意味します。ですからイランは、高貴な人の国なのです。「イラン」という国名自体に、彼らの強烈なプライドがあり、アラブ人とは違うのだという自負があるのです。

原油が発見されなかったら、アラブ世界はいったいどうなっていたか？

茂木　もし中東で原油が見つかっていなかったら、いまだにアラブは誰からも顧みられない地域だったのではないでしょうか。

宇山　アラブには、まったく力がありませんでしたから。

茂木　いまアラブではサウジアラビアがリーダーのようになっていますが、あの国には聖地メッカ・メディナと原油以外の魅力が何かあるでしょうか。サウジアラビアを統治しているのは、サウード家という、もともと遊牧民の部族長にすぎません。彼らには、アラブ世界をまとめるほどの権威はありません。

16世紀以降、トルコ人のオスマン帝国の支配下におかれていたアラブ世界が分割されたのは、第一次世界大戦でオスマン帝国が崩壊した時、イギリス・フランスがアラブ人独立を支援する見返りに、彼らが自分たちの都合で勝手に引いた国境線が、いまだ残っているからです。イギリスはアラブで発見された石油資源を押さえるために、アラブの各地域の部族長を首長に指名し、カタールやバーレーンやクウェートを統治させました。これは事実上の傀儡《かいらい》政権です。第2次世界大戦後イギリスの力が弱まると、今度はアメリカがサウジアラビアのバックにつきました。

宇山　アラブという存在が強者だった時代は、歴史的にほとんどないのです。

茂木　7世紀にムハンマドが登場してから、せいぜい１００年くらいでしょう。

宇山　メソポタミア文明さえ、アラブ人のつくったものではありません。メソポタミア文明をつくったのはシュメール人という民族系統が不明な民族です。シュメール人とセム系のアラブ人とは、まったく関係ないと考えられています。

茂木　メソポタミア文明は中東の文明であるにもかかわらず、その主体はセム系のアラム人、インド・ヨーロッパ系のヒッタイト人、そしてペルシア人でした。アラブ人は砂漠の遊牧民、隊商の民として脇役を務めたにすぎない。メソポタミアの文明を牽引していったのは、ペルシア人が建てたイランだったのです。

アラブ人が一つにまとまらないのは建国神話がないから

宇山　アラブがムハンマドの時代を除いて一つにまとまらないのは、環境の問題も大きいでしょう。このことは非アラブのイランやトルコと比べると、わかりやすいと思います。イランやトルコには、一つの国家としてまとまる力があります。イラン人国家には、アケメネス朝やササン朝がありました。トルコ人国家には、オスマン帝国やセルジューク朝がありました。

これに対してアラブは一つの国家としてまとまったことがなく、いつもバラバラの状態になりがちです。これはアラブ人の住む地域に砂漠が多く、農耕ができないことが関わっています。砂漠の多いアラビア半島では、交易でしか食べていくことができません。交易に頼るかぎり、農耕のように組織的な運営能力は不要で、まとまる力が生まれないのです。組織的に農業を行うには、国家規模の運営能力が必要になります。強い権力のもと、四季や暦を定めて初めて、効率的な農業ができます。とくにイランやトルコは土地が痩せていて、それほど農業に適した国ではありません。それでも国家規模で農業を進めてきた。おかげでイラン人やトルコ人は一つにまとまり、自分たちの国を持てたのです。

さらに民族意識も違います。イラン人は、つねに自分たちはイラン人であること、それも優秀なイラン人であることを意識し、その誇りで一致結束していったのです。トルコ人の場合、彼らは完全なアジア人で、中東ではよそ者でした。彼らはもともとモンゴル高原にいて、6～8世紀頃は中国から突厥と呼ばれていました。突厥のトルコ人は、中国人とせめぎあう中で、揉まれてきました。

その後モンゴル高原を出て、長い時間をかけて中東に入ってきます。その過程で軍事的に結束しなければ生きていけないことを学んだのです。さらには国家運営とはどういうことかを潜在的に遺伝子に組み込んでいったから、トルコ人国家を形成できたのです。

茂木　民族意識がどうやって生まれるかというと、まず言葉が共通していることが重要です。ただ、それだけでは弱いのです。「自分たちは仲間である」という仲間意識が生まれるのは、神話によるところが大きいです。それも建国の神話です。

イランの場合、早い時期から文学が発達していました。イスラム教が登場するより前から、古代の神々や英雄たちの物語が綿々と伝えられていたのです。10～11世紀にかけては、日本の『古事記』に当たるような『シャー・ナーメ』が完成しています。イランの人たちは、そうした古代の神々や英雄たちの物語を子どもの頃から読んでいますから、「自分たちはイラン人である」という意識が強烈にありました。トルコ人も、モンゴル高原から移動してきた物語が語り伝えられてきました。

アラブ人には、そうした建国に至る神話、物語を持ちませんでした。部族の物語はあっても、アラブ全体の建国神話はないのです。そこにいきなりムハンマドが現れ、イスラム教を始めた。だからムハンマドが生まれるより前のアラブの物語はないのです。アラブからイスラム教を取ってしまえば、残るは部族の物語だけで、他に何もない。イスラムの歴史観では、ムハンマドの出現以前は「無明の時代」、つまり暗黒時代として片付けられています。

ユーラシアを大横断したトルコ人のイスラム化

宇山　キリスト教文明とイスラム教文明の対立という点で忘れてならないのは、オスマン帝国とトルコ人の存在です。トルコ人の建国したオスマン帝国は、最後のイスラム帝国でした。14世紀からバルカン半島に浸透を始め、バルカン半島のキリスト教文明圏を圧迫していきます。

茂木　「トルコ」という国はいまバルカン半島の対岸にありますが、中世までトルコ人はここに住んでいませんでした。トルコ人の故郷は、はるか東方のモンゴル高原なのです。

９世紀、モンゴル高原を襲った大旱魃の影響で、当時ウイグル王国を建てていたトルコ人は西へ大移動を始め、いまの新疆ウイグル自治区を含む中央アジア方面に入り、ここでイスラムに改宗しました。現在のカザフスタン、ウズベキスタン、トルクメニスタンに居住しているのは、このとき移住してきたトルコ人です。彼らの言語もトルコ語の方言であり、トルコ人がこの地を旅してもまったく不自由しないそうです。

中央アジアに入ったトルコ人は、さらに中東へ移動します。11世紀、トルコ系セルジューク族の族長トゥグリル・ベクが、イスラム帝国の都バグダードに入城し、イスラム世界の覇者となります。これがセルジューク朝です。

セルジューク朝の君主は「スルタン」を名乗り、アラブ人のカリフ（皇帝）から政治・軍事権を任されました。以後、スルタンがイスラム教スンナ派国家の君主の称号になります。セルジューク朝は、当時ビザンツ帝国（東ローマ帝国）の一部だったアナトリア（現在のトルコ）やシリア方面にまで進出し、ギリシア人と混血します。

こうしてトルコ人は何百年もかけてユーラシア大陸を大横断し、移動の途中、各地にトルコ人が住み着いていったのです。コーカサスのアゼルバイジャンでも、トルコ系のアゼリー人が多数を占めます。もともと中国人や日本人と同じモンゴロイドだったトルコ人が、移動の過程でコーカソイドと混血を繰り返した結果、彫りの深い顔になっていったのです。

モンゴルの侵攻を経て、アナトリアのトルコ人が最後に建てたのがオスマン帝国でした。

宇山　もともとモンゴル高原の西の端にいたトルコ人が大移動して、セルジューク朝、オスマン朝になったという遊牧民の歴史は、じつに面白いですね。この大移動の過程で、トルコ人はイスラム化されていきます。

トルコ系の最初のイスラム国家は、10世紀頃にできたカラ・ハン朝になります。カラ・ハン朝は東西のトルキスタンを統一した国家であり、いまの新疆ウイグル自治区や中央アジアにかけて勢力圏でした。

そのカラ・ハン朝の版図にあった新疆（東トルキスタン）では現在イスラム教を禁じられ、イスラム教徒のウイグル人まで中華文明化を強制されています。歴史を振り返ると多くのトルコ人はイスラム化していますが、トルコ人が中華文明化されたことは一度もありません。それがいま新疆で、人工的に中華文明化を強いられているのです。

カラ・ハン朝

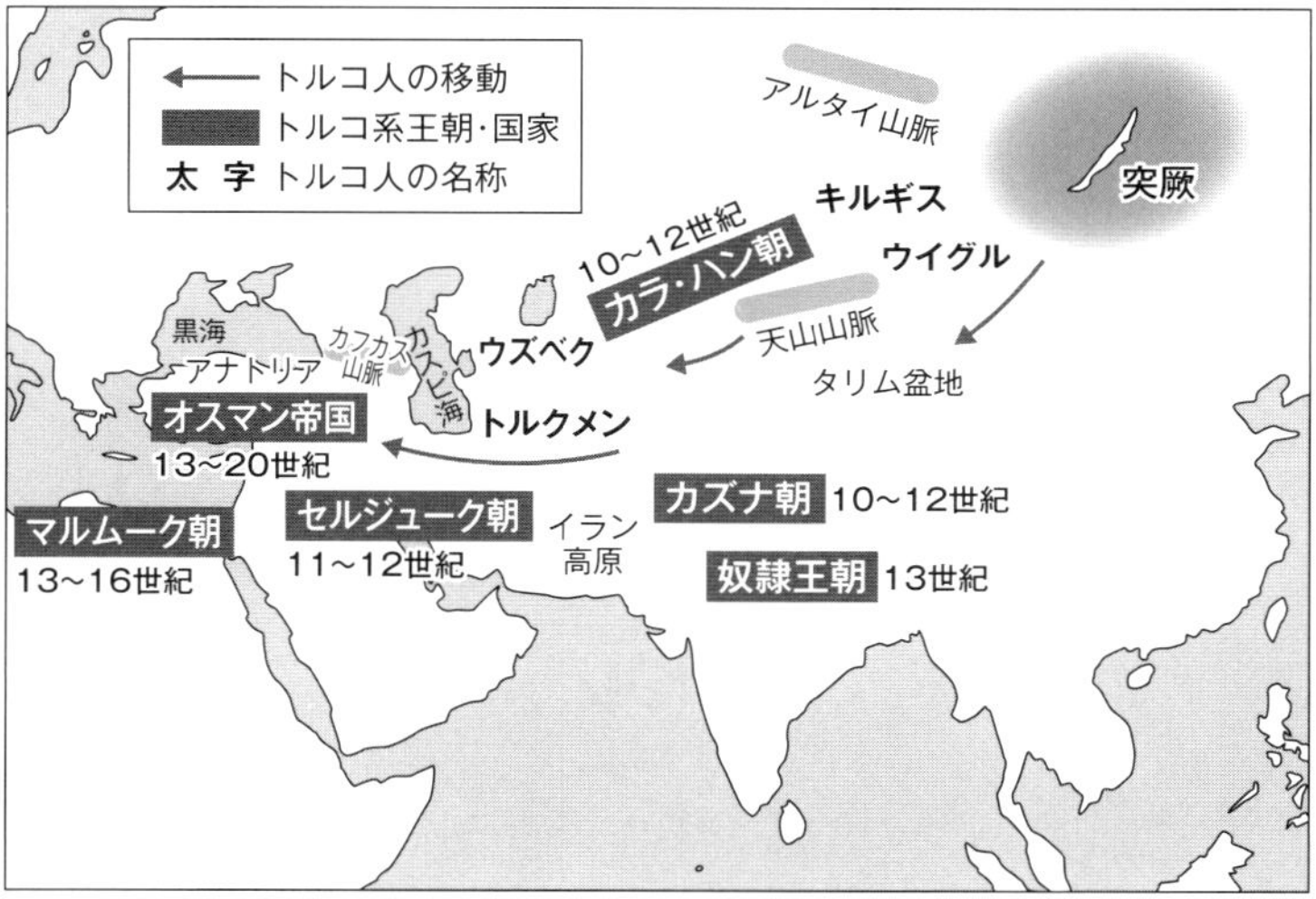

イスラム教文明圏と中華文明圏の衝突に関しては、７５１年に起きたタラス河畔の戦いが知られています。当時の中国は唐の時代で、唐と戦ったのはイスラムのアッバース朝です。戦場になったのは、中央アジアのキルギスの東の端です。

唐王朝は強大な軍事力で、領土膨張を続け、中華文明圏を西方へと大きく拡大させていきました。シルクロード交易によってもたらされる富は莫大で、王朝は西方への強い関心を抱きながら、軍を進めていました。唐軍は７５０年、中央アジアに侵攻します。

一方、イスラム勢力も東西交易に強い関心を示していました。イスラム勢力は７３２年、トゥール・ポワティエ間の戦いで、カール・マルテル率いるヨーロッパ勢力に敗退して以降、軍の矛先を東の中央アジア方面へと向けました。

唐軍とアッバース朝軍が751年、現在のキルギスのタラス地方で戦います。これが有名なタラス河畔の戦いです。この戦いでは、唐軍配下の遊牧民部隊がアッバース朝軍に寝返ったため、唐軍が敗退しました。

このとき、アッバース朝軍に捕らえられた唐軍の捕虜の中に、製紙工などが含まれており、彼らが製紙法をイスラム圏に伝えたということが戦いの意義として、一般的に解説されます。しかし、タラス河畔の戦いの最も重要な意義は中華文明圏の西方拡大が食い止められ、イスラム圏と中華圏の境界が定まったことです。

茂木　その後もシルクロードの交易を通じてイスラム商人は中国世界に浸透してきました。そもそも唐の都が内陸の長安（現在の西安）に置かれたのは、この地がシルクロードの最終地点だったからです。いまも西安に行くと中国人イスラム教徒がたくさんいて、豚肉を不浄とする戒律を守り、羊肉を食べています。

◇◇◇◇◇◇◇◇◇◇

ロシアがイスラム文明圏になっていた可能性

茂木　キリスト教文明圏とイスラム教文明圏の争いが起こったのは、ウクライナでも同じで

ご購読ありがとうございました。今後の出版企画の参考に致したいと存じますので、ぜひご意見をお聞かせください。

書籍名

お買い求めの動機

1　書店で見て　　2　新聞広告（紙名　　　　　　　　　）

3　書評・新刊紹介（掲載紙名　　　　　　　　　）

4　知人・同僚のすすめ　　5　上司、先生のすすめ　　6　その他

本書の装幀（カバー），デザインなどに関するご感想

1　洒落ていた　　2　めだっていた　　3　タイトルがよい

4　まあまあ　　5　よくない　　6　その他(　　　　　　　　　)

本書の定価についてご意見をお聞かせください

1　高い　　2　安い　　3　手ごろ　　4　その他(　　　　　　　　　)

本書についてご意見をお聞かせください

どんな出版をご希望ですか（著者、テーマなど）

郵便はがき

料金受取人払郵便

牛込局承認

9026

差出有効期間
2025年8月
19日まで
切手はいりません

162-8790

東京都新宿区矢来町114番地
神楽坂高橋ビル5F

株式会社ビジネス社

愛読者係 行

ご住所 〒 TEL:（　　）　FAX:（　　）		
フリガナ お名前	年齢	性別 男・女
ご職業	メールアドレスまたはFAX メールまたはFAXによる新刊案内をご希望の方は、ご記入下さい。	
お買い上げ日・書店名 年　月　日	市区 町村	書店

す。ウクライナの首都キーウ（ロシア語で「キエフ」）にはかつてキエフ・ルーシ（キエフ公国）という国がありました。バルト海と黒海をつなぐ交易で栄えた国で、戦争中のウクライナ・ロシア両国は、「自国の起源はキエフ・ルーシだ」と主張しています。プーチン大統領がキーウ（キエフ）に対する爆撃を控えているのは、ロシア人にとってのキーウは、日本人にとっての奈良・京都のような存在だからでしょう。

キエフ・ルーシは多神教の国でしたが、10世紀後半、ウラディミル1世の時代に新たな宗教の選択を迫られます。

ビザンツ帝国の都コンスタンティノープルからはキリスト教の正教会の使者がやって来て、多神教を捨ててギリシア正教を信じるよう誘います。同じ頃にイスラム帝国の都バグダードからも、イスラムを信じるよう誘いがありました。ウラディミル1世は、どちらを選択すべきかわからなくなり、使者をコンスタンティノープルとバグダードに派遣しました。

バグダードで、イスラム教の荘厳なモスクを見て帰った者たちは報告しました。「イスラム教では妻を4人持ってもよいのです。ただし、酒を飲んではならないとのことです」。酒飲みだったウラディミル大公は、がっかりします。

コンスタンティノープルを視察して帰ったグループは、壮麗な正教の教会を見て圧倒され、キリスト教を礼賛します。

「キリスト教では妻は一人しか許されません。しかし飲酒は許され、教会でも儀式でワインを飲んでおります」

この「飲酒OK」が決め手となり、ウラディミル1世はキリスト教を選び、キエフ・ルーシの国教をギリシア正教と定めたのです。またビザンツ皇帝の娘と結婚し、ロシアはヨーロッパの一員となりました。

もしウラディミル1世が酒飲みでなかったら、キエフ・ルーシも、のちのロシア帝国も、イスラム国家になっていたでしょう。世界はいまとはまったく違った姿になっていたのです。ウラディミル王の「酒好き」は、じつに世界史を変えたのです。

モンゴル人も改宗させたイスラム教文明の浸透力

宇山　私からはモンゴル帝国に関わる話をしたいと思います。モンゴル帝国はご存じのように、キエフ・ルーシを破壊し、現在のロシアとウクライナの領域を勢力圏としました。これがチンギス・ハンの孫バトゥによる、キプチャク・ハン国です。このキプチャク・ハン国は、やがてイスラム化していきます。

モンゴルのイル・ハン国の第7代ハンのガザン・ハンは1295年、即位すると同時にイスラム教を国教化したことはよく知られています。イル・ハン国はイランを中心とする領域であったので、地政学的にもイスラム化されやすかったと言えますが、では、ロシアに近かったキプチャク・ハン国はどうでしょうか。

キプチャク・ハン国は現在の南ロシア、カザフスタンやウズベキスタンを中心とする領域の国家で、チンギス・ハンの孫のバトゥが建国しています。彼らはロシア人のキエフ公国を滅ぼすなど、直接、キリスト教に接していますが、最終的にイスラム化されました。

バトゥの弟で第5代ハンのベルケ・ハンはイスラム教徒でした。すぐにイスラム化されることはありませんでしたが、第10代ハンのウズベク・ハンが14世紀にイスラムを国教化していきます。こうしたことからも、イスラム文明の圧倒的な包容力を見ることができます。

キプチャク・ハン国の君主らは正教を奉じてもよかったのに、正教を選ばずイスラム教を選択した。私はここにイスラム教文明圏の強さを見ます。イスラム教文明圏の感化力の強さは、キリスト教文明圏より上だったのです。

茂木　イスラム教徒は、ユーラシア大陸内陸の商業ルートを押さえていました。キプチャク・ハン国のモンゴル人たちは、イスラム教徒の持つ交易力に注目したのでしょう。

モンゴル人は、すべてを自分たちでやろうとはしません。人に任せる「アウトソーシング」が基本で、商業はイスラム商人に任せようと思った。元朝のフビライ・ハンも、中国人からの徴税を「色目人」と呼ばれたイスラム商人に任せています。

モンゴルは、宗教には実に寛容でした。ヨーロッパのカトリックの宣教師が、モンゴル帝国を訪れた際に記録を残しています。それによるとモンゴル帝国内には、いろいろな宗教の人たちがいました。イスラム教徒のほかにキリスト教徒もたくさんいてクリスマスもやってました。面白いのはモンゴル帝国内に広まっていたキリスト教が、ヨーロッパで異端とされたネストリウス派（景教）だったことです。フビライ・ハンの母も、実は景教徒でした。

モンゴル人は、もともと自分たちの宗教を持っています。古来から遊牧民の多神教を奉じ、「テングリ」という天の神を拝んでいました。ただモンゴル人には日本人と似たところもあり、キリスト教でも、イスラム教もかまわない。統治上の必要があれば、モンゴル人自身も改宗する。非常に寛容だったのです。

中東紛争はユダヤ・キリスト教文明圏とイスラム教文明圏の戦い

宇山　キリスト教文明圏とイスラム教文明圏の戦いは、じつは今日も形を変えながら続いています。それが20世紀後半から今日まで続く中東紛争です。

中東紛争はパレスチナにイスラエルを建国したユダヤ人と、これを許さないアラブ人の戦いですが、ここに大きな影響力を持っているのがアメリカです。アメリカ文明は、キリスト教文明の中でも最も急進的です。アメリカ文明はある意味、最も十字軍的な精神を引き継いでいるキリスト教文明だと思います。

そのアメリカがイスラエル対ハマスの紛争やイスラエル対イランのせめぎ合いに介入し、いまの中東紛争を主導するといった状況になっています。私はこれを歴史の必然と見ています。

もともとアメリカ人の信じるキリスト教とイスラエルの奉じるユダヤ教は、非常に近親性があります。古代ユダヤの『旧約聖書』には預言が書かれています。この預言を実現させなければならないと考えているのが、アメリカのキリスト教の福音派の人たちです。彼らは世界にちりぢりになっていたユダヤ人が、パレスチナに帰還するのは当然と考えています。ユダヤ人のパレスチナ帰還を支援することこそ神に与えられた自分たちの使命であり、マニフェスト・デスティニー（明白なる使命）であると捉えているのです。

アメリカ人の思考をこのように考えていくと、中東戦争は簡単には終わるはずはありません。いまの中東での紛争を十字軍の延長線上に見ている構造がある限り、争いは続きます。中東戦争は１９４０年代から１９７０年代まで第４次まで続きましたが、その４回で終わったわけではありません。「第○次中東戦争」の名が付いていないだけで、その後も中東での戦いは断続的に続いていたのです。

茂木　中東の歴史は、異教徒同士が戦ってきた歴史であると同時に、異なった宗教同士が共存してきた歴史でもあります。その一例が、イスラエルの北にレバノンという謎の国です。イスラム教が圧倒的に多い中東にあって、レバノンにはマロン派キリスト教徒が多数派になっています。マロン派キリスト教徒で日本でも有名なのが、日産の社長だったカルロス・ゴーンですね。彼はブラジル生まれですが、父親がレバノン系移民です。

なぜ中東のど真ん中にキリスト教徒の多い国があるかというと、十字軍が中東に攻め込んだとき、一部のキリスト教兵士がここの山岳地帯に住み着いたからです。そのキリスト教兵士の子孫たちが、キリスト教を信じながら、いまもレバノンに残っているのです。

しかもレバノンのキリスト教徒たちは、十字軍の兵士のようにつねに戦ってきたわけではありません。ふだんはイスラム教徒たちと一緒に暮らし、ともに商売をやってきました。

レバノンでは大統領をキリスト教徒、首相をイスラム教徒から選ぶという約束もできていました。議会も、キリスト教徒とイスラム教徒がだいたい半分ずつになるようにしてきました。

レバノンは、異なった宗教の人たちが一緒に共存できる、一つのよい例でした。

宇山　ところがそこにアメリカとイスラエルの思惑が絡み、レバノンで内戦が始まります。レバノン内戦は１９７５年に始まりますが、以後毎日のように殺し合いが起きていたわけではありません。内戦状態が悪化したのは最近で、かつては長い共存の歴史があったのです。

茂木　レバノンでは異なる宗教が共存し、うまくいっていた。それがおかしくなったのは、イスラエルとパレスチナとの紛争が激化したたからです。イスラエルの占領に対し、パレスチナ解放機構（ＰＬＯ）が武装闘争を始めました。その拠点となったヨルダン川西岸地区を、第３次中東戦争でイスラエルが占領した結果、大量のパレスチナ難民が発生し、北のレバノンに逃げていきます。パレスチナ難民はイスラム教徒ですから、レバノンではキリスト教徒とイスラム教徒の人口バランスが崩れます。

そこからレバノンでは、これ以上のパレスチナ難民の受け入れを拒むキリスト教の民兵が現れ、キリスト教徒とイスラム教徒が対立を始めます。これが１９７５年以来のレバノン内戦になっていくのです。

レバノン内戦下、レバノンに逃れてきたパレスチナ難民もまた過激化します。彼らの過激化もあってレバノン南部でヒズボラが登場し、事実上の独立国家をつくっていったのです。

なぜシーア派の拠点がレバノンにあるのか

宇山　いまレバノンで問題になっているのは、ヒズボラです。ヒズボラはシーア派の武装組織で、事実上レバノン南部を実効支配しています。「Hizb Allāh」はアラビア語で「アッラー

（神）の党」を意味します。

ヒズボラの本拠レバノンは昔から、宗教文明の交差地でした。なぜ、ヒズボラのような武装組織が生まれたのでしょうか。レバノンは「オリエント地域のあらゆる民族と宗教をおさめた美しい博物館」と称えられ、首都ベイルートは１９７５年のレバノン内戦以前、「中東のパリ」とされ、フランス統治領であったことから、フランス風の洗練された都市景観で有名でした。

先ほどご指摘があったように、レバノンではさまざまな異なる宗教が共存してきました。キリスト教とイスラム教だけでなく、イスラム教のシーア派も、スンナ派と共存していました。レバノンには、「宗派主義制度」というものがあり、大統領はキリスト教マロン派から、首相はイスラム教スンナ派から、国会議長はイスラム教シーア派から出します。国会議員の議席割合もキリスト教徒とイスラム教徒が６：５に規定されており、これは今でも続いています。

１９４８年、イスラエルが建国され、パレスチナ難民がレバノン領内に移住し、民族構成はますます複雑化しました。１９５６年、第２次中東戦争（スエズ戦争）が起きると、キリスト教マロン派とイスラム教徒が国内で対立します。１９７０年からはパレスチナ解放戦線（ＰＬＯ）がベイルートに拠点を設けました。

茂木　１９７５年、マロン派とＰＬＯが衝突し、レバノン内戦が起こります。イスラエルはベイルートのＰＬＯ本部を攻撃、レバノン南部を占領したとき、抵抗を始めた武装集団がヒズボラです。

宇山　先ほど述べたようにヒズボラは、シーア派組織です。なぜシーア派がレバノンにいたのか。シーア派の最大拠点はイランです。レバノンはイランからかけ離れた場所にあり、そこにシーア派が存在するのは不思議議に映るかもしれません。

理由をいえば、レバノンが山岳国家だからです。レバノンには、南北にレバノン山脈が走る険しい一帯があります。この大山岳地帯に逃げ込めば、追っ手は追跡を断念するしかありません。シーア派にとって恰好の逃げ込み場だったのです。

シーア派の人たちは、イラン以外のイスラム世界では、長くスンナ派の指導者たちから弾圧を受けてきました。オスマン帝国の時代もシーア派は弾圧を受けていて、追い詰められた彼らはみなレバノンの山岳地帯に逃げ込んでいたのです。シーア派の神学を研究したい神学者たちも、レバノンに逃げていきました。こうしてレバノンは、イランに続くシーア派の第二の拠点になっていったのです。

シーア派は、他にイエメンにも存在しています。イエメンのシーア派は、シーア派の一派であるフーシ派のイランと連携しています。なぜイエメンにもシーア派が存在しているかというと、レバノンと同じような理由です。

イエメンはサウジアラビアの南に位置し、アラビア半島の辺境にあります。しかもイエメンにも山岳地帯が多く、シーア派はここに逃げ込んだり、追い込まれていったりしたのです。

茂木　カフカス地方にアルメニア人、アゼルバイジャン人、ジョージア人、チェチェン人と少数民族が入り組んでいるのも、山岳地帯だからですね。

２０２４年末に、長く続いたシリアのアサド独裁政権が崩壊しました。アサド家はレバノンの北、シリア沿岸の山岳地帯を拠点とするアラウィー派です。アラウィー派は、古代の多神教やキリスト教が混ざった宗派で、多数派のイスラム教徒からは異端視されてきました。フランスの委任統治時代、フランスがこのアラウィー派を重用したため、独立後も力を維持してきたのです。中東情勢を見る時、地形に注目するといろいろ見えてきますね。

エルサレムをめぐるイスラム教文明圏とキリスト教文明圏の戦い

宇山　本章の最後に、イスラエルの首都エルサレムにおける文明衝突についても述べておきます。エルサレムは、ユダヤ教の聖地でもあれば、キリスト教の聖地でもあります。

茂木　エレサレムはもともとユダヤ教の聖地なんですね。ローマ軍に破壊されたソロモン神殿の跡が、「嘆きの壁」としてユダヤ教の聖地になりました。そのエルサレムがややこしくなったのは、イエスがユダヤ教に対して疑義を唱えたからです。そのためユダヤ教徒は、イエスのつくったキリスト教を認めないのです。

皮肉なことにユダヤ教徒に拒絶されたキリスト教は、中東ではなくヨーロッパで受け入れられていったわけです。

宇山　エルサレムにはイエスの墓もありますが、じつはイスラム教文明圏だった時代が圧倒的に長いのです。

エルサレムは4世紀にはキリスト教の５大総本山の一角を占め、栄えていました。６世紀、東ローマ（ビザンツ）帝国のユスティニアヌス皇帝の時代まではビザンツ帝国内にあり、キリスト教文明圏にありました。

それが7世紀にムハンマドが登場し、イスラム帝国が中東で形成されていくと、エルサレムはキリスト教文明圏から外れていきます。

11世紀にはヨーロッパで十字軍が組織され、十字軍はイスラム教徒に奪われたエルサレムを奪回にかかります。ところが十字軍は失敗し、エルサレムはイスラム文明圏のままになります。

茂木　オスマン帝国時代にはイスラム教の強制は行われず、ユダヤ教徒も、キリスト教徒（正教徒とアルメニア教徒）も平和的に共存していました。エルサレムに長い平和の時代があったことは、読者のみなさんに知ってもらいたいですね。

宇山　やがて19世紀になると、中東を支配したオスマン帝国が衰退し、エジプトにヨーロッパ勢力が入ってきます。このときエルサレムとその周辺のシリアやパレスチナは、キリスト教文明圏とイスラム教文明圏の衝突の地となります。

茂木　第1次世界大戦でオスマン帝国が崩壊すると、その領土は英・仏・ロシアによって切り刻まれ（サイクス・ピコ協定）、イギリスがバルフォア宣言で欧州のユダヤ人にパレスチナ移住を認めたことで、紛争の種を蒔いたのです。

中東紛争におけるイギリスの責任は、重大です。

第4章

西欧文明VS東欧文明（スラヴ文明）

ヨーロッパの三つの文明系統

宇山　先の3章では、ユダヤ教徒に拒否されたキリスト教が、ヨーロッパで受け入れられたという話が出ました。そして、ヨーロッパで受け入れられたキリスト教をベースにした文明は、二つに分かれます。一つが西欧文明、もう一つが東欧文明です。東欧文明は、その民族名から「スラヴ文明」ということもできます。

そしてさらに、西欧文明は二つに分けることができます。一つがラテン文明圏、もう一つがゲルマン文明圏です。この三つの文明圏は、民族も宗教も言語もきれいに分かれているのです。

宗教ではラテン文明圏はカトリック、ゲルマン文明圏はプロテスタント、スラヴ文明圏は概して正教になります。ただしスラヴ文明圏はすべて正教ではなく、カトリックが入り込んでいる地域もあります。

第4章では、同じヨーロッパにありながら、この三つの文明圏はそれぞれいかに形成されたか、あるいは三者はどうせめぎあったかを、議論していきたいと思います。

茂木　三つの文明圏の中で最初に登場したのは、地中海沿岸のラテン文明圏ですね。ラテン

ヨーロッパ文明圏

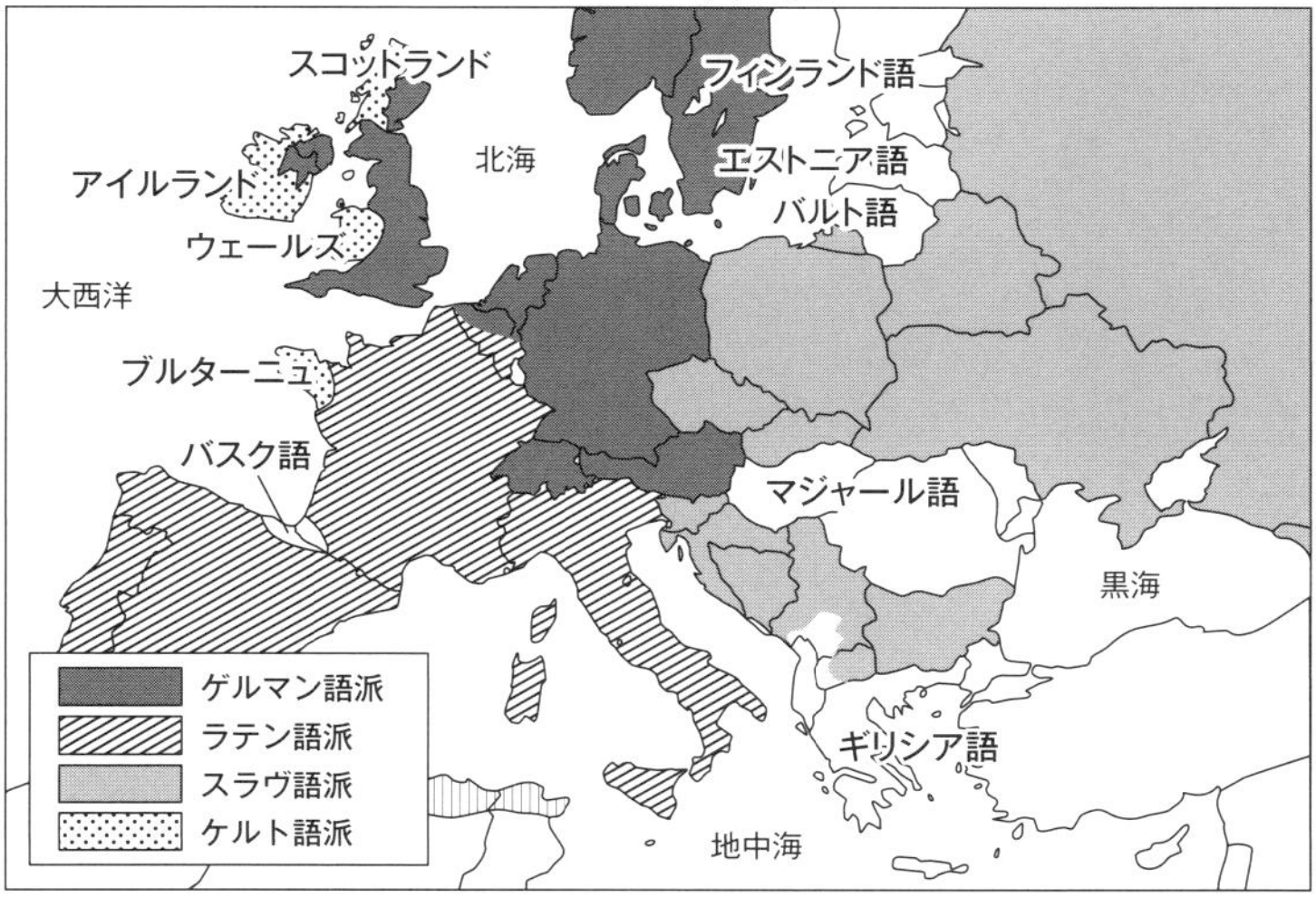

文明圏の地中海沿岸は、夏は雨が少なく、全体的に乾いた気候です。地中海は波が穏やかなので海にも進出しやすく、地中海沿岸の民族は本質的に海洋民族です。古代ギリシアの都市国家や古代ローマ帝国がまさにこれでした。

古代ローマは大帝国を築き、地中海世界を統一します。ローマの言語はラテン語ですから、古代ローマ帝国の下に存在するさまざまな民族は、ラテン語から分かれた方言を母語とするという共通性を持ち、「ラテン民族」と呼ばれます。これがいまのイタリア人、スペイン人、ポルトガル人、ルーマニア人などです。ギリシア人はこれとは別のグループです。

そしてラテン民族から一段下に見られていたのが、ゲルマン人とスラヴ人です。古代ローマ人はゲルマン人に対し、どのようなイメージを持っていたのでしょう。

宇山 ゲルマン人の「ゲルマン」は、「グルグルとわからない言葉を話す人たち」という意味があったとされます。ゲルマン人について「言葉がさっぱり通じない野蛮人」というイメージがあったのでしょう。

茂木 あくまでローマ人がつけた他称ですね。彼ら自身は「民衆」を意味する「Deutsch ドイチュ」と自称してきました。日本語の「ドイツ」の語源です。ゲルマン人は基本的に寒冷な森に住む民でした。ローマ帝国がアルプスを越えて北方へと勢力圏を押し進めていく過程で、ゲルマン人はローマ軍に抵抗を続けます。ローマ軍はゲルマン人の住む深い森の中へは入り込めず、いまのライン川とドナウ川を国境線としました。ライン川、ドナウ川という二つの川が、南のラテン文明世界と北のゲルマン人社会の境目になったのです。

ローマの国境警備兵の駐屯地は、ライン川とドナウ川の河畔に置かれました。ケルンやアウクスブルク、ウィーンなど、中央ヨーロッパの都市には、ローマ軍の駐屯地を起源とするものが多くあります。

宇山 ゲルマン人はもともとスラヴ人同様、非常に貧しかったのですが、やがて急速に力をつけだし、実質的に西ヨーロッパを支配するようになります。ゲルマン人が台頭できたのは、6世紀後半頃から地球が温暖化し、ヨーロッパ全体が暖かくなったからです。イングランドでも葡萄がたくさん収穫でき、ワインを生産していたという記述があるぐらいです。

アルプスの北側に住んでいた貧しいゲルマン人たちは、地球温暖化によって十分な農耕を営むことができるようになり、富を蓄積していきます。ついにはラテン人からヨーロッパの覇権を奪い取るほどに成長します。


茂木　ゲルマン人がアルプスの北に住み着く前、そこに住んでいたのはケルト人でした。

ケルト人はいまもアイルランドやスコットランドの主要民族として、固有の言語（ゲール語）を保っています。インド・ヨーロッパ語族の一派で、紀元前１５００年頃にはドナウ川やライン川沿いの中部ヨーロッパに定住し、海を渡ってブリテン島にも広がったのです。

なお、イギリスの巨石記念物ストーンヘンジを作ったのはケルトではなく、それ以前の先住民です。紀元前1世紀、カエサルのガリア遠征を機に、ガリア（のちのフランス）とブリタニア（イギリス）のケルト人はローマ帝国の支配下に置かれました。フランスはラテン文化圏に組み込まれましたが、フランス語が他のラテン系諸語、スペイン語やイタリア語と違って独特の表記、発音をするのは、ゲール語の影響でしょう。

宇山　ケルト人ら紀元前３０００年頃に、独自のケルト祖語や民族の文化を持ち、紀元前１５００年頃までに、ドナウ川やライン川沿岸のヨーロッパ中部の森林地帯に移動し、定住したとされます。ケルト人はこれらの地域に最も早い時期に定住したため、「ヨーロッパの先住民族」と評されます。

ケルト人はヨーロッパ全域に分布しながら、多くの部族に分かれ、一つにまとまることはありませんでした。彼らはラテン人のような定住型の農耕生活を営まず、牧畜を営み、部族ごとに移動生活をしていました。

茂木　やがてローマ帝国が衰退してゲルマン人が一大勢力になり、4世紀にはヨーロッパ西部に大規模に進出します。5世紀にはゲルマン人の一派アングロ・サクソン人がブリテン島に進出し、これによりケルト人の勢力は辺境に押し込められていきます。

ケルト人は最終的にスコットランド、アイルランド、ウェールズ、フランスのブルターニュなどに残存することになります。ただし彼らはゲルマン人やラテン人に吸収同化され、純粋な血統が絶えたいまも、文化や芸術にケルト人の世界観が受け継がれています。ケルト人の言語は「ゲール語」ともいい、スコットランド・ゲール語、アイルランド語、ウェールズ語、フランスのブルトン語（ブルターニュ方言）などはケルト語です。

ケルト人はゲルマン人と同じくキリスト教化されますが、それ以前はドルイド教という自然崇拝の多神教を信仰していたのです。キリスト教化されたのちも彼らは自然崇拝の思想を継承し、ハロウィーンやケルト十字など他のヨーロッパ人にない独自の文化や装飾芸術を生み出していきます。

交易がふるわず、貧しいままだったスラヴ圏

宇山　続いてスラヴ人の話をしましょう。スラヴ人の「スラヴ」は、奴隷という意味です。英語では「スレーヴ」といいます。なぜスラヴ人を「奴隷」と呼ぶかというと、古代ギリシア人や古代ローマ人が、スラヴ人を奴隷として労働力に使っていたからです。

紀元前８世紀頃、バルカン半島でギリシア人がスラヴ人と出会ったとき、スラヴ人に対して「お前たちの話している言葉は、いったい何なのか」と聞きました。このときスラヴ人は「スラヴだ」と答えたようです。

本来、「スラヴ」は、スラヴ語で「言葉」を意味します。それを勘違いしたギリシア人は、以後スラヴ人を「スラヴ人」と呼ぶようになります。ギリシア人は大量のスラヴ人を奴隷化していきます。そこからしだいにスラヴに「奴隷」という意味が生まれてきたのです。

茂木　つまりスラヴが「奴隷」という意味を持つようになるのは、スラヴ人が奴隷化されたあとなのですね。奴隷というと黒人奴隷が知られていますが、もともとは、白人が白人を奴隷にしていたのです。古代ローマ帝国から中世のビザンツ帝国まで、帝国で働いていた奴隷の多くは、スラヴ人であったという解釈がされています。

スラヴ人というとギリシア人やローマ人、あるいは東方からの遊牧民に一方的に攻め込まれ、ひたすら人間狩りされ、奴隷となっていく民族というイメージがあります。彼らがどうして抵抗しなかったのか、奴隷化の過程でどんな戦いがあったかは、まったくわかっていません。当時のスラヴ人には文字がなく、自らの歴史を書けなかったのです。

宇山　スラヴ人は貧しく、他の民族によって屈伏させられてきた歴史を持っています。彼らが貧しかったのは、彼らの住んでいたヨーロッパの東側一帯の土地が痩せていて、農業がふるわなかったこともありますが、交易のルートから外れていたことが大きいと思います。ラテン人が地中海交易によって莫大な富を蓄えていったのに対して、交易がふるわないスラヴ圏は貧しいままだったのです。

◇◇◇◇◇◇◇◇◇◇

独立を保てず、ドイツ人の保護下に入った「モラヴィア王国」

茂木　スラヴ人が初めてつくった国が、いまのチェコを中心とする「モラヴィア王国」です。9世紀ですから、日本では平安時代の前期に、ようやく国ができたことになります。彼らは「チェコ人／チェック人」と自称し、カール大帝のフランク王国が西欧を統一するとこれに従属し、カトリックに改宗しました。フランク王国の分裂を機に、ようやく独立したのです。

ところが10世紀に東方から遊牧民のマジャール（ハンガリー）人が大挙して攻め込み、モラヴィア王国は一瞬で崩壊してしまいます。彼らは独力では遊牧民に勝てず、独立を維持できないことを悟ります。そこで、西の隣国ドイツの王を頼ったのです。

宇山　ちょうど分裂していたフランク王国が再統合され、ドイツの諸侯がザクセン公ハインリヒ１世をドイツ王に選出した頃です。その息子が神聖ローマ帝国の初代皇帝となるオットー１世です。

茂木　チェコ人の王ヴァーツラフ１世は、ドイツ王ハインリヒ１世に対して臣下の礼をとり、一諸侯として格下げされました。それによりドイツ王に守ってもらうという選択をしたわけです。これ以後、チェコの歴史はドイツ史の一部になってしまうのです。チェコをドイツ語で「ベーメン」といい、ヴァーツラフはベーメン公となるべきですが、かつて独立国だった記憶を残すため、「ベーメン王」と名乗ることを許されました。

チェコが当初「モラヴィア王国」を名乗ったのは、独立国家という意識があったからですが、実質は自分では独立を保てない属国でした。このように、つねに強い国に従い、安全を守ってもらうというところは、朝鮮に似ていると思います。

属国になれば、頼りとしている強国の意のままにされます。チェコもそうでした。チェコは周囲を山に囲まれた盆地です。そのチェコを取り巻くズデーテン山地は、地下資源の宝庫なのです。

宇山　銀や銅が採掘できるので、ドイツ人はズデーテン地方に進出し、鉱山を開発して都市を建設します。このおかげでズデーテンはヨーロッパ有数の工業地帯となりましたが、その富を握ったのはドイツ系移民でした。やがてベーメン王もドイツ貴族に乗っ取られ、チェコ人は二級市民のようになってしまいました。

茂木　14世紀、ドイツ系（ルクセンブルク家）のベーメン王が神聖ローマ皇帝カール4世として即位し、首都のプラハは帝国の中心として栄えました。このカール4世が創設したプラハ大学で、大事件が起こります。

教授も学生もドイツ系が多数派だった中、チェコ人の神学教授ヤン・フスがプラハ大学長となり、ローマ教皇を批判する論文を書きはじめたことから騒ぎが起こります。当時のカトリック教会は二派に分かれて派閥抗争を続けており、この問題にドイツ人対チェコ人という民族対立が結びついたのです。

ベーメン王ジギスムントは教会統一を話し合うためコンスタンツ公会議を開催し、フスを証人喚問します。公会議はフスを異端として断罪し、火あぶりの極刑に処しました。

この結果、フスを支持するチェコ人が大規模な反乱を起こします。このフス戦争によりチェコ人は信仰の自由を確保します。１００年後、今度は隣りのザクセン公国でマルティン・ルターがローマ教皇を批判し、宗教改革の火蓋を切りました。ルターはもちろんフスのことをよく知っていたわけです。

宇山　フスは早すぎた宗教改革者でした。ルターの教えは燎原の火のように広まり、やがてドイツを二分する大戦争——三十年戦争につながります。このときもチェコ人はカトリックのハプスブルク家と戦いましたが、今度は敗北しました。

茂木　この結果、ベーメン（ボヘミア）のフス派は欧州各地や北米にまで逃れ、放浪生活を送ります。放浪者を「ボヘミアン」というのは、ここから来ているのです。

宇山　第1次世界大戦までチェコは、ドイツ系のオーストリア帝国の一部でした。チェコの独立は、第1次世界大戦でオーストリアが敗戦してからです。

茂木　オーストリア帝国の敗戦を契機に、チェコは東のスロヴァキアと合体してチェコスロヴァキアという国をつくりました。このときドイツ人が開発し、ドイツ系住民が多く住んでいるズデーテン地方も、チェコスロヴァキア領となりました。

チェコスロヴァキアには、さしたる産業がなかったので、ズデーテン地方を確保したかったのです。その結果チェコは、何百万人という、チェコ語をしゃべらないドイツ系住民を抱え込むことになります。

すると今度はズデーテン地方に住むドイツ系住民が、チェコからの分離を要求しはじめました。そこに介入してきたのが、ドイツで政権を掌握したアドルフ・ヒトラーです。

宇山　ヒトラーは「われわれの同胞であるズデーテン地方のドイツ人の権利が侵害されている！」と主張しました。ウクライナ戦争でのロシアのプーチン大統領のような言い分です。ドイツ軍の侵攻でチェコスロヴァキアは解体され、チェコはドイツに併合されてしまいます。

茂木　この頃、ドイツの物理学者が核分裂の実験に成功しました。核燃料のウランはズデーテン山地で産出されます。核開発の技術と原料を手に入れたヒトラーは、新型爆弾の開発を命令しました。しかし、ヒトラーの迫害を逃れたユダヤ系の物理学者たちがアメリカにこの情報を伝え、あわてたF・ルーズベルト大統領が核開発（マンハッタン計画）を発動しました。

宇山　ヒトラーのドイツが第2次世界大戦に敗れると、チェコスロヴァキアは復活します。何百年もズデーテン地方に住んでいたドイツ人たちは、ほとんど身ぐるみを剝がされた状態で追放され、ドイツへと逃れます。

茂木　満洲や南樺太・千島の日本人もソ連軍に追われ、追放されました。同時期にズデーテン、東プロイセン、シュレジエンなどドイツが失った「東方領土」から追われたドイツ難民は千数百万人、しかも彼らは中世の時代からこれらの地域を開拓し、数百年もそこに住んできたのです。彼らは、チェコスロヴァキアやポーランドによる追放と財産没収を不当であると訴えてきましたが、ドイツ政府も裁判所も、この問題については黙ったままです。

ドイツも敗戦国だから、何も言えなかったのです。これによりズデーテン地方のドイツ人問題はうやむやになってしまいました。現在ヨーロッパで起きている紛争の根がたいていは中世にあることが、このズデーテン問題からもわかります。

マジャール人の侵入によって、南北に分断されたスラヴ文明圏

宇山　スラヴ文明圏の中で、最も大きい国はロシアです。これにウクライナが続きます。他にスラヴ文明圏にはルーマニアやクロアチアなどのバルカン半島の国々があり、ここが南スラヴ人たちのテリトリーです。

その北にポーランド、チェコ、スロヴァキア、ハンガリーなどがあります。この一帯が、北スラヴ人のテリトリーです。つまり北スラヴ人と南スラヴ人の間には溝ができていて、空洞によって分断されているのです。

どうして空洞ができたかというと、先ほどの話にあったように、マジャール人が入ってきたからです。マジャール人はハンガリー人の自称でもありますが、スラヴ系ではなくウラル系の遊牧民です。彼らは6世紀頃にロシア方面から西へ移動し、ドナウ川中流域のパンノニア平原になだれ込み、さらに西へと進もうとしました。

そのマジャール人が最後に住み着いたのが、いまのハンガリーです。そのためハンガリーはマジャール人の国とされますが、いまのハンガリー人の遺伝子を見るとマジャール人の遺伝子は4％ぐらいしか残っていません。大半はヨーロッパ化されています。

ハンガリー人はヨーロッパ系の遺伝子に占領され、民族的にはアジアではなくヨーロッパに属します。ただし文明的には、スラヴ文明圏に属さないという見方もできます。

そして、彼らが使うマジャール語はウラル語族に属し、インド・ヨーロッパ語族には属しません。言語的には周辺から孤立しています。このハンガリーの存在により、北スラヴと南スラヴは分断されているのです。

茂木　マジャール人のヨーロッパ侵入を阻んだのは広大な森林でした。彼らは広い平原がないと行動できません。1章でベトナム人がモンゴルを追い払ったという話をしました。なぜモンゴル騎兵がベトナムを占領できなかったかというと、ベトナムのジャングルには馬が入れなかったからです。

遊牧民は、森を苦手としています。パンノニア平原を地図で見ると、周囲を山に囲まれ、巨大な山梨県のような地形です。雨の少ない盆地では高い樹木が育たず、ヨーロッパの中では例外的に草原が広がっています。

マジャール人に限らず、アジア方面からヨーロッパへ侵入してくる遊牧民は、このパンノニ

パンノニア平原とその周辺

ア平原を通るルートを動いています。まずは黒海の北を通り、カルパチア山脈を南回りに迂回してパンノニア平原へと移ったのち、西北に向かいます。いまでいえばウクライナ、ルーマニア、セルビアを抜けてハンガリーに至り、さらにチェコまでをも襲う。

民族移動期にゲルマン人を恐怖させたフン人も、6～8世紀に侵攻したアヴァール人も同じルートをたどりました。そしてマジャール人もここを通ってきたのです。ハンガリーにとどまっていたフン人の末裔は、マジャール人とも混血したと思います。

彼ら遊牧民族はハンガリーで放牧をして暮らし、家畜の食糧である草が枯れる秋から冬にかけては、周囲への侵略を繰り返してきました。穀物や家畜、人間までさらってきたのです。

先ほど紹介した最初のスラヴ系国家モラヴィアは、このマジャール人のいるハンガリーの北に位置します。ハンガリーのマジャール人からしょっちゅう攻め込まれ、東半分（スロヴァキア）を奪われます。残った北半分に住む貴族らがドイツに助けを求め、ドイツの諸侯入りすることで、なんとか面目を保ったのです。

文明の衝突点ウィーン

宇山　２０１ページの地図を俯瞰すると、いろいろなことがわかります。東方からの遊牧民はルーマニアからセルビアを通って、ハンガリーに向かいます。とはいえハンガリーから先には、なかなか行けません。ハンガリーの北西で、スイスのアルプス山系とカルパチア山系がぶつかっているからです。

アルプス山系とカルパチア山系の間は隘路になっていて、遊牧民はそうそう前に進めません。マジャール人はここを通過してチェコまで侵入しましたが、遊牧民にとってハードルの高い隘路であることは確かです。

このアルプス山系とカルパチア山系の隙間にある都市が、現在のオーストリアの首都・ウィーンです。ウィーンは文明の衝突する地として、何度も世界史の表舞台に登場します。それには、こうした地政学的な理由があったのです。

ウィーンを巡る文明の衝突で有名なのは、オスマン帝国によるウィーン包囲です。バルカン半島を北上したイスラム教のオスマン帝国は、神聖ローマ帝国の首都ウィーンを１５２９年と１６８３年の二度にわたって包囲します。オスマン帝国軍はこのウィーンさえ陥落させれば、中央ヨーロッパ地域になだれ込めたはずです。

ただ最大の危機であった第１次ウィーン包囲では、当時の神聖ローマ帝国にカール５世というハプスブルク家の有名な皇帝がいました。彼の弟がウィーンを防衛し、神聖ローマ帝国はウィーンを死守することに成功しました。

もしもこのときウィーンがオスマン帝国に落とされたら、中央ヨーロッパはイスラム教文明圏になっていたとも考えられます。２度目のウィーン包囲も失敗に終わりました。

茂木　遊牧民は東方からハンガリーまでなら、サーッと侵入していきます。それがハンガリーの北西部で、ピタッと止まってしまう。オーストリアはゲルマン文明圏の東の防波堤であり、語源の「オストマルク」は「東方辺境伯」を意味します。ドイツ人の頑張りがあったにせよ、やはり、地形の問題が大きく関わっていると思います。

ハンガリー北西部では山が急に迫り、森が繁ってきます。遊牧民族の騎兵の活動は鈍り、撤退を考えるようになります。しかも山地は寒く、夏装備でウィーンを包囲したオスマン帝国は、冬になると寒さを耐えきれず、撤退することになったのです。

宇山　地形は、文明や歴史を見るうえで欠かせない要素です。ところが日本の学校は地理の時間には歴史を教えず、逆に世界史の時間に地理を教えることもしません。世界史と地理を一緒に勉強したら、どれだけ面白いか。今後茂木先生とは、地理や気候から世界史を考える対談もしてみたいと思っています。

美しい女性が多いがゆえに、外敵に狙われつづけたスラヴ人

宇山　ここでスラヴ人に話を戻すと、スラヴ人がなぜ貧しく、他民族に対して劣勢だったか。その理由としては、私はスラヴの女性の美しさが原因だと考えています。スラヴ人には美女が多く、他民族の攻勢にさらされやすかったのです。

スラヴの女性は同じヨーロッパでも、ラテン人やゲルマン人の女性と比べて、とびきり美しいと、私は思います。スラヴ人の女性は金髪碧眼のうえ、すらりとした長身の人が多い。私は、世界のいろいろな地域を旅して回っていますが、スラヴ女性は「超絶美人」だと思いますよ（笑）。

茂木　私はラテン系の女性のほうが好きですね（笑）。

宇山　ラテン系の女性は肌の色が浅黒く、背が少し低めです。勇猛な武将が他民族の美しい女性を目当てに戦い、手に入れた。たとえばチンギス・ハン率いるモンゴル軍が豊かな中国ではなく、南ロシアやウクライナを優先し、猛然と侵攻していったのも、スラヴの美しい女性たちを見て奮起したからでしょう。

また、そのチンギス・ハンが止めるにもかかわらず、スラヴの女性を征服するためにウクライナへ侵攻した武将の記述も残っているほどです。それぐらいスラヴ人女性は美しかったのです。

茂木　オスマン帝国のスルタンのハーレムにも、スラヴ人女性が多くいました。彼女たちの子どもが次のスルタンに即位することも多かったので、オスマン帝国のスルタンの顔つきは、しだいにスラヴ化していきました。

宇山　オスマン帝国のスレイマン１世の妃になるヒュッレム（ロクセラーナ）は、南スラヴ人だったといわれています。こうして他の民族がスラヴ人のコミュニティから美しい女性を奪っていくと、コミュニティの人口は減っていき、衰退もします。スラヴ人女性が美しいがゆえに、スラヴ人は外敵にさらされつづけたという歴史があるのです。

こうしたことは、歴史の教科書にはほとんど書かれません。しかし、美しい女性を目掛けて男たちが奮起し、戦争したケースはいくらでもあると思います。アレクサンドロス大王がイランに攻め込んだのも、一つにはイランの女性が美しかったからでしょう。「男が、美しい女性を獲得したいと考えて戦争を仕掛ける」という要素は、歴史を考えるうえで無視できないと思います。

茂木　男と女を比べたとき、体格・体力では男が勝ります。そのためどうしても女性が男たちによってひどい目に遭ってきた歴史があります。これをマルクス主義者は「男による女の支配構造」としました。支配構造を打破するためにフェミニズムが生まれ、社会学者でフェミニストの上野千鶴子先生が頑張っている、という話になります。

ただ女性には、男のそうした欲望を逆に利用するしたたかさがあります。男たちを魅了し、自らの血を引く子孫を残していくのです。スラヴの国々はたびたび強大な勢力に併合され、滅んでいきましたが、スラヴ人の遺伝子をちゃんと残してきたのです。

このあとの5章でお話しする、南米のアステカ帝国とインカ帝国の女性たちも同じです。スペインの男たちにどれだけひどいことをされても、彼女たちは民族の遺伝子を残していったのです。

スラヴ人の宗教がカトリックと正教に分かれた理由

宇山　次にスラヴ人の宗教についてお話ししたいと思います。ヨーロッパには大きく分けて、二つのキリスト教文明圏があります。西側のローマ・カトリック文明圏と東側の正教文明圏です。正教会は英語で「オーソドクス・チャーチ」といい、英語「オーソドクス」の語源です。

ヨーロッパのキリスト教文明圏では、この二つの宗教がせめぎあっていました。西側のカトリック文明圏では、さらに16世紀以降、カトリック文明圏とプロテスタント文明圏に分かれていきます。

茂木　東ヨーロッパのスラヴ人たちの宗教は、カトリックと正教に分かれます。ロシアやウクライナ、セルビアは正教ですが、チェコ、ポーランドはカトリックです。スラヴ人の宗教がバラバラなのは、それぞれのスラヴ人勢力が頼った相手によって、宗教が決まったからです。たとえば東から遊牧民に攻められた西スラヴ人が頼ったのは、ドイツです。ドイツの宗教はカトリックだったので、スラヴ人もカトリックを受け入れました。ポーランドやチェコやクロアチアは、そうしてカトリック化しました。

一方バルカン半島の南スラヴ人は、ドイツから距離があります。彼らが遊牧民に攻められたときは、コンスタンティノープルのビザンツ帝国（東ローマ帝国）を頼りました。そのためバルカン半島のセルビア人には、ビザンツ帝国の宗教である正教が入ってきたのです。

キリスト教諸派

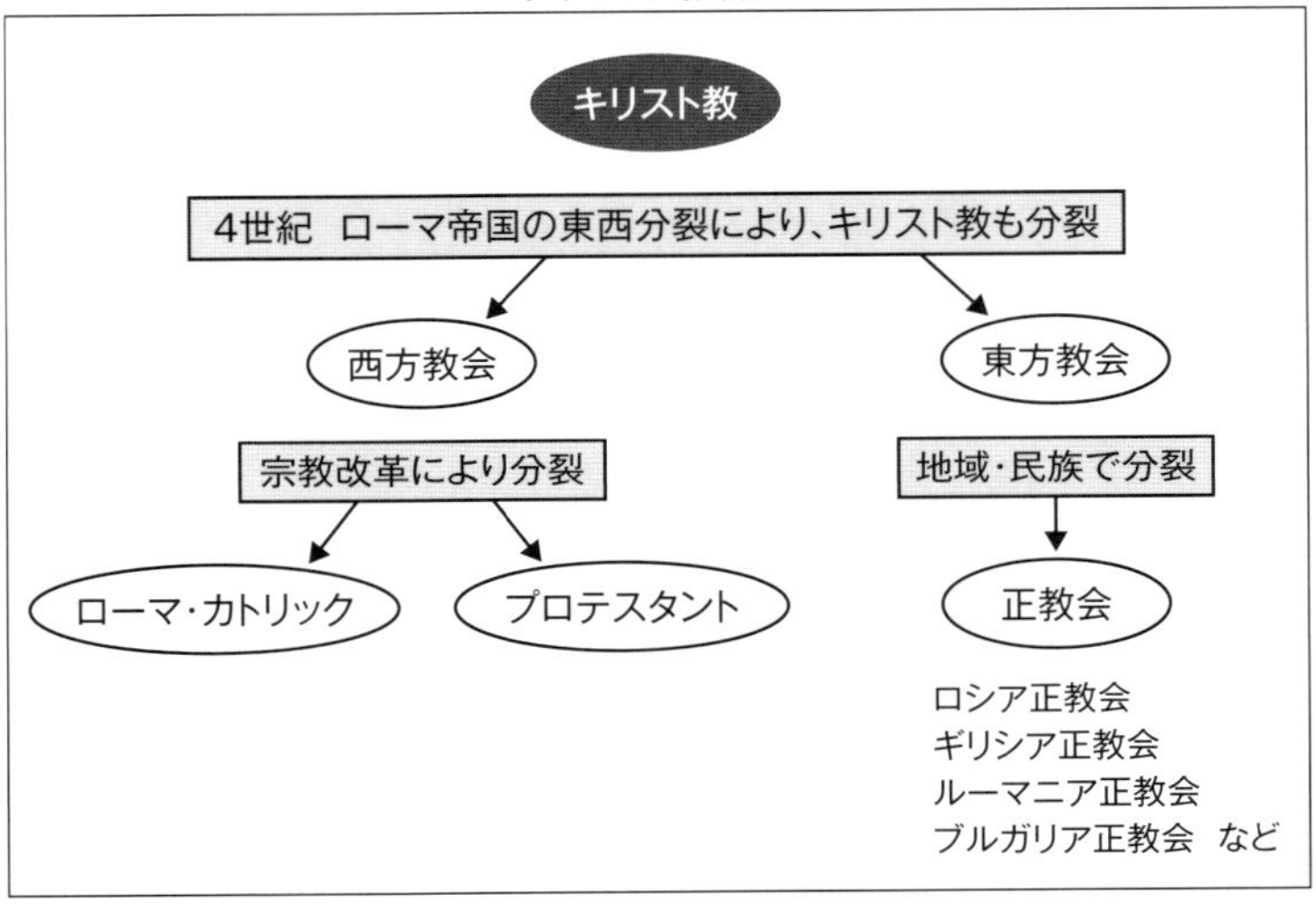

宇山　東欧からロシアにかけての東ヨーロッパは、本来ならすべて正教の文明圏になるはずですが、いくつか例外があります。チェコやスロヴァキアは当初、正教を掲げるビザンツ帝国を頼ります。ところがビザンツ帝国が11世紀以降、セルジューク朝トルコなどの侵攻によって衰退し、ビザンツ帝国を頼れなくなります。一方でドイツ人の神聖ローマ帝国が強大化する中、神聖ローマ帝国を頼るようになるのです。

　ハンガリーも同じです。マジャール人の血を引いているとはいえ、混血によって民族的にはスラヴ圏に属します。ただ西側の神聖ローマ帝国と隣接することもあり、西側のカトリックに吸い寄せられたのです。

なぜローマ・カトリックは政治的になったのか

宇山　カトリック教会について語るには、キリスト教の始まりから振り返る必要があります。古代ローマ帝国の時代に五本山が生まれます。ローマ、コンスタンティノープル、アンティオキア、アレクサンドリア、エルサレムです。なかでも力が強かったのは、ローマとコンスタンティノープルです。ローマとコンスタンティノープルの教会には総主教がいて、とりわけローマは五本山のなかでも「第一である」と主張してきました。

４世紀にローマ帝国は分裂し、ローマを都とする西ローマ帝国と、コンスタンティノープルを都とする東ローマ帝国に分かれます。以後、歳月を経てローマの教皇がカトリックを率いる存在に、コンスタンティノープルの総主教が正教の代表者になります。カトリック文明圏と正教文明圏の衝突は、こうして起こるようになるのです。

茂木　ローマはキリスト教徒にとって、特別な街です。イエスの墓は現在のイスラエルのエルサレムにありますが、イエスの一番弟子ペテロはローマで処刑されています。ペテロを処刑したのは、５代皇帝ネロでした。ローマ大火の責任をキリスト教徒による放火だとして、罪をなすりつけた人物です。

ペテロ処刑の場として伝えられるのが、バチカンの丘です。いまサン・ピエトロ大聖堂の建っているバチカンの丘には、もともと円形闘技場（スタジアム）があり、公開処刑場でもありました。逆さ磔で処刑されたペテロの遺骸は、そのまま丘の地下に埋められたと伝えられます。

3世紀ののち、皇帝コンスタンティヌスが313年にミラノ勅令を発して、キリスト教を公認します。長い迫害を耐えたキリスト教徒が廃墟になっていたバチカンの丘を掘り返すと、ペテロの棺が出てきたともいわれます。「ペテロ様の殉教の場」ということでバチカンの丘には教会が建てられ、これが聖ペテロ、つまりサン・ピエトロ大聖堂になるのです。

ペテロが殉教した帝国の都ローマにも、民族大移動でゲルマン人の不法移民が大量に侵入しました。社会の混乱が続く中、帝国の中心は移民が少なかったギリシア地域に移り、皇帝はコンスタンティノープルに遷都します。もはや収拾不能となった西半分を切り捨てるため、テオドシウス帝が帝国を東西に分割し、それから1世紀ほどで、西ローマ帝国は滅びます。その一方で、東ローマ帝国は「ビザンツ帝国」と呼ばれながら、中世を通して存在していくのです。

宇山　東ローマ帝国の首都・コンスタンティノープル（コンスタンティノポリス）は、ローマ皇帝コンスタンティヌスが4世紀に新たに建設した都市です。ローマ帝国がまだ東西に分裂する以前の330年から、ローマに代わって首都にもなっていました。

キリスト教五本山

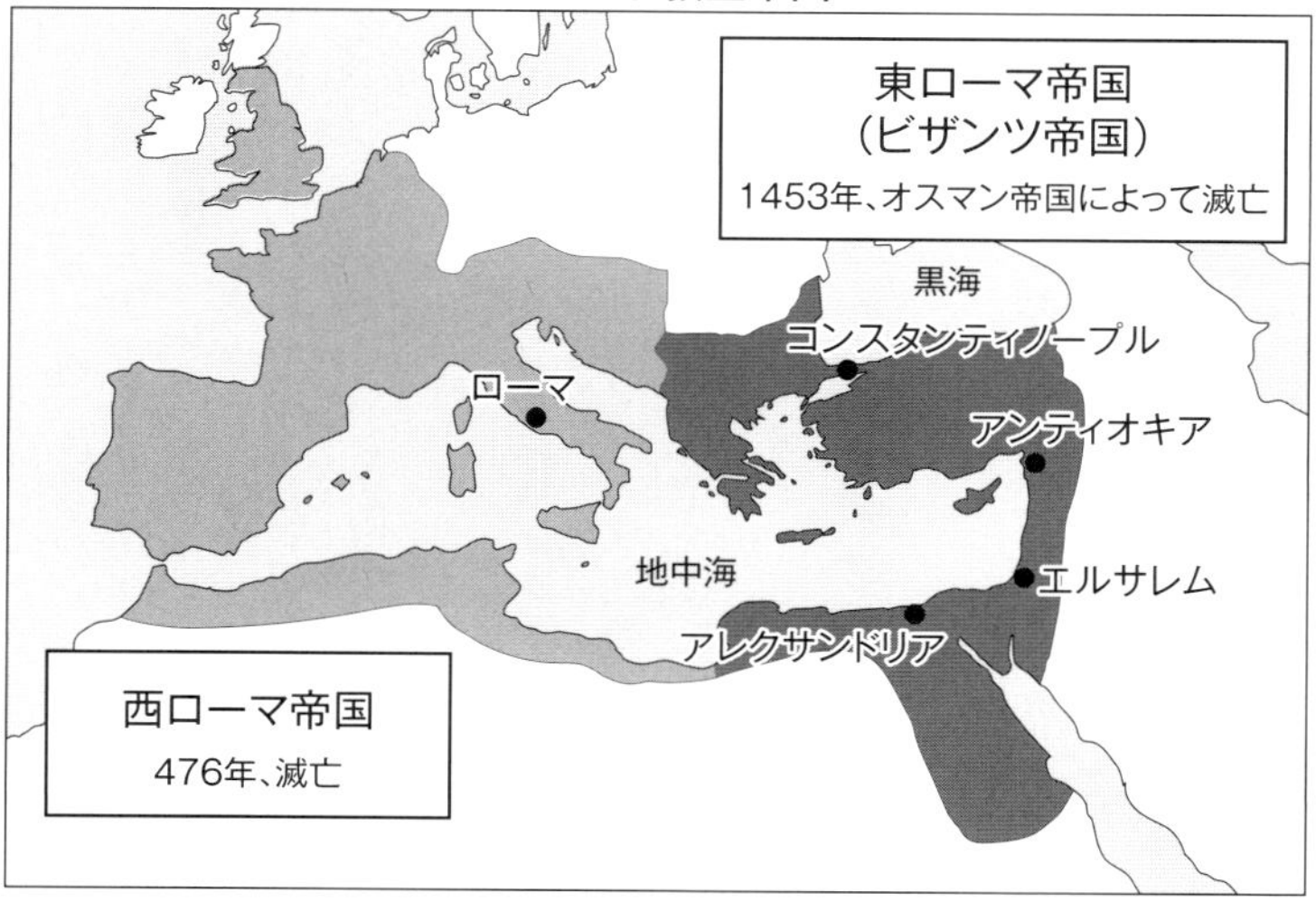

東ローマ帝国はかなり強力な国家で、バルカン半島からアナトリア半島、つまりいまのトルコ周辺までを領域にしていました。

首都のコンスタンティノープルには、東ローマ皇帝を中心とする政府と正教の教会がありました。そのため政治に関することは東ローマ政府が執り行い、正教会は宗教活動だけをしていればよかった。

茂木　5世紀末に西ローマ帝国が崩壊して以来、この地は無政府状態になっていました。中東からの難民・移民で大混乱が続くいまの西ヨーロッパとよく似た状況です。日本でも埼玉県某市のような局所的な混乱が始まっていますが、これが全国レベルになっていると想像してください。そうしたカオスが数百年続いた西ヨーロッパで、人々の心の支えとなったのがローマ教会でした。

西ローマ政府が消滅したため、ローマ教会はローマの行政まで担うようになります。ローマ教会の指導者は、すでに滅んでしまった西ローマ皇帝の後継者のように振る舞い、やがて「ローマ教皇」と呼ばれるようになります。ローマ皇帝コンスタンティヌスが教皇に西ローマ帝国領を譲ったという「コンスタンティヌスの寄進状」なる偽書まで作られました。

「西ローマ皇帝」を目指すローマ・カトリック教会は、こうして極めて政治的存在になっていきます。西ヨーロッパにはゲルマン系の諸国家が成立しますが、カトリック教会は国境を越えて、グローバル化するようにもなります。これに対して東の正教会はあくまでビザンツ帝国に従属し、ほとんど政治に介入しませんでした。

十字軍を行うほどグローバルなカトリック、そうでない正教

宇山　さらに踏み込んで言うと、中世のカトリック文明圏ではローマ教皇の他に、神聖ローマ帝国皇帝（ドイツ王）も登場します。カトリック文明圏は世俗権力と宗教的権威に分かれますが、当初ローマ教皇は宗教的権威のみならず世俗権、つまり政治権力も持っていました。非常に強い政治権力を持ち、11世紀以来エルサレムへの十字軍を組織、指導するほどの力があり

ました。

ただしローマ教皇がつねに強い政治権力を保持するのは、限界がありました。つねに軍事力を行使できるとも限りません。そこで10世紀には、ローマ教皇を補完する政治権力者として、新たに神聖ローマ帝国皇帝という役職が生まれます。こうして教皇と皇帝、つまり宗教的な権威と世俗権力が分かれたのが、西側のカトリック文明圏の特徴です。

これに対して東側の正教文明圏は、中心であるコンスタンティノープルにローマ教皇のような存在がいません。東ローマ皇帝が、同時に教皇の役割も兼ねています。西欧側はこれを「皇帝教皇主義（カエサロパピスムCaesaropapism）」と呼びます。

宗教的な権威としてコンスタンティノープル総主教も存在しますが、あくまでコンスタンティノープル周辺でのみの権威です。東ローマ帝国は形のうえでは、皇帝が政治権力と宗教的権威を持ちました。

茂木　東側の正教は、非常に国家単位、ナショナルな存在です。東ローマ皇帝が教皇的な権威を兼ねていても、東側の正教全体を束ねているわけではありません。そもそも東方正教を束ねる組織が存在しないのです。

東側にあるのは、各国ごとの正教会です。ロシア正教会、ギリシア正教会、ブルガリア正教会、ウクライナ正教会……です。東京のお茶の水に、ニコライ堂（復活大聖堂）という明治期に建てられた素晴らしいドーム建築があります。ここにはよくロシア人も集っているので、ロシア正教の日本支部かと思っていたら、じつは「日本正教会」の総本山だそうです。日本国家の安寧を神に祈っているのです。

これに対して西ヨーロッパのカトリックはナショナルではなくグローバルで、国境を越えます。その典型が「十字軍」でしょう。あれはまさにキリスト教世界、カトリック世界を中東諸国にまで広げることを目的にしていたのです。

宇山　グローバリズムの定義にもよりますが、国境を越えて、あらゆるものを標準化しようとする試みを指すなら、やはり十字軍はその側面を持っています。十字軍が発生した一番の理由は「土地を得たい」「商業交易利権を獲得したい」という経済的な拡大主義だったと思います。同時にカトリックはグローバリズムという要素を持っていたから、西ヨーロッパから外に攻めていくことに大義名分を与えたのです。

カトリックの神は「罰する神」、正教の神は「人びとに寄り添う神」

宇山　ローマ・カトリックと正教の比較で重要なのは、教義の違いです。意外に語られませんが、カトリックと正教の教義自体は同じです。ともにローマ帝国の国教だったキリスト教から派生しているからです。

ローマ帝国がキリスト教を国教化しようとする４世紀、３２５年にはニケーア公会議で一体説が確立されます。この三位一体説を教義の前提としている点は、カトリックも正教も同じです。ただアプローチに違いがあります。

三位一体説の「三」とは、「父なる神」「子なるイエス」、そして「精霊」です。カトリックでは、この三つが「一体」であることを強調します。これに対して正教は「三位」という前半の部分を強調します。神、イエス、精霊は一体だけれども、それぞれに役割があると考えるのが正教です。

イエス・キリストならば、彼が地上に現れ、どう人間と関わり、いかに神の世界へ戻っていったか。イエスがわれわれ人間の世界で行ってきたストーリーを正教では重視します。つまりイエスが人類の苦しみを背負うかのように十字架を担ぎ、最期には十字架で処刑された。この一連のストーリーを最も重視するのです。

だからロシア文学は、フョードル・ドストエフスキーの小説『罪と罰』のように、神と人間の関係性について考える独特の世界観が描かれるのです。

茂木　面白いのは同じ三位一体説に立ちながら、カトリックは十字軍を生み出したのに、正教はそういう動きはしていないところです。カトリック教会は、ローマ教皇を認めない分派を異端と見なしました。異端に対しては宗教裁判で徹底的に拷問し、最期には火あぶりにして虐殺しました。フスの火あぶりはその一例にすぎません。こういう苛烈な異端審問を、正教では聞きません。

だからカトリックの神は「罰する神」なのです。正教の神は人をあまり罰しない、「人びとに寄り添う神」です。そこはまさにドストエフスキーの世界です。『カラマーゾフの兄弟』では、イエスを裁こうとする大審問官を描くことで、カトリックを揶揄していますね。

宇山　面白い指摘です。ローマ・カトリックが神を絶対視するのに対し、正教ではもっと神が人間に寄り添うのですね。

茂木　正教のロシアが大帝国になっていく過程で、先住民を徹底的に迫害したことはさほどありません。もちろん、シベリアの先住民に対する侵略はやっていますが、西欧諸国が行った侵略と迫害に比べれば穏やかです。これも正教の性格だと思います。

遊牧文明の後継国家としてのロシア

宇山　たしかにロシア人の信じる正教には、穏やかな部分があります。ただその一方で、ロシア人は妥協の余地なく他民族を征服していった歴史もあります。正教的な穏やかな面と、他の文明を破壊していく面の両方が、ロシアにはあるのです。

たとえば16世紀、モスクワ大公国のイヴァン大帝（４世）の時代からシベリア遠征が始まります。イヴァン大帝はコサックのイェルマークらを使ってシベリア征服を始め、さらにはシベリア征服を拡大して、ロシア文明圏は一気に東へと広がります。

シベリアは、もともとアジアの文明圏です。ロシアはアジアの文明圏を滅ぼし、自分の文明圏にしてしまいました。穏やかなはずの正教の文明圏にも、つねに征服しなければならない熾烈な世界観があるのです。

茂木　それについて、もう一つ、別の見方を紹介しましょう。13世紀、モンゴル帝国の襲来によってロシアの多くはモンゴルに征服され、キエフ（キーウ）の街はモンゴル人に蹂躙されました。ロシアを統治したモンゴル国家をキプチャク・ハン国といいます。

それからおよそ2世紀、生き残ったロシア人がモンゴル帝国の一部として生活しているうちに、彼らはモンゴル化していきました。実際ロシアの地名や人名には、モンゴル系やトルコ系の名が残っています。モンゴル系やトルコ系との混血も進みました。

モンゴル帝国は、最初は殺戮を尽くしますが、いったん征服が終わると平和を維持させます。その結果、交易が栄え繁栄したという意味で「パックス・モンゴリカ（モンゴルによる平和）」とも呼ばれています。

ところがモンゴル帝国が崩壊すると、帝国内はまたバラバラになり、商人たちも往来が難しくなります。その崩壊していく時期に、モンゴルから再独立したのがロシアです。

ロシアの起源であるキエフ・ルーシの首都は、現在のウクライナのキーウです。このキーウがモンゴルに破壊され、衰えたあと、代わりに浮上したのが、モスクワでした。モスクワは本来、シベリアに近い地方都市にすぎなかったのですが、ここを統治していた一族がモンゴルのハーンに媚びへつらうことで、自治権を認められます。

彼らはモンゴル人に代わってロシア人から税を集め、「モスクワ大公《たいこう》」を名乗ります。モンゴルの代理人のような存在になったのです。キプチャク・ハン国の王女とも通婚していますから、彼らにはモンゴル人の血も入っています。

さらに彼らはモンゴル人の騎馬戦術を学び、騎馬軍団を組織して旧モンゴル領の再統一をはじめました。「われらはモンゴルの後継者」と言えば、ユーラシアの諸民族は従います。

16世紀になると、モスクワ大公国のイヴァン4世は、チンギス・ハン直系の名門出身サイン・ブラトの血を利用します。イヴァン4世は彼をモスクワに丁重に迎え入れ、彼を全ルーシ（ロシア）の大公の座につけ、自らは臣下のように振る舞いました。

1年後、イヴァン4世は、サイン・ブラトから大公の地位を譲られます。これによりモスクワ大公はロシア人の王であり、同時にチンギス・ハンの後継者であることを世界に示したのです。

イヴァン４世の時代にシベリア遠征が始まると、「チンギス・ハンの再来」ということでシベリアの諸民族は簡単に従いました。加えてモンゴル仕込みの騎馬軍団という強力な軍事力もあり、ロシアはシベリア征服の正統性を示すうえで、うまく演出したと思います。モスクワ大公国以来のロシアが行ってきたことは、「モンゴル帝国の復活」なのです。

一方でロシアはビザンツ（東ローマ）帝国も受け継ごうとしました。イヴァン４世の祖父イヴァン３世は、15世紀にビザンツ帝国の皇女を妃に迎え、ビザンツ帝国の後継者として「皇帝（ツァーリ）」の称号を継承しています。

モンゴル帝国の遺産が、のちのユーラシア諸国家にいかに継承されたかという研究は、京大の杉山正明先生の研究により近年、明らかにされつつあります。

ロシアの専制政治は、「ビザンツ帝国の政教一致体制」と「モンゴルの遊牧帝国システム」を掛け合わせたものなのです。こう考えてくると、ハンチントンのいう「９大文明圏」に「ユーラシア遊牧文明圏」というもう一つの文明圏を加え、ロシアをその継承国家とする見方もできると思います。

◇◇◇◇◇◇◇◇◇

遊牧民に蹂躙されたくない恐怖がロシアを巨大な国にした

宇山　ロシアは、じつに巨大な国です。なぜモスクワの小さな公国から始まったロシアが巨大な国になれたかというと、ロシア皇帝に強大な権力があったからです。ロシア皇帝が専制政治を行い、ロシアが封建主義的な社会を残していられるのは、一つには人口の問題があると思います。

ロシアは多民族国家であり、いまは人口を減らしていますが、19世紀には広大な地域に1億の人口がいたようです。当時の日本は3000万人レベルで、イギリスも2000〜3000万人レベルにとどまっています。一方ロシアには、1億人もの人が住んでいたのです。

広大な地域に住む1億人をどう束ねるかを考えたとき、必然的に強権を持つ必要が生まれます。そこからロシアでは皇帝（ツァー）に力を集中させる、ツァーリズムというシステムが自然に醸成されていったと思います。

ロシア皇帝は、ロシア正教の最高祭祀者でもあります。17世紀にミハイル・ロマノフによってロマノフ朝が開かれたときのモスクワには、モスクワ総主教が存在していました。ロシア皇帝とモスクワ総主教はそれぞれ別々の権限を持っていましたが、1619年にミハイル・ロマノフの父フョードル・ロマノフがモスクワ総主教の座に就いたことから、事情が変わってきます。

ミハイルがまだ若かったため、モスクワ大公国の実質指導者はフョードルとなり、彼は宗教権威を利用して皇帝の権力を高めようとするのです。

さらにピョートル１世が１７２１年に教会改革を断行し、モスクワ総主教座を廃してしまいます。彼は「シノド（宗務院）」という宗教監督庁を設け、皇帝による宗教統制を完全なものにします。

実質ピョートル１世以来、ロシア皇帝がロシア正教の最高祭祀者になりました。ロシア皇帝は日本の天皇陛下と同じような、最高祭祀者としての役割を持つようになったのです。つまりロシア皇帝は西ヨーロッパの皇帝や王たちと違い、宗教君主でもあったのです。

これはロシア皇帝に、自らの権限と権威をいかに拡大するか、という強い思いがあったからだと思います。

茂木　ロシア人のメンタリティの根底にあるのは、「恐怖心」だと思います。ロシアには、何百年もの間、遊牧民に蹂躙されてきた歴史があります。だからロシア人は遊牧民を恐怖し、遊牧民に蹂躙されたくないと願いつづけてきました。

遊牧民に蹂躙されたくなかったら、自分たちが遊牧帝国を築くしかない。そう決意してロシ

13世紀のモンゴル帝国と20世紀のソヴィエト連邦の領域

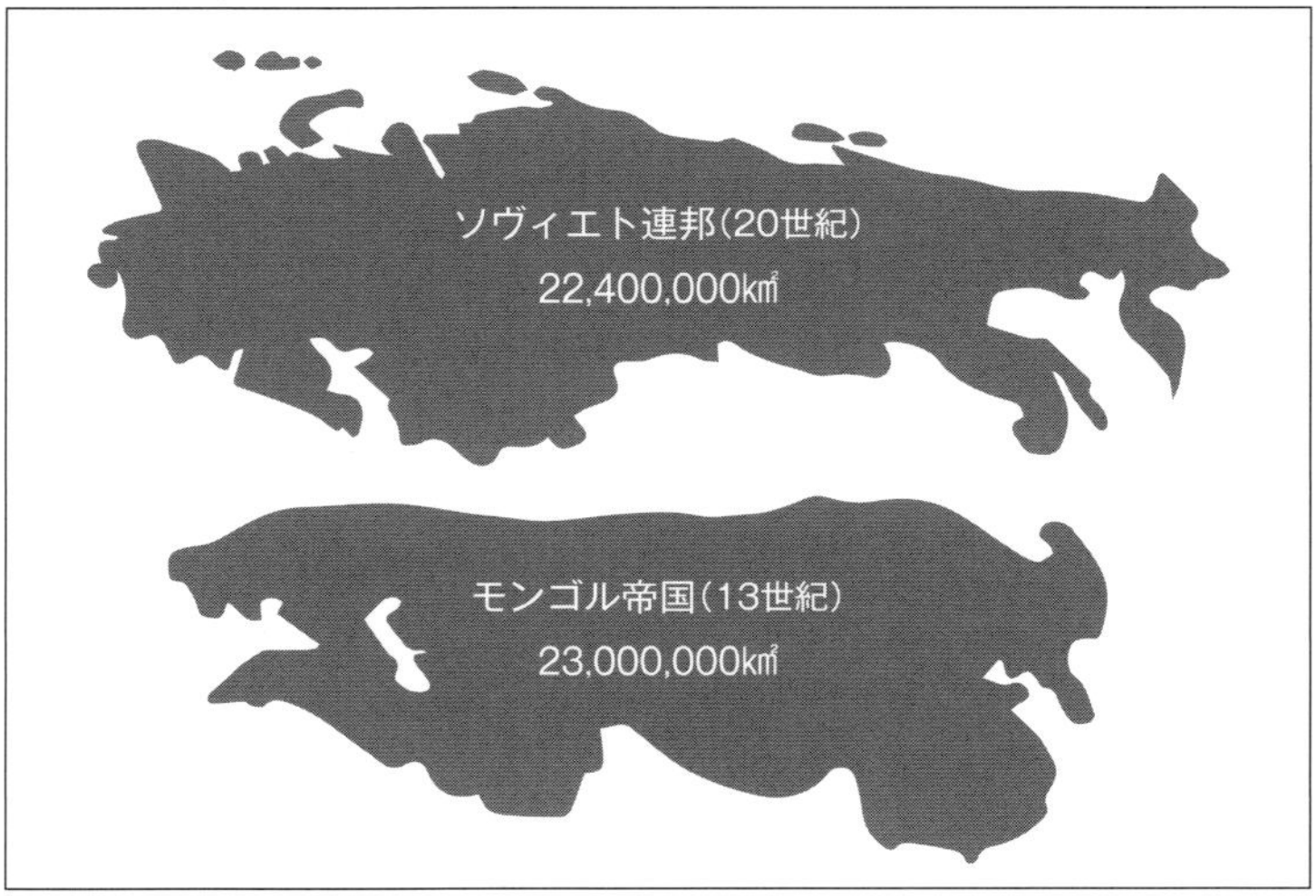

アはモンゴル帝国の後継者になったのではないでしょうか。

上の地図は、13世紀のモンゴル帝国の領域と、20世紀のソヴィエト連邦つまり共産主義ロシアの領域を示したものです。二つの領域を比べると、両者の領域はほぼ合致しています。これが何を意味するかというと、ユーラシア大陸のど真ん中には、こうした巨大国家が生まれやすいということです。

この巨大国家は、もはや「東洋史」や「西洋史」という狭いカテゴリーでは説明がつきません。モンゴル帝国もソヴィエト連邦も、「ユーラシア国家」としか言いようがないのです。

プーチンのロシアはウクライナの領土を切り取りにかかり、ウクライナ戦争を始めました。この戦争が示すように、ロシアはつねに膨張しようとしています。なぜロシアの膨張が止まらないかというと、他国から攻め込まれるという恐怖心を根底に過剰防衛に走るからであり、大草原が続くユーラシアのど真ん中では、地政学的に巨大帝国が生まれやすいからです。さらには多民族統治の必要から、独裁政権も生まれやすいと考えたほうが合理的でしょう。

宇山　巨大な帝国の領域には、多くの民族が住んでいます。多くの民族を統治し、広大な領域を統合するには強い力が必要です。だからロシアの皇帝は強大な権力による専制政治を行い、ロシアの独裁政治は「ツァーリズム」「帝政」などと呼ばれてきました。強権による専制主義は、いまのロシアのプーチン体制にも通じるところです。

茂木　ロシア人には固定的な「国境」という概念がありません。国境とはつねに移動するものので、力がない国は力のある国に押し込まれ、国境を後退させる。ロシアに力がなくなれば、周辺国家にどんどん押しまくられ、縮小してしまう。もとの小国に戻ってしまうという恐怖心があるのです。

ロシアが北方四島という極東の小さな島々の領有にこだわるのも、「国境の後退を認められない」からです。日本に北方四島を返せば、それはロシアの弱さを示すことになります。周りの国々が「ならば自分たちの領土も返せ！」と言ってくるからです。

北方四島をきっかけに、ロシアが縮小してしまう。だから日本を例外にはできない。ロシアの大統領がプーチンだろうが誰であろうが、ロシアは日本から奪った島々を返しません。

キエフ・ルーシから始まったロシアの歴史

宇山　ここからは、なぜロシアとウクライナは、現在戦っているのか。文明という巨視的な視点で見ていきたいと思います。ウクライナからこの戦争を見ると、どのような文明の衝突が見えてくると思われますか？

茂木　ウクライナは、黒海の北側に位置する国です。黒海に流れ込む大きな川にドニエプル川があり、このドニエプル川の畔にキーウがあります。ロシア語では「キエフ」といいます。ドニエプル川の上流をさらに北に行くと、バルト海です。逆にバルト海から上陸して南下していくと、キーウから黒海に出ます。このバルト海からドニエプル川を伝って黒海に至るルートは、大事な交易ルートでもあります。

この交易ルートに入ってきたのがスウェーデンの海賊、つまりヴァイキング（ノルマン人）たちです。８６２年にリューリクという海賊のボスがこのルートに攻め込み、まずはスラヴ人たちを従えてノヴゴロド国をつくります。続いてリューリクの親戚の子オレーグがキーウまで南下し、８８２年にキエフ・ルーシ（キエフ公国）をつくります。

ロシアの建国神話では、スラヴ人同士の争いが絶えなかったため、外からやって来たリューリクに争いを止めてもらったことになっています。実際にはリューリクの一派はスラヴ相手に奴隷狩りを行い、混血もしていったでしょう。結局リューリクの一族が、ロシアを治めていくことになるのです。

ロシアの語源は「ルーシ」といわれますが、もとはスラヴ人がヴァイキングを指して言った言葉のようです。つまり自分たちが「ルーシ」ではなく、侵略者を「ルーシ」と呼んでいた。それがしだいに、自分たちのことを「ルーシ」と呼ぶようになるのです。

自分たちを攻めてきたヴァイキングは背が高く、金髪です。この姿に憧れ、ヴァイキングを自分たちの祖先であると見なすようになった。これがロシアの建国神話となるのです。そこには、自分たちの祖先がヴァイキングによる奴隷狩りの対象だった、とは言いたくなかった思いもあるでしょう。

このリューリクの子孫がキエフ公国を形づくり、ギリシアから東方正教を受け入れます。そしてキエフ公国は貿易で栄えていましたが、13世紀のモンゴル帝国の侵攻によって、完全に破壊されてしまいました。

宇山　たしかにロシアの語源は「ルーシ」です。ルーシは「ルス」とも呼ばれ、キエフ公国では自らを「ルス族」と見なしていました。当時はウクライナ人もロシア人も、ルス語を話していたと思います。日本の教科書では、ルス族をもともとヴァイキングとしていますが、ルス族はスラヴ人であったという説もあります。

最近のロシアの学者はルーシのノルマン起源説を否定しており、ノルマン人側の史料には「ルーシ」の部族名が存在しないことを指摘し、ルーシ族がノルマン人であったという証拠はないと主張しています。

12世紀に書かれたロシア側の歴史書『原初年代記』に、ルーシ族が「ヴァリャーグ（ヴァイキング・ノルマン人のこと）」であったということが記されているため、一般的に「ノルマン人起源説」が信じられています。

しかし、ロシア人学者は、『原初年代記』は史実というよりはむしろ、伝承を記したものであるので、証拠にならないと主張します。

ロシア人学者は、ルーシ族はノルマン人ではなく、スラヴ人であったと言います。かつて、スラヴの部族に、「ルーシ」という呼称を持つものがあったとする指摘、また、「ルーシ」はスラヴ人部族が居住していた地名に由来しているという指摘、スラヴ人部族が「ルーシ」という地域国家を建設していたという指摘などがなされています。

ロシア人学者が「ノルマン人起源説」を否定するのは、19世紀の帝政ロシア時代からの流れです。当時も今も、民族主義者にとって、ロシア国家の起源が外来民族であっては、極めて都合が悪いのです。「反ノルマン説」はロシア人学者のみならず、ポーランドなどの東欧人学者にも広がりました。「反ノルマン説」はソ連時代にも、共産党の重要な党活動の一つとして、さかんに喧伝されました。

茂木　ロシア人の歴史観はつねに「西洋派」と「ユーラシア派」に割れています。「西欧派」はルーシをノルマン人と考え、ピョートル大帝やエカチェリーナ女帝の西洋化政策を称賛しました。ゴルバチョフやエリツィンの市場経済導入を評価し、スラヴ的なものを古くさい、遅れたものと考えます。親欧米派の系譜です。

「ユーラシア派」はルーシをスラヴ人と考え、イヴァン雷帝やスターリンを称賛し、ロシアは西欧ではなくユーラシア国家であるから、欧米化、市場経済はロシアを破壊すると考えています。

プーチンは明らかに「ユーラシア派」ですので、ロシアの学会もこちらが主流になっているのかもしれません。

ウクライナの首都名はロシア語の「キエフ」が定着し、教科書表記も「キエフ」になっていました。ウクライナ戦争が始まると欧米と日本のメディアではウクライナ語の「キーウ」を採用しました。本書では、古代ルーシ時代の首都は「キエフ」、ウクライナ独立後は「キーウ」で統一しましょう。

宇山　キエフ公国の始まりは、オレーグがキエフに本拠を移した882年です。この時代、ロシアやウクライナに王は存在せず、各地に豪族らが割拠していました。その中でキエフは他の国よりも国力に勝り、主導的な立場にあったため、君主は「大公」を名乗っていました。キエフ公国の大公位は、オレーグの死後リューリクの子孫に引き継がれます。のちのモスクワ大公もまた、傍系ながらリューリク家の一族であり、それを「ルーシ」を名乗る正統性の根拠としています。

キエフ公国は11世紀になると、トルコ系遊牧民の侵入により混乱していきます。各地で内乱が勃発し、衰退していくなか、13世紀にはモンゴル人の襲来によりキーウの街は徹底的に破壊されます。キエフ公国は滅亡、その後のモンゴル人による支配をロシア人もウクライナ人も、ともに「タタールのくびき」と呼んでいます。

茂木　モンゴル人がロシアを統治したキプチャク・ハン国が内紛で崩壊していったとき、ウクライナあたりに「コサック」という集団が現れました。

宇山　コサックはトルコ語で「自由なる人びと」という意味です。つまりトルコ系遊牧民たちを中心として、東からやって来た人たちの集団です。ウラル系民族も、その中に含まれるでしょう。さらにモンゴル人をも吸収していき、彼らはウクライナ一帯に居住していきます。彼らコサックの形成した集団が、いわゆる「ヘトマン」となります。

ヘトマンは、コサックの頭領のことです。そのヘトマン国家が、いまのウクライナの原点というのが、ウクライナ人の考えです。現在のウクライナの国歌には「兄弟たちよ。われらはコサックの氏族であることを示そう」という一節もあるくらいです。ウクライナ人はかつて中世のウクライナに存在したコサックによるヘトマン国家に、自らの起源を求めようとしているのです。

これはウクライナ独自の発想で、ロシアの考え方とは違います。ウクライナにはコサックが登場する以前、リューリク、オレーグ以来のキエフ公国がありました。このキエフ公国から派生したのがモスクワ大公国であり、モスクワ大公国からロマノフ朝が生まれ、ロシアが形づくられていきます。

このキエフ公国を源流とする考え方では、ウクライナ人もロシア人も、キエフ公国という同じ祖先を持つ同族になります。だからロシアのプーチン大統領は、「ロシアとウクライナは一つにならなければならない」と主張しています。

同じ民族なのにロシアとウクライナに分断されているのは、大いなる悲劇であるとプーチン大統領は考えた。一方でコサックによるヘトマン国家を体験したウクライナは、このロシアと同じ祖先を持つという考え方から、もう一歩踏み出そうとしているのです。

日本の武士団にも似ているウクライナのコサック

茂木　インターネットなどでコサックの描かれた絵を探すと、面白いことに気付きます。たとえばイリヤ・レーピンという、19世紀生まれのロシアの画家が描いたコサックの絵です。

この絵では、コサックたちが頭を剃りあげています。頭のてっぺんだけ髪を残し、束ねた髪を後方へ垂らしています。これはまさに「弁髪」です。弁髪は、トルコ人やモンゴル人、満洲人の習俗ですし、日本人の「ちょんまげ」もこの一種です。北方アジアに共通の習俗なのです。

先ほど言われたように、コサックはトルコ語で「自由の民」です。遊牧民は本来どこかの部族に属しますが、遊牧民がはぐれ者、つまり浪人化して腕だけでのしあがろうとしたのがコサックです。

そのコサック集団に、今度はウクライナやロシアの貧困農民が、食べていくために合流します。彼らはトルコ人と混血し、トルコ人の騎馬戦術も身につけていきました。モンゴル帝国の崩壊後、ウクライナにはこうした出自の怪しげな武闘派集団、コサックがあちこちにできるのです。

イリヤ・レーピンが描いたコサック

コサックとちょっと似ているのが、平安時代の日本の武士です。彼らは律令国家が解体して無政府状態になった東国で、自分たちの土地を守るため武装し、騎馬戦法を採用し、共同体を組織しました。武士団の成立です。武士団の独立心の強さはコサックと通じるところです。ただ、リーダーの選び方は異なります。

コサック集団の特徴は、選挙によって自らの代表を選ぶところです。一方、武士団はリーダーを血統で選びます。「桓武平氏」「清和源氏」など、天皇の血をひく武士がリーダーに選ばれました。

選挙でリーダーを選ぶのがウクライナ文化の基本で、ウクライナ人は独裁を好まないのです。「オレたちは自由である」とするウクライナの文化は、モンゴル帝国直系のモスクワの専制体制とは合わない。ウクライナとロシアは同じスラヴ系で正教ですが、コサック体験の強さの違いが、両者の大きな違いにもなっています。

宇山　いまレーピンの絵の話が出ましたが、レーピンは私の大好きな画家です。このレービンの絵には「トルコのスルタンへ手紙を書くザポロージェのコサック」という長たらしいタイトルが付けられています。

レーピンはロシアの画家と紹介されがちですが、血統のうえではウクライナ人です。彼はコサックという、ウクライナ人の祖先の肖像を描いているのです。ザポロージェとはドニエプル下流域の地名で、ここを根城としたのがザポロージェ・コサックです。

じつに生き生きとした絵の中央で、髭を手で触っているのが有名なアタマン（指導者）のイワン・シルコです。彼がオスマン帝国のスルタンに宛てた「お前たちは腰抜けのウスノロのバカだ」といった罵倒、侮蔑の手紙を横にいる書記官に口述筆記させているところです。

茂木　このおかっぱ頭の書記官は、正教のお坊さんでしょう。

宇山　そしてイワン・シルコの周りでは、コサックたちがゲラゲラと腹を抱えて笑っている。私はこういう絵を描く、レーピンという画家に憧れます。ロシアの画家、それも19世紀のロシアの画家には、レーピン以外にも素晴らしい画家がたくさんいます。素晴らしい風景画を描くイヴァン・シーシキンや、人物画で有名なイヴァン・クラムスコイもいます。

ポーランドによる占領を経て、ロシア語と分離したウクライナ語

宇山　そのウクライナという国を考えるとき、欠かせないのがポーランドの存在です。ウクライナには、中世の時代、長くポーランドの支配を受けてきた歴史があります。

すでに述べたように、キエフもモスクワも、もともとはキエフ公国のルス族から派生し、同じ民族でした。両者はともにルス語を話しましたが、やがて歴史的な背景から言語的にも分かれていきます。

いつ分かれたかというと14世紀から15世紀にかけて、ウクライナがポーランドに支配されてからです。１３８６年にリトアニア大公ヤガイラ（ヤゲロー）がポーランド女王と結婚し、ポーランド国王を兼任することになります。

これがヤゲウォ（ヤゲロー）朝の始まりです。ヤゲウォ朝は14世紀末からウクライナの支配にかかり、言語をポーランド化させていきます。そのポーランド化したルス語が、ウクライナ語となります。

そのため現在、ウクライナ語とロシア語で会話するのは、少し難しいようです。よくよく聞いてみると似たようなニュアンスの言葉があり、ある程度はわかるそうですが、基本的にウク

ライナ語とロシア語では会話が成立しません。

茂木　地図を見ればわかるように、ポーランドにはほとんど山地がありません。これは外から攻め込まれたら、その国は占領されてしまいやすいということです。

しかもポーランドの西側には、ドイツという非常に攻撃的な国があります。東側からも絶えず遊牧民が攻めてくる。ポーランドは地政学的に「お気の毒な国」としか言いようがありません。立場的には、朝鮮に似ています。

13世紀、日本でいえば鎌倉時代のポーランドは、ドイツ騎士団と戦いつづけていました。そこに東側から突然、モンゴル帝国の軍が攻めてきたのです。ポーランド貴族たちは同じカトリックということで、急遽ドイツ騎士団と講和し、手を組んでモンゴル勢力を迎え撃ちました。これがワールシュタットの戦い（１２４１年）で、ポーランド・ドイツ連合は壊滅的な負け方をしました。ポーランドの国土はモンゴル人に蹂躙され、人口も激減します。

荒れ果てた国土を再建しようとしたのが、カジミェシュ3世（カシミール大王）です。14世紀前半にポーランドを再統一した王ですが、国土再建に必要な人手もおらず、お金もありません。

人手不足解消のため移民を入れたいのですが、だからといって、隣りのドイツ人を入れるのは危険です。ドイツ人は、隙あらばポーランドに好き勝手に植民したがっていましたから。

ポーランドとウクライナをめぐる「文明の衝突」（作図：茂木誠）

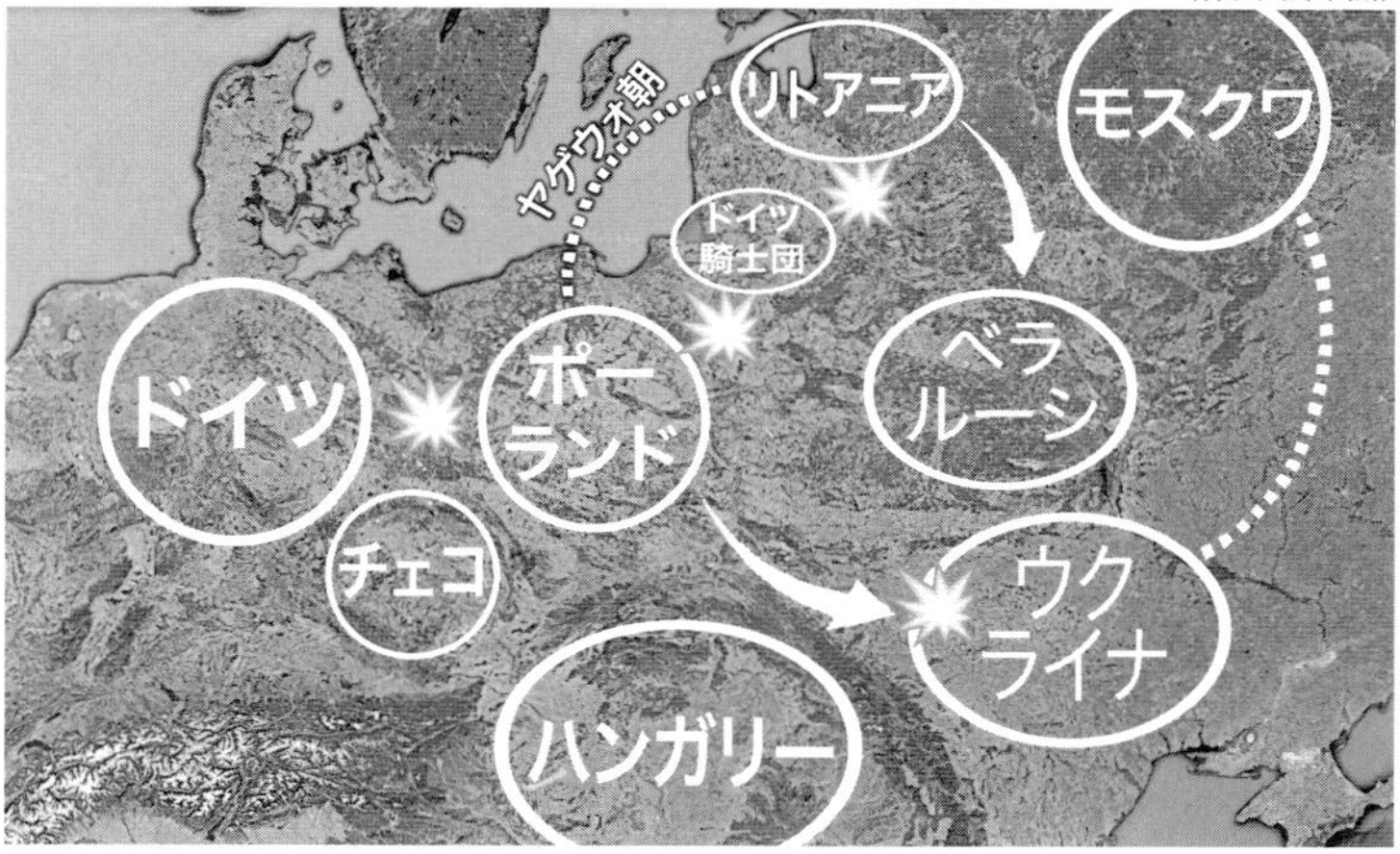

そこで白羽の矢が立ったのが、ユダヤ人でした。キリスト教を受け入れないユダヤ人はヨーロッパ中で迫害され、逃げ回っていました。どれだけ土地を手にしても、すぐに奪い取られていました。そこで彼らは全財産を貴金属に変え、各地を転々としていたのです。ユダヤ人が商売上手でカネ貸しを得意とするようになったのは、他に生きるすべがなかったからです。

カジミェシュ3世は彼らユダヤ人に、ポーランドで安住の地を提供することを約束し、受け入れました。

ポーランドはユダヤ人の移住により、経済発展を遂げます。モンゴルの襲来からたちまち蘇ったことから、カジミェシュ3世は「木のポーランドを石のポーランドに変えた大王」と讃えられています。つまり木造家屋しかなかったポーランドを、立派な石造り建築のポーランドに変えたのです。

こうしてポーランドとユダヤ人がよい関係を築いたことは、このあとの話でも重要になっていきます。

ポーランドはやがてリトアニア大公国と合体します。ポーランドの北に位置するリトアニアもまた、ドイツ人にいじめられてきた国です。ポーランドと同じくドイツ騎士団の植民による浸透をつねに受けてきたため、ポーランドと「反ドイツ」で手を組みます。

このときポーランドの女王がリトアニア大公と結婚し、リトアニア大公のファミリーネームから「ヤゲウォ朝」と呼ばれます。

リトアニア大公国と結んだヤゲウォ朝は、西ではドイツ騎士団を打ち破り、その後、東側のモンゴル帝国の勢力圏の切り取りに向かいます。モンゴル勢力が衰退を始めた時期で、まずはリトアニアがベラルーシを奪います。次にポーランドがウクライナを奪い、併合したのです。ウクライナにはポーランド人とともにユダヤ人が入り、彼らがウクライナを支配します。

このポーランドによる占領と支配により、ポーランド語とルス語が混じっていきます。ウクライナ人は、ロシア語を耳で聞いてもわかりませんが、ポーランド語ならわかるそうです。ウクライナ語は、ポーランド語の方言のようになったのです。

その一方でウクライナでは、ポーランドに呑み込まれることへの反発も生まれます。そこでコサックが、ポーランドに対する抵抗を始めるのです。

ウクライナ戦争を正当化するプーチン大統領の歴史観

宇山　いまのお話で問題が核心に迫ってきました。文明の衝突の中心地点は、ウクライナにあるのです。

話を整理すると、ウクライナには13世紀にモンゴル人が襲来し、彼らはポーランドにまで攻め込みます。その後モンゴル人の勢力が弱まってきた14～15世紀になると、各地でそれぞれの勢力が独立していきます。それは大きく分けて、三つの勢力になります。

第一に、モスクワ大公国です。ロシア人のモスクワ大公国は、モスクワを中心に勢力を広げます。モスクワ大公国は一時混乱しますが、その混乱からロマノフ朝が誕生し、ソ連という形にもなっていきます。モスクワ大公国は、正教文明圏に属します。

第二に、ポーランドとリトアニアが合体したヤゲウォ朝です。ヤゲウォ朝はウクライナ、ベラルーシにまで勢力を広げていきます。ヤゲウォ朝は西側のカトリック文明圏に属するので、西側の文明圏がウクライナの半分を切り取ったことになります。モスクワ大公国はこの当時、ウクライナをほとんど切り取れていません。

第三に、コサックです。アジア系色の強いコサックは、ドニエプル川流域を中心にウクライナのど真ん中から東側を勢力圏としていました。

じつをいうと当時のウクライナを巡って、この3勢力以外にもう一つの勢力がありました。クリミア半島にはモンゴル人の残党がいて、これがクリミア勢力といえる存在でした。ただし、ここでは除外しておきます。

つまり中世のウクライナでは、この三つの勢力がぶつかりあいました。東欧文明圏であるモスクワ大公国、西欧文明圏であるヤゲウォ朝、アジア人であるコサック集団の三つ巴の文明の衝突があったのです。

このウクライナにおける文明の衝突の歴史を、どう捉えるか。ロシアのプーチン大統領は「ロシアとウクライナは同じ民族だから、同じ国家になるべき」と主張します。ウォロディメル・ゼレンスキー大統領をはじめ、ウクライナの考えは「ウクライナとロシアとでは言語も異なり、まったく違う歴史を歩んできた」となります。

歴史認識の違いは、いまのウクライナ戦争でも大きく問われています。アメリカのニュース専門放送局「FOXニュース」の看板キャスターだったタッカー・カールソンが、モスクワに飛んでプーチン大統領に2時間ものインタビューを行ったことがあります。このインタビューで、プーチン大統領はいかにロシア人とウクライナ人とが同じ民族かを延々と力説しました。

でもウクライナ人に言わせれば、プーチン大統領の話には「いや、そうではない」という部分がたくさんあるのです。

茂木　先ほどウクライナを支配したポーランドに対し、コサックが抵抗したという話がありました。このときコサックはロシアを利用しようとしました。このことがプーチン大統領の主張にも絡んできます。

独立心の強いウクライナのコサックは、ポーランド支配を疎ましく思い、ポーランドを追い出そうと考えます。17世紀半ばにザポロージェ・コサックのリーダーであったフメリニツキーが、ポーランドを相手に独立戦争を始めるのです。

このときフメリニツキーが援軍を要請したのが、モスクワ大公国を起源とするロシア帝国でした。ロマノフ朝の皇帝アレクセイはフメリニツキーに協力してポーランドと戦いはじめ、これがロシアによるウクライナへの介入の始まりなのです。

このときのフメリニツキーのロシアに対する救援要請の文書が、ロシアに残っています。だから先ほどのタッカー・カールソンによるインタビューの際、プーチン大統領はこの文書を見せて「ウクライナのほうから、ロシアに入れてくれと要請があったのだ」と主張したのです。

ロシア史では、フメリニツキーを「ロシアとウクライナを統合した人物」として高く評価しています。一方ウクライナ史では、フメリニツキーを「ロシアに国を売った裏切り者」として断罪しています。

宇山　プーチン大統領は、フメリニツキーの救援要請文書のファイルを持ち出すことで、ウクライナ人がロシア人に助けを求めに来た証拠としました。ロシアが併合したのではなく、ウクライナのほうから求めてきた証拠として示したのです。「ここがわからないと、ウクライナ戦争の本質がわからない」といった説教もしていました。

でもアメリカ人カールソンは理解できなかったと思います。長々と歴史の話ばかりして、「それがいまのウクライナ戦争とどう関係があるのか」と抗議もしていました。

民族意識は時代によって変わる

宇山　実際のところ、プーチン大統領の見解は間違っています。たしかにフメリニツキーは、コサックとロシアを結びつけようとしました。ロシアに恭順したかもしれません。とはいえコサック全体が、ロシアに屈したわけではありません。コサックのほとんどの部隊は、ロシアに恭順したいと願っていないし、そんなことを考えてもいません。

だから多くのコサックは、ロシアとも長く戦ってきました。コサックはロシアに反目しつづけ、ウクライナではフメリニツキーを裏切り者扱いする人も珍しくありません。

コサックがロシア帝国に恭順していくのは、17世紀後半のピョートル１世の時代からです。ピョートル１世はヴォルガ川流域のコサックを制圧し、さらにはウクライナ・コサックの反乱を鎮圧、ウクライナを征服しました。

最終的にすべてのコサックがロシア帝国に恭順したのは、18世紀後半のエカチェリーナ２世の時代です。エカチェリーナ２世の時代にカザフスタン地方のコサックの首長プガチョフが反乱を起こし、失敗しています。これを機にロシアは、中央アジアの北部もわがものとするのです。

ウクライナにはこうした歴史があるため、「われらを拷問したピョートル１世、われらに止めを刺したエカチェリーナ２世」と語るウクライナ人もいます。ウクライナはロシア皇帝の強大化した力の前に、やむなく屈伏せざるをえなかったとの認識です。

先のカールソンによるインタビューでプーチン大統領は、コサックのロシアに対する長い戦いの歴史を無視しています。これを牽強付会と呼ばずして、何と呼べばいいでしょう。

茂木　プーチン大統領の、おそらく意図的な誤認は、民族意識というものがずっと不変であると主張しているところでしょう。プーチン大統領は「ロシア、ウクライナ、ベラルーシはロシア３姉妹のようなもので、ウクライナ人はロシアと一緒になりたがってきたのだ」という解釈をしています。

キエフ公国の時代はそうだったかもしれませんが、民族意識は時代によって変わるのです。キエフ・ルーシ時代のウクライナ人と、中世のコサック国家の頃のウクライナ人では、民族意識がまったく違います。その違いを無視してロシア人とウクライナ人を一緒とするプーチン大統領の認識は無理がある。プーチン大統領は国策上、わざとそう言っているとさえ思います。

第1章の台湾の話でも指摘したように、いまの台湾人も最初から自分たちを台湾人と思っていたわけではありません。19世紀末からの日本統治時代、１９４５年に始まる蔣介石による過酷な統治を経て、台湾人意識が形成されていきました。同じことがウクライナでも起きているのです。

9世紀のキエフ・ルーシ時代に、ウクライナ人意識はなかったと思います。それがコサックによるヘトマン国家の登場、ポーランドによる支配を経て、ウクライナ人意識が生まれていったのです。

プーチン大統領が戦いつづける歴史戦を、日本の政治家は戦えるのか

宇山　プーチン大統領を批判すると、インターネット上ではボロクソに叩かれます。私も、叩かれたことがあります。

ただ歴史の現実は、プーチン大統領の言い分とは違います。プーチン大統領の発言には、正しいところもあります。ただし重要なところを、すっ飛ばしているのです。そこを指摘しないと、ウクライナ戦争の本質がわかりません。

一方で日本では「プーチン大統領はアタマがおかしくなって、ウクライナへ侵攻した」といった捉え方をする人もいます。これはこれで、ウクライナとロシアの歴史や文明の衝突を無視した、間違った捉え方です。

ウクライナ戦争はウクライナとロシアの歴史戦でもあります。歴史戦は、いまの日本と中国、日本と韓国の間でずっと続いています。

歴史戦は、たんに趣味の話ではありません。その国の外交、さらには世界全体の国際秩序の在り方にもつながり、その国の存亡にも関わってきます。歴史戦を戦い抜くには確固たる歴史認識が必要で、歴史認識ができていない国は歴史戦に敗れ、さらには物理的な戦争にも負けます。

だからプーチン大統領はカールソンを前に、ロシア人としての歴史認識を繰り返し語ったのです。それほど歴史認識は、われわれの命よりも大事なものなのです。

そう考えたとき日本の政治家を見ていると、危うさを感じざるをえません。いまの日本の政治家のほとんどが、きちんとした歴史認識をまったく持っていません。安倍晋三政権で「アイヌ新法」があっさり通ったのも、そのためです。

2019年に自民党の内閣のもとで施行されたアイヌ新法では、アイヌ民族を「先住民族」と規定しています。しかし実際には、アイヌは北海道の先住民族ではありません。先住民族でもないのに、国連の勧告を受けてアイヌを先住民族扱いする新法ができた。これがいまの自民党の嘆かわしい現状です。

茂木　その点ではプーチン大統領のほうが偉大です。たしかに牽強付会な部分はありますが、原稿も見ずに2時間も歴史認識をしゃべりつづけられるのは、さすがです。私はある意味で政治家の鑑だと思いました。

ロシアがウクライナを差別、虐待してきた近世の歴史

宇山　ここでウクライナに話を戻すと、ウクライナはピョートル1世やエカチェリーナ2世らによって、ロシアに従属させられていきます。ピョートル1世はウクライナ語を禁止し、エカチェリーナ2世もこの方針を引き継ぎました。ウクライナ人はロシア人から差別、虐待もされていきます。

ロシアの作曲家チャイコフスキーの祖父は、ウクライナのコサックに属していました。つま

りチャイコフスキーの祖先はウクライナ人で、祖先の一家はウクライナ語で「チャイカ」と名乗っていました。この「チャイカ」がロシア風に改められ、「チャイコフスキー」となるのです。

チャイコフスキーの交響曲第2番は素晴らしい楽曲ですが、「小ロシア」という標題がつけられています。演奏会でもたびたび交響曲第2番「小ロシア」の名で演奏されてきましたが、本来この言葉は差別語です。

「小ロシア」は、ロシア人がウクライナを言うときに好んでいう言葉です。小ロシアには「ロシアに従属する地域」という侮蔑の意味があります。ウクライナ人がロシア人から侮蔑されてきた歴史を表す言葉で、現在日本では放送禁止用語にもなっています。

先ほど画家レーピンの話をしましたが、レーピンにはコサックたちを描いた画とともに、もう一つ重要な代表作があります。「ヴォルガの船曳き」という農奴たちを描いた絵です。

絵の中で農奴たちは、必死になって大きな船を引っ張っています。ウクライナの東にあるヴォルガ川を上流へと船で遡るには、当時は人力に頼るしかありません。船曳き仕事を担当するのは、西からやって来たウクライナ人の農奴です。ウクライナ人はロシアに吸収されてのち、こうした過酷な扱いを受けていた。そのウクライナ農奴の悲哀を描いているのです。

「ヴォルガの船曳き」は19世紀後半の作品ですが、19世紀半ばにはロシアの作家プーシキンが

『エフゲニ・オネーギン』という小説で、やはり農奴について書いています。

主人公のオネーギンは、首都・ペテルブルクの青年貴族です。彼は恋愛や舞踏会などに明け暮れる優雅な暮らしをしていますが、その一方で農奴たちがいかに悲惨な生活をしているかも知っています。

ロシアが遅れた国になっているのは農奴のような奴隷制度があるからで、農奴制を変えなければならないとオネーギンは苦悩します。けれども優雅な暮らしをやめることができず、その矛盾に苦しむ姿が描かれています。

茂木　『エフゲニ・オネーギン』に描かれた19世紀のロシアの貴族社会は、優雅でした。しかし一方で、ウクライナは搾取されつづけていました。ウクライナの平原には肥沃な穀倉地帯が広がっています。ここで働かされるのはウクライナ人であり、ロシア人はウクライナ人の育てた穀物を収奪して、ヨーロッパに売りさばきます。こうして儲けた金で、ロシアの貴族社会は潤っていたのです。

宇山　ウクライナはロシア帝国に屈してのち、長くロシアから差別、搾取されつづけてきたのみならず、つねに監視され、行動も制限されていました。19世紀後半から20世紀初頭にかけてウクライナでは民族運動が活発になりますが、ロシアはウクライナの新聞や出版に対して厳しい言論統制で臨み、反抗的なウクライナ人を容赦なくシベリアへ流刑にしています。

この頃からウクライナ人は自らをロシア人と区別するため、「ルーシ」という呼称を捨て、自らを「ウクライナ」と呼ぶようになります。ウクライナは中世ルーシ語で「国」を意味するとされます。一方ロシアはウクライナを国ではなく、「辺境」と見なしつづけているのです。

茂木　ウクライナ独立のチャンスは、1917年のロシア革命後でした。レーニンは帝政ロシアを崩壊させるため、少数民族の独立を表向き支持したからです。「ウクライナ」という名で独立国になったのは、このときが最初でした。

その後生まれたソヴィエト連邦は「ロシア、ウクライナ、ベラルーシなど四つのソヴィエト共和国が対等に合併した連邦国家」という建前でした。ところが実際は、モスクワのソ連共産党の命令が絶対になり、抵抗するウクライナ人はスターリンによって虐殺されたのです。

◇◇◇◇◇◇◇◇◇

ハザール王国のユダヤ教徒は、どこへ消えたのか?

宇山　ウクライナについて語るとき、どうしても出てくるのがユダヤ人の存在です。ウクライナには現在、ゼレンスキー大統領のようにユダヤ人の子孫が多くいます。このウクライナのユダヤ人を語る前に、知っておきたいのがハザール王国の存在です。

ハザール王国は7世紀から10世紀まで、いまのウクライナの領域を含めてカスピ海の北から

ハザール王国版図

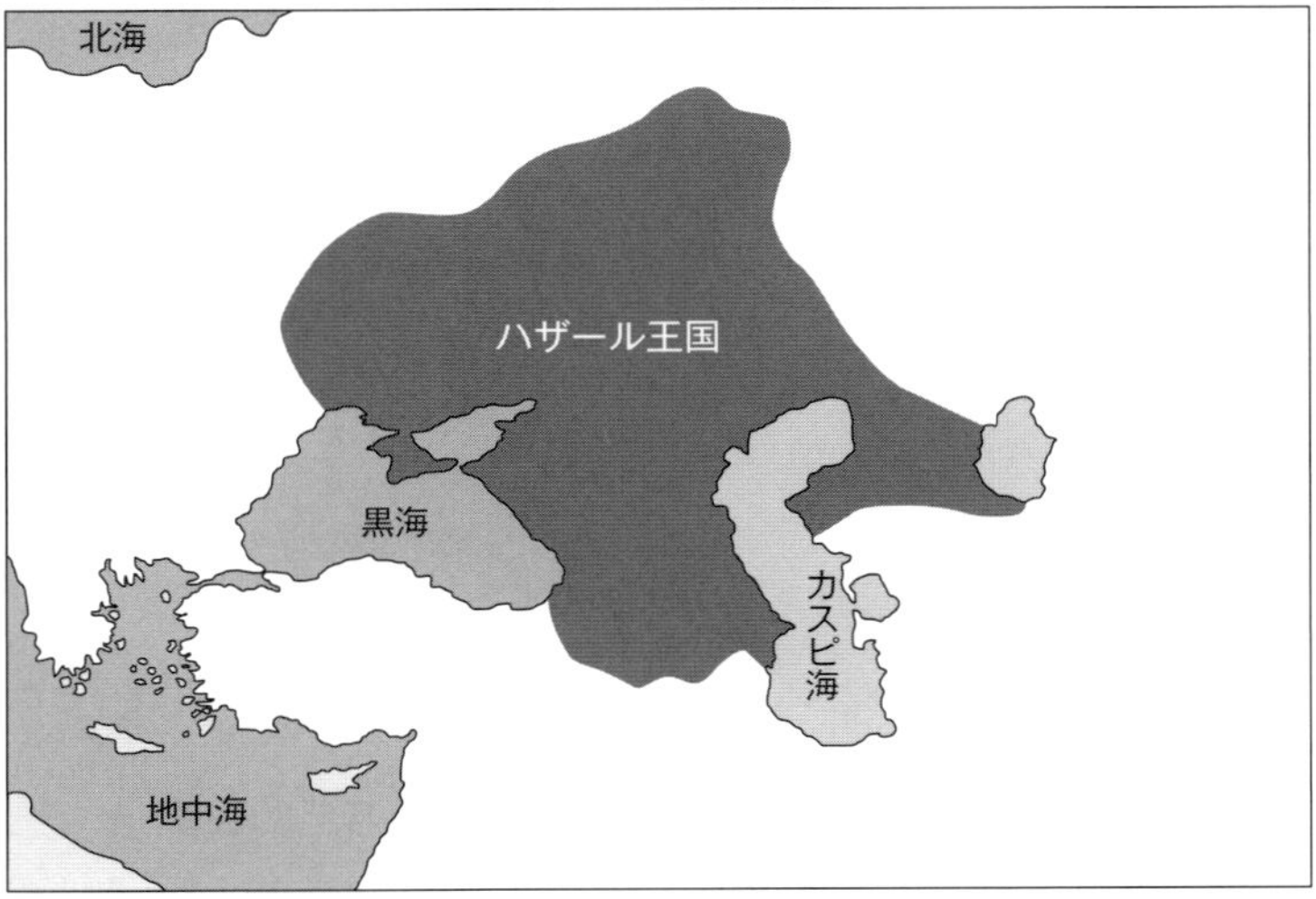

コーカサス地方、黒海沿岸で栄えた国です。ハザール王国は謎の国のようにもいわれてきましたが、トルコ人の遊牧国家です。ハザールが面白いのは王がユダヤ教に改宗し、ユダヤ教国家になったところです。

先ほどから話してきたように、ウクライナは、キリスト教文明圏とイスラム教文明圏の結節点でもあります。ハザール王国はキリスト教を信じるか、イスラム教を選ぶかの選択を迫られたとき、どちらでもない第三の道、ユダヤ教を選んだ。以後ハザールは、ユダヤ教国家となったのです。

茂木　ハザールが栄えていたのは、時期的にはキエフ公国が台頭する少し前までくらいです。もともとトルコ人は、もっと東のモンゴル高原を中心に活動していましたが、移動を重ねて黒海沿岸にまで来て国をつくるようになったのです。ハザールを建国したトルコ人も、ヴォルガ川とシルクロードが交わるイティルを首都と定め、中継貿易で栄えていました。

西方のビザンツ帝国（キリスト教の正教会）と、南方のイスラム帝国からの圧力を受けたハザール人は、キリスト教にもイスラム教にも従いたくない。そこでハザールの君主は、キリスト教、イスラム教の源流であるユダヤ教を採用したのです。しかしユダヤ教に改宗したのは支配層だけだったようで、「民衆が新しい宗教を信じなかったので、ベク（君主）が布教に努めている」という記録（「ハザール書簡」）もあります。

やがてハザールは正教に改宗したキエフ公国に侵食されていきますが、とどめを刺したのは、モンゴルの侵攻でした。これによりハザールは、歴史から痕跡を消してしまいました。

消えたユダヤ教徒のハザール人がどこへ行ったのか。ハザール人はモンゴル人から押し出されてヨーロッパに移り住み、ヨーロッパのユダヤ人になったという説があります。ヨーロッパに移住したユダヤ教徒のハザール人が、「アシュケナジム※」だというのです。アシュケナジムは、フランスやドイツ、東欧に移住したユダヤ人の呼称です。

※単数系は「アシュケナージ」。『旧約聖書』ではノアの子孫、ヤペテ族の族長の名に由来。

宇山　消えたハザール人の子孫が、今日のアシュケナジム系ユダヤ人となったという説ですね。東欧やドイツなどのユダヤ人、つまりアシュケナジムの直接の祖先がトルコ系のハザール人で、だからアシュケナジムはユダヤ人ではないという論理です。

茂木　ハザール＝アシュケナジム説を有名にしたのが、アーサー・ケストラーの『第十三支族』（１９７６年）でした。高名なハンガリー系ユダヤ人作家によるこの本は、「アブラハムの子孫すなわちユダヤ人は『旧約聖書』に記された12支族だけでなく、じつは第13番目のハザール人がいる」としています。

ハザール人、すなわち「偽ユダヤ人」がアシュケナジムとしてヨーロッパで力を持った。彼らはアメリカへ渡ってニューヨークのウォール街を仕切るようになり、ロシア革命を支援し、イスラエル建国を支援し、世界を仕切っているのだというのです。

このハザール＝アシュケナジム説は、学問的には完全に否定されています。なぜならハザール人はトルコ系であり、日本人と同じモンゴロイドであることは、遺伝子を調べればすぐにわかります。一方、アシュケナジムの遺伝子を調べると、ユダヤ人とヨーロッパ人の混血ということがわかります。

言語学的を見ても、トルコ語はアルタイ語族に属します。トルコ語は主語＋目的語＋動詞の順で「私は＋何を＋どうします」といった言い方をします。助詞・助動詞があるのも特徴で、これらの点は日本語に近いのです。これに対し、アシュケナジムの言語であるイディシュ語は、文法、発音ともにドイツ語の方言とみなされ、アルタイ語の形跡はまったくありません。

「ユダヤ人とは何か？」を妄想するのは自由ですが、ハザール人がユダヤ人というのはファンタジーにすぎず、学問的にはまったく意味がありません。

宇山　遺伝子についてさらに言うと、ハザール人つまりトルコ人の遺伝子と、今日のドイツや東欧にいるアシュケナジム系ユダヤ人の遺伝子は、まったく違うものです。ハザール王国の支配者層の遺伝子は、Y染色体ハプログループC２やO系統です。これは、いわゆるアルタイ語系の人たちの遺伝子です。

一方アシュケナジム系ユダヤ人の遺伝子からはセム系、つまりアラブ人と同じ系統の遺伝子が30％程度検出されています。他にヨーロッパの白人系統の遺伝子が20％、ベルベル人をはじめ北アフリカ系の遺伝子が20％検出されていて、これがアシュケナジムです。

アシュケナジムの遺伝子から、Y染色体ハプログループC２やO系、つまりアルタイ語系の遺伝子は検出されていません。遺伝子を見れば、偽ユダヤ人の話が陰謀論であることは明らかです。

ユダヤ人陰謀論はなぜ生まれるか

茂木　「偽ユダヤ人」説を信じる人たちの論法では、こうなります。「ウォール街を仕切っているのも、イスラエルを建国したのも、偽ユダヤ人であるハザール人だ」

現実にはウォール街を仕切っているのも、イスラエルを建てたのも、ドイツ系ユダヤ人、アシュケナジムです。ガザやレバノンを攻撃しているのは、正真正銘のユダヤ人なのです。

宇山　要は、いまイスラエルにいるユダヤ人を「偽ユダヤ人」にしたい。でもこれは、まったく歴史的事実ではありません。

世界には「ユダヤの陰謀論」が溢れ返っています。ユダヤ教は閉鎖的な宗教です。信徒たちは世界中で連携していますが、そのシンジケートは秘密のベールに閉ざされ、実態が摑めません。そんなユダヤ人の独特の閉鎖性が、人をさまざまな想像にかきたてさせるのです。

実際ユダヤ人は、異常なほどの力を持っています。国際政治を動かしたことも、歴史上少なからずありました。そこから想像を膨らませ、ユダヤ人が恐ろしい力を持つ背景を「ああだ、こうだ」と空想していく。そんなあとづけの論理が、陰謀論になっているのです。

たしかにユダヤ人のロスチャイルド家の金融が政治の裏側で何かしたとか、ロシア革命に関係したとか、そうした側面がまったくないわけではありません。いつの時代もユダヤ人は存在感がありました。

とはいえユダヤの金融資本が、世界のすべてを牛耳っているわけではない、と私は思います。もっとバランスのとれたものの見方が必要です。

茂木　ケストラーの原書を邦訳した宇野正美さんの『ユダヤ人とは誰か：第十三支族・カザール王国の謎』は、日本では１９９０年に出版され、「偽ユダヤ人」で検索すればたくさん出てきます。私は学生の頃にこの本を読んで、「そうだったのか！」と驚きました。でもその後、新たな研究が次々と出てきて、この本に書かれていることは間違いであると理解しました。50年も前の仮説をいつまでも信じていないで、もう少し勉強してはどうかと思います。

ウクライナで反ユダヤ感情が強くなった理由

茂木　では本当のアシュケナジムはどこから来たのか。先ほど述べたようにポーランドはモンゴル帝国の侵攻によって破壊され、人口が激減しました。この壊滅状態を建て直すため、ポーランド王はドイツやフランスで迫害を受けていたユダヤ人を受け入れました。だから彼らは、ドイツ語の方言であるイディッシュ語をしゃべっていたのです。

ポーランドは、ユダヤ人を受け入れて復活したのち、リトアニア大公国と合併し、ヤゲウォ朝が生まれます。ヤゲウォ朝時代にポーランドは、解体しつつあったモンゴル帝国に勢力を伸ばし、ウクライナを手中にします。

ウクライナの統治のために、ポーランド王はウクライナへユダヤ商人を送り込みました。ユダヤ人は計算高く、優秀です。だからポーランド王は、ウクライナでの税の徴収をユダヤ人に任せたのです。ユダヤ人は徴税業務の手数料という形で懐を肥やしました。そのため彼らも好んで徴税を請け負ったのです。

こうなるとウクライナのコサックにとってユダヤ人は、「征服者ポーランド人の手先」となります。ウクライナでは反ポーランド感情がそのまま反ユダヤ感情となり、ウクライナ人はユダヤ人に強い敵意を向けるようになったのです。先のフメリニツキーも対ポーランド独立戦争の中で、ユダヤ人殺戮に手を染めています。こうしてウクライナを舞台に、ユダヤ人虐殺が繰り返されることになりました。

17世紀後半になるとロシア帝国がポーランドを押し退け、ウクライナに浸透してきます。ロシア人がウクライナを統治するにあたって、目をつけたのがやはりユダヤ人です。ロシア人からすればユダヤ人は便利な存在です。ユダヤ人にウクライナでの税徴収を任せておけば、ウクライナ人からロシアが直接恨まれることがない、というわけです。

この結果、ロシア帝国では、ウクライナ人農奴と「ロシア政府の手先」であるユダヤ人徴税人とのバトルが続きます。ウクライナ人の敵意が爆発するたびに、ユダヤ人虐殺が何度も起きました。これらのユダヤ人虐殺を「ポグロム」といいます。

宇山　現在のゼレンスキー大統領は、ユダヤ人です。彼のスポンサーで、ウクライナ経済を仕切ってきたイーホル・コロモイスキーというオリガルヒも、ユダヤ人です。オリガルヒは新興財閥のことで、１９９０年代のソ連崩壊後に国営企業の民営化で莫大な利益を得て、急成長しました。ロシアのみならずウクライナにも、オリガルヒは多く生まれました。

コロモイスキーは、２０２２年からのウクライナ戦争でロシアから「ネオナチ」と批判された、アゾフ大隊に資金提供していることで知られます。どれだけ虐殺されても、ウクライナでユダヤ人の力が非常に強いのは事実です。もともとポーランドから流れてきたユダヤ人の子孫たちが、いまもゼレンスキー大統領をはじめ、ウクライナで頑張っているのです。

ウクライナ系ユダヤ人の避難所としてのアメリカ

宇山　ロシア帝国内でのユダヤ人迫害は、尋常ではありません。それこそナチス・ドイツの比ではないくらいです。ロシア帝国内での迫害を恐れたユダヤ人たちが、どこに逃げたかといえば、一つはいまのモルドヴァです。

モルドヴァは、かつてロシアがベッサラビアと呼んだ場所で、ロシア帝国とオマスン帝国のちょうど狭間にあります。この狭間が両帝国の緩衝地帯になっていて、モルドヴァにはロシアにはない自由がありました。ユダヤ人でも十分に生きられ、ユダヤ人にとっては天国のような土地でした。

モルドヴァは、20世紀前半はルーマニアに属し、民族的にモルドヴァ人はルーマニア人と同じでした。ルーマニア人もモルドヴァ人もスラヴ系ですが、ルーマニアがかつて古代ローマ帝国によって開拓された歴史もあり、西側と同じくラテン文字を公用文字としていました。

このモルドヴァのユダヤ人の子孫が、アメリカ政府の元国務次官ヴィクトリア・ヌーランドです。バイデン政権の時代にヌーランドは国務次官を辞していますが、じつは自分から辞めたのではなく、辞めさせられたのです。ロシアから逃れてきたユダヤ人の子孫であるヌーランドには、反ロシアの遺伝子があったと思います。その遺伝子が「プーチンだけは許さない！」という強い意志にもなっていたのです。

彼女はクリントン政権の時代にマデレーン・オルブライト国務長官に仕え、いかにロシアを潰すかを構想しつづけていたと思われます。彼女の反ロシアの強い意志にバイデン大統領も気付いたのでしょう。このまま起用しつづけるとアメリカとロシアとはとんでもない関係になると考え、国務次官を辞めるよう求めたのです。

アメリカはウクライナ戦争について、最終的には、停戦に持ち込みたいと思っているでしょう。それにはヌーランドのような対ロシア強硬派が、政権内にいてもらっては困るのです。

茂木　そういえば、バイデン政権が駐日大使として送り込んできたラーム・エマニュエルの家系も、モルドヴァ系のユダヤ人ですね。彼はアメリカとイスラエルの二重国籍保持者です。ヌーランドは２０１４年にウクライナで起きた、マイダン革命に関与しています。マイダン革命は親露派のヴィクトル・ヤヌコヴィッチ政権に対し、親欧米派のデモ隊に紛れ込んだ武装勢力が攻撃を始めたもので、キーウの独立広場（マイダン）が戦場になりました。

このマイダン革命でヤヌコヴィッチ大統領はロシアに亡命し、親欧米派政権が誕生します。当時アメリカ国務省の次官補だったヌーランドは、このときウクライナのアメリカ大使に直接指示を出しています。彼女はウクライナ新政権の人事にまで介入しました。このことはロシア側からのリークによってわかっています。

バイデン政権のアントニー・ブリンケン国務長官の父も、ユダヤ系のウクライナ人です。ブリンケン国務長官の祖先に限らず、ウクライナで虐げられていたユダヤ人の子孫がアメリカに逃げ込み、ニューヨークを拠点に集まり民主党に潜り込むケースは少なくありません。彼らはアメリカ政府の中枢を握ることで、自分たちの祖先を苛めたロシアを打ち倒すという壮大なリベンジを進行させているのです。

つねにロシアに脅かされてきた国フィンランド

茂木　ロシアと隣接し、ロシアの脅威を感じている国には、北欧のフィンランドもあります。フィンランド（スオミ）は、民族的にはわれわれ日本人ともつながりがある国です。北欧4カ国の中でノルウェー、スウェーデン、デンマークは、金髪に青い目のノルマン人です。かつてはヴァイキングと呼ばれ、海賊をしていました。これに対してフィンランド人の祖先であるフィン人はモンゴロイドで、シベリアの先住民です。

宇山　フィン人はウラル系のフィン・ウゴル民族で、古代にはシベリアで狩猟をしていました。紀元前3000年頃からしだいに西へ移動し、フィンランドまでたどり着き、定住していったのです。

フィンランドの対岸にあるバルト三国の一つ、エストニア人の祖先もまたシベリアにいました。彼らは最も早い時期にヨーロッパにやって来たアジア系民族であり、遅れてやって来たのが、同じウラル系でハンガリーを形づくったマジャール人です。

フィン人の国フィンランドは10世紀にスウェーデンの領土に組み込まれ、スウェーデン人に支配されます。以後フィン人はキリスト教化され、北欧人とも混血していったため、見た目には完全に白人化していきます。

茂木　中世以降フィンランドは、悲惨な状況下に置かれていきます。西にはもともと海賊国家スウェーデンがあり、東には膨張を始めたロシア帝国がありました。フィンランドはスウェーデンの領土となったのち、17世紀後半からはロシア帝国の深刻な脅威にさらされます。

ロシアの首都モスクワは内陸にあり、交易には不便です。そのためロシア皇帝ピョートル1世は、フィンランド湾に面した場所に、新しい都としてサンクトペテルブルクの建設を考えます。フィンランド湾はバルト海の東にある狭い入り江のような湾で、ここからなら外洋にも進出できます。

ところが当時、フィンランド湾一帯はスウェーデン領でした。スウェーデンがフィンランド湾を押さえている限り、ロシアは外洋に出ることができない。そこで17世紀末からロシアはフィンランド湾を奪うため、スウェーデンと戦争を始めます。

宇山　この戦いは「大北方戦争」と呼ばれ、20年以上かけてロシアはスウェーデンに勝利し、フィンランド湾を確保、サンクトペテルブルクを建設しました。さらにはフィンランドのカレリア地方も獲得しています。

茂木　その後19世紀、ナポレオン戦争の時代にもロシアはスウェーデンとの戦争に勝ち、フィンランド全土を自分のものにします。以後およそ1世紀以上フィンランドはロシアの支配下にあり、ロシアに対する独立運動も起こります。このフィンランド独立運動に関わったのが、日本の明石元二郎陸軍大佐です。

１９０４年に日露戦争が始まる以前から、大佐はロシア国内で反政府運動を支援し、一方でフィンランドの独立運動家たちにも資金援助していました。明石大佐のロシア語は完璧なうえ、ロシアにはアジア系が多いため、彼の行動は怪しまれなかったのです。

日露戦争中のフィンランド独立運動の成果は、議会の開催を認めさせたことでした。普通選挙が認められ、女性にも参政権が与えられました。これはヨーロッパでも最も早い例で、女性の地位が高かったことがわかります。

宇山　フィンランドが独立を許されたのは、第１次世界大戦が勃発し、ロシア革命による帝政ロシアの崩壊を経てからです。フィンランドの独立とともにバルト三国も、帝政ロシアから独立しています。

このフィンランド独立を快く思わなかったのが、ソ連の独裁者ヨシフ・スターリンです。スターリンにとってフィンランドは裏切り者であり、フィンランドの再併合を狙っていました。そうした中、１９３０年代になるとドイツではアドルフ・ヒトラーが政権を握り、ヒトラーはポーランド吸収を狙います。

スターリンとヒトラーそれぞれの企みと野心は、１９３８年の独ソ不可侵条約の締結でいったん手打ちになります。独ソ不可侵条約の秘密議定書では、ポーランドの東半分をソ連、西半分をドイツが領有、フィンランドとバルト三国はソ連のもの、という線引きが行われました。

１９３９年９月にドイツ軍がポーランドに侵攻し、第２次世界大戦が始まります。このどさくさに乗じてスターリンはフィンランドに領土を要求し、11月にはソ連軍がフィンランドに攻め込みます。

この戦いは冬戦争と呼ばれています。ソ連は圧倒的多数にもかかわらず大損害が出ますが、講和条約によりフィンランドのカレリア地峡を奪います。

茂木　冬戦争で失ったカレリア地峡はフィンランド最大の工業地帯で、日本でいえば太平洋ベルト地帯のようなものです。

その後ヒトラーが独ソ戦争を決意すると、フィンランドはソ連を追い払うためにドイツと軍事協定を結びます。１９４１年に独ソ戦が始まるとフィンランドとソ連の戦争も再開、フィンランドは一時的にカレリア地峡を取り返します（継続戦争）。

ところがフィンランドにとって不幸なことに、ドイツ軍はソ連の前に完全に劣勢となります。フィンランドはソ連軍の激しい攻撃を受けつづけ、再びカレリア地峡を失います。国土防衛の正当な戦いでしたが、第２次世界大戦後のフィンランドは、ドイツや日本と同じく敗戦国扱いとなりました。

ソ連に侵略された領土を奪い返しに行っただけなのに、ソ連が戦勝国となり、国連の常任理事国にまでなったから、文句を言えなかったのです。ソ連を相手に戦ったリスト・リュティ首相は「戦争犯罪人」にされてしまいました。

第2次世界大戦後もフィンランドは、長くソ連の脅威に怯えることになります。ソ連に配慮してNATO（北大西洋条約機構）に加盟しないことで中立を保つという態度を取りつづけました。事実上のソ連の保護国を意味する「フィンランド化」という言葉で揶揄されましたが、大国の隣りで生きる小国の選択肢としては、やむを得ないことでした。

ところが2022年のプーチンによるウクライナ侵攻を見て、フィンランドもこの態度を変えました。「ロシアは何をするかわからない」と考えたフィンランド政府は、ついにNATO加盟を決断したのです。

東欧文明に対する防波堤としてのスウェーデン

宇山　フィンランドの話が出たので、スウェーデンの話もしておきたいと思います。いま出てきた18世紀末に始まる大北方戦争は、文明の大きな衝突であり、文明同士の戦争だったと思います。

バルト海の覇者であるプロテスタント国・スウェーデン（西欧文明）と、大国を目指す正教の国・ロシア（東欧文明）の戦いであり、両国はバルト海からウクライナにまで覇権争いを繰り広げます。大北方戦争に最終的に勝ったのはロシアで、ロシアはバルト海から北欧に勢力を伸ばしていくための体制を着々と整えていきます。

ロシアの北欧への野望が実現しそうになったのが、19世紀のナポレオン戦争の時代です。ロシアは一時的ながら敵対していたナポレオンと和を結び、スウェーデンを攻めます。ナポレオンからの強制もあり、スウェーデンは屈伏、ロシアはスウェーデンからフィンランドを奪い取り、併合しました。

この勢いに乗ってロシアはスカンジナヴィア半島、ユトランド半島の併合まで企みかねない。しかもナポレオンの脅威にも、さらされつづけています。スウェーデンは、なんとしてもロシア人の侵攻、あるいはナポレオンの攻撃に抵抗しなければならない。ここでスウェーデンは、極めて奇抜なカードを切るのです。

すでにスウェーデンには、ナポレオンのフランスやロシアと戦える人材はいません。このままではナポレオンに屈しつづけるか、ロシア帝国に併合されてしまうかしかない。いずれにせよ、スウェーデンは終わりです。

そこでスウェーデンが頼ったのが、ナポレオンの配下だったジャン＝バティスト・ベルナドットという武将です。スウェーデンはこのベルナドットを招き、老いたカール13世の摂政王太子としたのです。

ベルナドットはフランス人です。それまでベルナドットとスウェーデンには、何の関係もありません。スウェーデンはそんな得体の知れない武将のベルナドットに、自国を託したのです。ナポレオンの配下を王として取り込むことで、ナポレオンの攻勢を予防し、ロシアに対抗しようとしたのです。

結果としてベルナドットはスウェーデンで実権を掌握し、スウェーデンをフランスとロシアから守り抜きました。1918年にカール13世が死去すると、カール14世ヨハンとして王位に就きます。これがいまに続くベルナドッテ（ベルナドット）朝の始まりです。

茂木　ベルナドットはもともとの親分であるナポレオンがロシア遠征で敗退すると、さっさと寝返り、反ナポレオン側につきました（笑）。1813年のライプチヒの戦いではベルナドットのスウェーデンが、プロイセン、ロシアとともにナポレオン軍を打ち破ります。ベルナドットの判断によってスウェーデンはうまく立ち回り、ナポレオン戦争の勝ち組として保身ができたのです。

宇山　あのときスウェーデンが判断を誤り、ベルナドットを王につけることなく手を拱いていたら、おそらくロシアに併合されていたでしょう。となるとスウェーデン、ノルウェーもロシアに吸収されていきます。

そう考えると北欧地域は、スラヴ文明圏化してもおかしくなかった。ナポレオン戦争下でスウェーデンとロシアは、文明間闘争をしていたのです。

中央アジアはロシア東欧文化圏か、イスラム文化圏か

宇山　さらに、ロシアを巡る文明闘争については、中央アジアの問題もあります。かつてソ連の一部であった地帯に、中央アジアがあります。中央アジアからコーカサス地方は、文明の結節点なのです。

中央アジア全域を指す「トルキスタン」は「トルコ人の住む場所」という意味です。カザフスタン、ウズベキスタン、タジキスタン、トルクメニスタンなどの中央アジア諸国にも、「～スタン」という国名が使われています。「～スタン」はペルシア語で「～が住む場所」を意味します。

これらの地域を「トルキスタン」と呼ぶようになったのは、９世紀後半にトルコ人が移住してからのことです。今日でも、中央アジアの国々はタジキスタン（イラン系が多数派）を除いて、トルコ人の国家です。

トルコ人はもともと、モンゴル高原の西北部に居住していたアルタイ語派です。アルタイ語派は主にトルコ語派、モンゴル語派、ツングース語派の三語派から成る北アジア民族です。トルコ人は古代、中国から「狄《てき》」と呼ばれていました。「狄」は異民族を意味します。この「狄」が「テュルク」という発音になったという説もあります。

茂木　「トルコ」は日本語。トルコ語では「Türk テュルク」ですね。古代トルコ語で「人々」を意味し、私はこちらを採りたいと思います。「狄」は中国語でdiですので、語源としてはちょっと無理があると思います。

宇山　「テュルク」に対する漢字の当て字として、「丁零《ていれい》」・「鉄勒《てつろく》」・「突厥《とっけつ》」が使われ、時代によって、この三つの当て字が変遷しました。

茂木　トルコ人の原住地である中央アジアは地図を見ればわかるように、草原と砂漠が広がる「あまり住みたくない」場所です。その中央アジアになぜ帝国を築けたかというと、ここはまさに東西ユーラシアを結ぶ交易路なのです。

第2章でも述べたように、インドと中国の間には、ヒマラヤ山脈が横たわっています。ヒマラヤ山脈はそう簡単には越えられませんから、インドから中国へ行くにはヒマラヤ山脈を迂回し、遠回りするしかありません。パキスタンとアフガニスタン国境のカイバル峠を越えて、天山山脈の南のタリム盆地に入るか、あるいは天山山脈の北を通るなどして、中国へと向かいま

トルキスタンとシルクロード　（作図：茂木誠）

す。

カザフスタンやキルギスは、天山山脈の北に位置しています。他の中央アジアの国々も天山山脈に向かうルート上にあり、中央アジアは基本的に交易ルートの大動脈になっています。

宇山　モンゴル高原の西北部にいたトルコ人は、「突厥」を建国してモンゴル高原全体を席巻し、７世紀に全盛期を迎え、唐王朝に対抗しました。もともとエニセイ川上流域にいました。エニセイ川はモンゴル高原の北部、ロシア中部を流れる川です。この地域一帯で、鉄鉱石が豊富に産出されており、突厥は鉄を量産するようになりました。そのため、彼らは中国で「鍛奴（鍛鉄をする野蛮人）」と呼ばれます。製鉄によって得た富で、突厥は急拡大したのです。

突厥は中国に侵攻しますが、唐王朝の太宗に撃退されてしまいます。以降、突厥は矛先を中国から西方へ変え、前述のとおり、大移動を開始します。彼らは最初に、モンゴル高原からジュンガル盆地（現在のウルムチ市一帯）・タリム盆地（現在のカシュガル市一帯）へ移動します。新疆ウイグル自治区のウイグル人はこの時代に定住したトルコ人の子孫です。

8世紀、突厥はウイグルと名前を変えます。「ウイグル」とはトルコ語で「我、主君なり」という意味です。当時のトルコ人を率いた首領が自らをこのように名乗ったことから、「ウイグル」の呼称が使われるようになります。

茂木　さらに、トルコ人はトルキスタンへ西進し、10世紀にはイスラム化され、カラ・ハン朝をつくり、今日のトルコ系中央アジア諸国につながる基盤を形成します。11世紀、トルコ人はさらに西進し、アジアの端のアナトリア半島（小アジア）に進出して、セルジューク・トルコ（セルジューク朝）を建国します。このセルジューク朝が母体となり、16世紀にオスマン帝国が大発展し、現在のトルコ共和国に至ります。はるか西方のイスタンブールなどの都市を持つトルコ共和国はもともと、モンゴル高原にいたトルコ人の子孫がつくった国です。

宇山　中央アジア諸国は、スラヴ文明圏に近いでしょうか。それとも、その名のとおりアジアの文明圏に近いとお考えですか。

茂木　そもそも私は、「アジア」として文明圏を一括りにしてしまうことが、無意味だと思

中央アジア5カ国のトルコ人とロシア人の割合概要

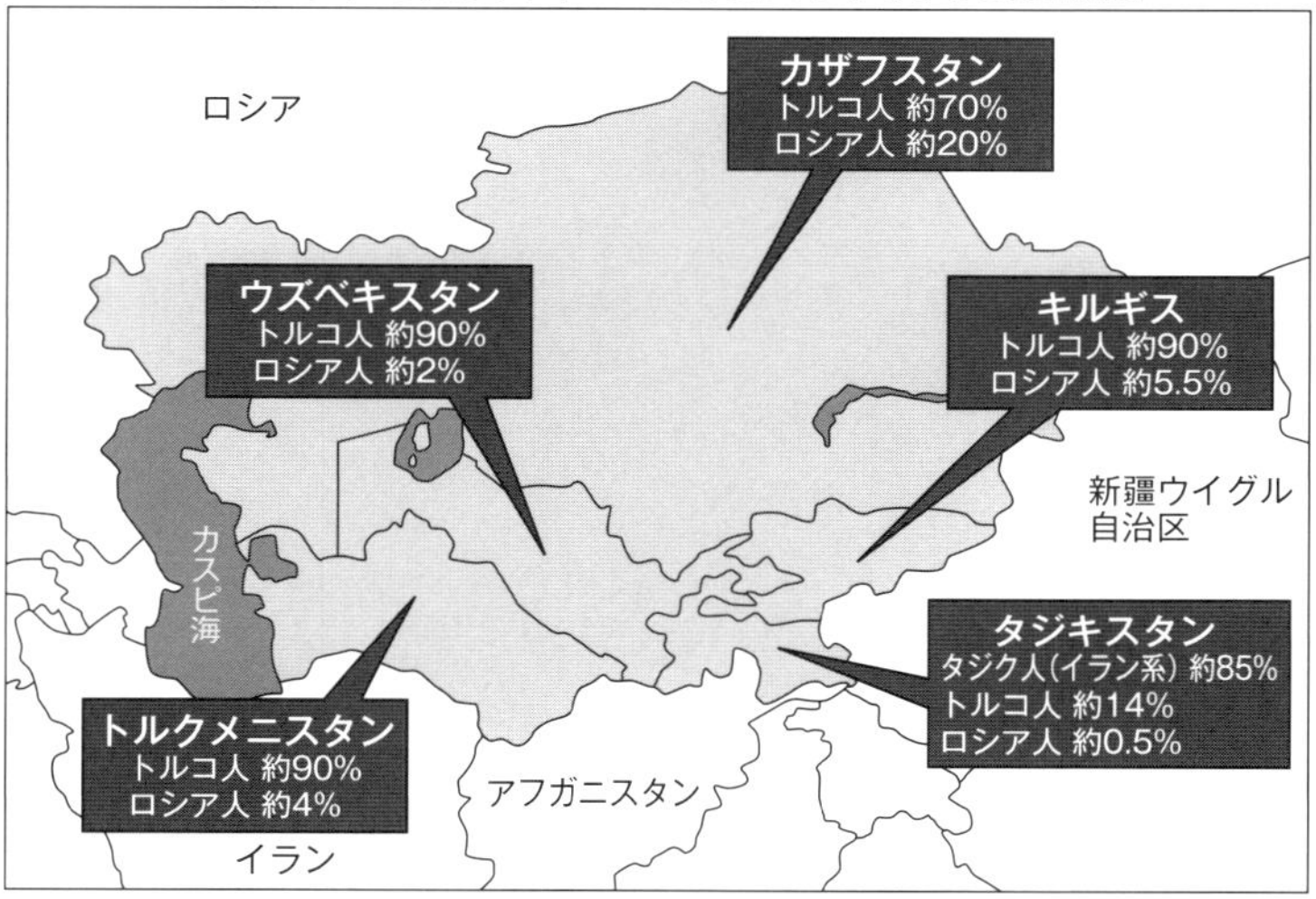

っています。中華文明圏、インド文明圏、中東のイスラム文明圏は、それぞれがまったくの別世界です。その意味でいうと、彼らはイスラム化していますから「イスラム文明圏」ともいえます。19世紀にロシア帝国に併合されてからは、スラヴ文明圏になりました。でも本質的には中央アジアは「遊牧民文化圏」だと思います。

宇山　中央アジアは、独自の文化圏であるということですね。私は宗教という観点からなら、イスラム教を信仰する人が多数派であるという点で、中央アジアは「中東アジア」的だと思っています。

民族的に見ても中央アジアは、アジア民族的な要素が強いです。たとえばカザフスタンは中央アジア北部に位置し、中央アジアで唯一ロシアと国境を接している国です。いわば中央アジアでロシアと最も近く、さらには中国とも国境を接しています。カザフスタンでは人口のおよそ7～8割が、自らをトルコ人と考えています。あとの2割程度がロシア人という認識です。

かつてソ連の一員であった時代、カザフスタンの首都・アスタナは「ツェリノグラード」という名でした。「○○グラード」という呼称は、ロシア語読みです。そこからもわかるようにソ連時代のカザフスタンには、ロシア人が労働者として大挙押し寄せてきました。ロシア人は労働者として、この地をある意味で仕切っていたのです。その名残りでカザフスタンには、ロシア人のような容貌の人もたくさんいます。

カザフスタンの人たちの多くは、自らをトルコ人と言い、「カザフ人」という呼称もあります。とはいえ中央アジアの人たちの顔つきを見ると、アジア人に近いのか、白人に近いのか、悩んでしまいます。どちらに近いか断定しがたいところがあり、中央アジアの人たちはロシア人的、スラヴ人的な血統を相当多く含んでいるのも事実だと思います。

茂木　「カザフ」は「コサック」と同義で、「どこの国にも属さない自由の民」という意味ですね。各部族のはぐれ者みたいな人々が移り住み、混血した場所です。私はトルコのイスタンブールを歩いていたら、カザフ人から「お前、カザフ人だろ。俺もカザフ人だ」と声をかけられたことがあります。私が「日本人だ」と言っても信じてくれませんでした。私の顔はカザフ人の顔つきと似ているらしいです。

宇山　茂木先生の顔つきには、ちょっとヨーロッパが入っている感じがしますから、そう思われたのかもしれませんね。いずれにしても、中央アジアは東欧文明（スラヴ文明）とイスラム文明の狭間にあり、民族的にも国家的にも東欧文明に深く関わりながらも、イスラム文明を放棄しませんでした。ここでも、やはり、イスラム文明の強さを見ることができます。

ロシアの南下を妨害しつづけるイギリス

茂木　8世紀半ば、唐王朝が傾いてきた時代にモンゴル高原を中心に一大勢力となったのが、トルコ人のウイグル帝国でした。ウイグル帝国は9世紀半ばに起こったモンゴル高原の旱魃で弱体化し、同じトルコ系のキルギスの攻撃で崩壊させられました。生き残ったウイグルのトルコ人たちは西へと移動します。いまの中国の新疆や中央アジアにはオアシスがありますから、そのあたりに移住しました。だから中央アジアのほとんどの国は、トルコ系になったのです。中央アジア全域を「トルキスタン」とも言います。トルキスタンは「トルコ人の国」という意味です。

宇山　いまでこそトルコ人が多く住んでいる中央アジアですが、9世紀頃まで中央アジアに住んでいたのは、ソグド人などのイラン系です。彼らはシルクロードで活躍していた交易の民であり、イスラム教を受け入れていました。

9世紀後半、この地域にはイラン系のイスラム王朝サーマーン朝が生まれています。サーマーン朝の都は、いまのウズベキスタンのブハラに置かれていました。

当時のトルコ人は、現在の中国新疆ウイグル自治区やその北部一帯に居住していましたが、サーマーン朝が建国された頃から西へと移動を始めます。彼らは中央アジア地域に入り込み、999年にはサーマーン朝を滅ぼし、カラ・ハン朝を建国します。この過程でトルコ人も、イスラム化していくのです。こののちトルコ人は、さらに西へと向かっていきます。

茂木　19世紀には、ロシアが中央アジア方面へと本格的に入ってきます。ロシアには「南下してインド洋に出たい」という本能があります。極寒のバルト海やオホーツク海の港は、冬場には凍って使えません。だから黒海や日本海などに不凍港を求めて南下しようとするのです。

ところが地中海はイギリスの生命線でした。イギリスにとって地中海は、植民地インドへの重要な貿易ルートなので、ロシアが黒海を押さえて地中海を窺ったただけでも、これに猛反発します。この対立がクリミア戦争（1853～56年）を引き起こし、ロシア領クリミア半島に攻め込んだイギリス軍にロシアは敗退させられます。

クリミア戦争での敗戦により、ロシアは地中海方面への南下を諦め、コーカサス地方からペ

分割されたトルキスタン　（作図：茂木誠）

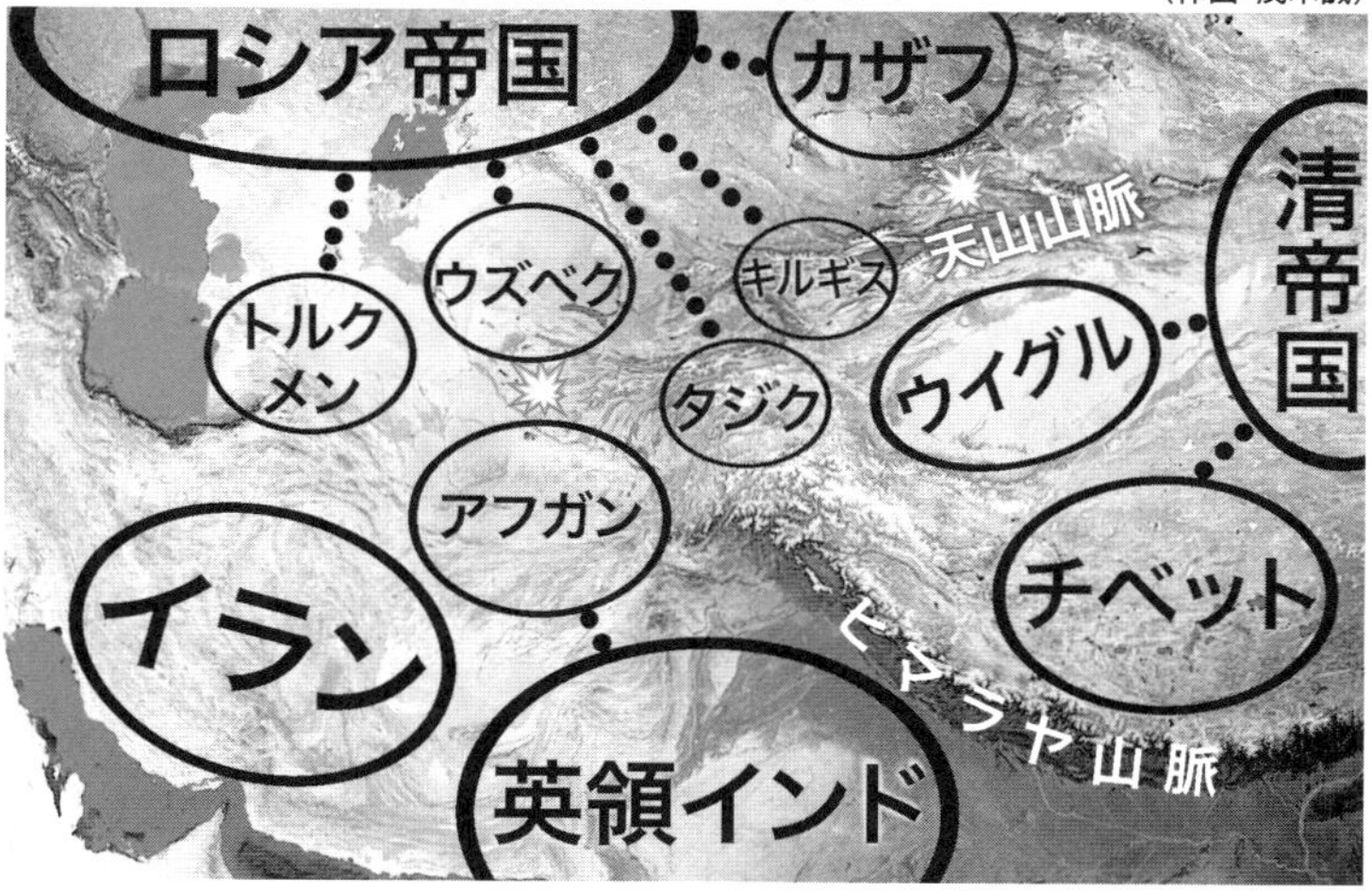

ルシア湾への南下を考えるようになります。同時に中央アジアから南下して、インド方面に出ようという願望を持ちはじめます。

19世紀後半、ロシア皇帝アレクサンドル２世がウズベキスタンを併合しました。ウズベキスタンの南にあるのはアフガニスタンで、アフガニスタンの南がインドです。

いまのパキスタンを含めて当時のインドはイギリス領インド帝国の一部でした。イギリスはここでもロシアの南下を極度に嫌い、南下を妨害します。先手を打ったイギリス軍はインドからアフガニスタンに侵攻、ここを保護国化して、ウズベキスタンに駐屯するロシア軍と睨み合いになります。ここでも文明の衝突が起きているのです。

このユーラシア大陸を股にかけた英露の睨み合い状態をグレート・ゲームといい、19世紀の国際紛争の大半はこれで説明がつくのです。日英同盟と日露戦争も、グレート・ゲームの局地戦ということができます。この時代に形成されたイギリス人の「ロシア嫌い」は、ウクライナ戦争でも遺憾なく発揮されました。停戦交渉をことごとく妨害したのは、イギリスだったのです。

ウイグルは中華文明圏ではない

茂木　19世紀にロシアが中央アジアに進出したことで、中央アジアのトルコ人居住区「トルキスタン」は引き裂かれていきます。天山山脈とパミール高原の西側にあたる西トルキスタンは、ロシア帝国が併合し、そのままソ連領になりました。これがカザフスタン、トルクメニスタン、ウズベキスタン、タジキスタン、キルギスに該当します。

天山山脈の東の東トルキスタン（タリム盆地）はジュンガルというモンゴル系の最後の遊牧帝国が支配していましたが、清朝の鉄砲隊に敗れ、中国人が持ち込んだ天然痘で全滅します。清の乾隆《けんりゅう》帝は旧ジュンガル領を併合して「新しい領土」、すなわち「新疆《しんきょう》」と名付け、ウイグル人イスラム教徒は清の間接統治を受けました。辛亥革命で清が崩壊すると、ウイグル人は東トルキスタン共和国を建国しますが民族紛争が続き、20世紀後半には中華人民共和国の支配下に入ってしまいます。

カザフスタンはソ連時代、ひどい目に遭っています。カザフスタンのセミパラチンスクが、ソ連の核実験場になったからです。ソ連はセミパラチンスクでたびたび水爆実験を繰り返し、多くの被曝者が出ています。その被害の実態は、ソ連崩壊まで秘密にされていました。20世紀末のソ連の崩壊によって、カザフスタンやウズベキスタンなど中央アジアのトルコ人はロシアから解放されました。

中国の新疆ウイグル自治区も同じ目に遭いました。中国は新疆で核実験を繰り返し、多くのウイグル人が被曝しています。その実態はいまも秘密のベールにつつまれたままです。中国のウイグル占領は現在進行形であり、ウイグル人は厳しい監視下に置かれています。ウイグル語(トルコ語)の使用禁止はもちろん、イスラム教の強制棄教や中国人との強制結婚、ウイグル人の強制収容所の存在が、亡命ウイグル人の証言によって報告されています。

宇山　いま、茂木先生が説明されたことを、少し補足させていただきます。

新疆のウイグル人が中国に服従するようになったのは、18世紀、清朝の乾隆帝の時代です。乾隆帝は対外遠征を積極的に行い、モンゴル人の居住地域のジュンガル部やウイグル人の居住地域のタリム盆地、ジュンガル盆地を征服します。これらは新しい土地を意味する「新疆」と呼ばれるようになりました。

このとき以来ウイグル人は、中国に服属しました。同じ乾隆帝の時代に、モンゴル人のジュンガル族がチベットを占領・掠奪したため、チベットは乾隆帝に助けを求めています。乾隆帝はジュンガル族を征伐すると同時に、チベットを併合しました。

ただし清朝は、ウイグル人やチベット人に対し、寛大な自治を認めています。信教の自由を認め、漢字の強制もありませんでした。イスラム教やチベット仏教などの宗教を核として、彼らの社会文化は清朝のもとでも守られていました。

それが1911年の辛亥革命で清朝が滅びると、新疆は独立しようとします。孫文の中華民国は「一つの中国」というスローガンを掲げて独立を認めませんでしたが、中国内部の混乱から事実上の独立勢力となっていきます。

その後1949年に毛沢東が中華人民共和国を建国すると、人民解放軍が新疆に侵入して、新疆を完全占領します。中国はウイグル民族主義者や反共主義者を処刑し、武力で新疆を制圧したのです。同じことはチベットでも行われました。

こうした歴史的経緯からもわかるように、新疆は民族や文化のうえでは中央アジア文明圏に属します。中華文明圏に組み込まれる地域ではありません。「新疆ウイグル自治区」ではなく、「東トルキスタン」と呼ばれるべきです。

茂木　中国の不当な支配をウイグル人は被っていますが、中央アジア諸国は同胞のウイグル人を助けようとしませんね。

宇山　中央アジア５カ国のうち、新疆に隣接するのはカザフスタン・キルギス・タジキスタンの３カ国ですが、これらの国は中国から経済支援を受けています。１９９６年、中国・ロシア・カザフスタン・キルギス・タジキスタンの５カ国による上海協力機構（上海ファイブ体制）を結成し、中国からの経済支援と引き換えに、ウイグル人分離独立運動に介入しないと約束しています。

茂木　５カ国の中でも、カザフスタンは最大の人口規模（約１９８０万人）を擁し、近年、中国と連携を強め、中国マネーが流入し、急激に経済発展しています。中国は現代版シルクロード「一帯一路」の経済圏を強固に結び付けるため、デジタル人民元をグローバル決済の手段として、流通させようとしています。

宇山　カザフスタンは石油を中国に輸出しています。決済はドルで行われるため、取引はアメリカに筒抜けになっています。デジタル人民元はドル決済を避けることのできる有効なツールであり、カザフスタンはその導入に最も熱心な国です。

こうした「一帯一路」の経済圏の形成に、カザフスタンをはじめ中央アジア諸国は積極協力し、同胞のウイグル人の苦しみを見て見ぬふりをしています。中国はカネの力で、民族の文明を分断しているのです。

◇◇◇◇◇◇◇◇◇◇

中央アジアで唯一、イラン系の国タジキスタン

茂木　トルキスタンと呼ばれる中央アジア5カ国のうち、例外的なのがタジキスタンですね。

宇山　タジキスタンでは、トルコ人が主要構成民族になっていません。中央アジアでタジキスタンのみ、イラン系のタジク人がおもな構成民族になっています。タジキスタンを除く中央アジアの国では、トルコ語に近い言葉が使われていますが、タジキスタンではイラン語系のタジク語が使われています。

茂木　タジキスタンにのみ、イラン系の人たちが多い理由は何でしょう。

宇山　かつてサーマーン朝があった土地だからです。サーマーン朝はイラン系のイスラム王朝で、9世紀に生まれています。このサーマーン朝が東から移動してきたトルコ人に滅ぼされてのち、コーカソイド（白人）のイラン系の人たちが南方のタジキスタンの山岳地帯へと逃げ込み、住み着き、タジク人と呼ばれるようになったのです。実際アフガニスタンに行くと、目の青い人がけっこういるのですよ。

このタジク人と同じイラン系が、中央アジアと隣接するアフガニスタンにも多くいます。パ

シュトゥーン人とタジク人で、アフガニスタンの人口のおよそ4割がパシュトゥーン人、3割弱がタジク人です。イスラム過激派のタリバン政権を率いているのは、パシュトゥーン人たちです。

なお、元朝の中国では中央アジア諸民族を「色目人」と呼んでいましたが、これは「さまざまな種類の人々」という意味です。

第5章

中南米文明、アメリカ文明VS日本文明

なぜ、わずかのスペイン人がアステカ王国、インカ帝国を滅ぼせたのか？

宇山　第５章ではまず、中南米文明を中心に語りたいと思います。その上で、アメリカやカナダなどの北米文明との違いを浮き彫りにし、さらには両文明の衝突についても考えていきます。

中南米文明は16世紀以降、キリスト教化されていきます。同時にスペイン化もされていきます。

茂木　北米や中南米の新大陸とユーシラアの旧大陸には、決定的な違いがあります。新大陸には、遊牧民がいませんでした。馬がいなかったから、遊牧民というものが登場しなかったのです。

かつては新大陸にもいたけれど、絶滅したらしいです。他にはアルパカのようなラクダ科の家畜がいますが、アルパカでは体が小さすぎて、これに乗って戦うことはできません。だから新大陸には騎馬民族国家がなく、遊牧文明もありません。遊牧文化の不在が人獣共通感染症の流行の少なさにつながり、アメリカ先住民の免疫学的な弱さを決定づけ、アステカとインカの滅亡を招いたのだと論じたのが、ＵＣＬＡの進化生物学者ジャレド・ダイアモンドのベストセラー『銃・病原菌・鉄』でした。

ユーラシア大陸では東西に広がる広大な草原を舞台に遊牧文明がしばしば歴史を変えてきましたが、新大陸にはその要素がなく、農業中心の文明を育んできたのです。

中米地域では、メキシコあたりでトロウモロコシの栽培が始まります。これが最終的には、アステカ王国にまでなっていきます。ユーラシアのどの文明に近いかといえば、中華文明に近いというのが私のイメージです。中南米文明には中央集権的な側面があり、土地の私有という概念もなかったようです。そしてトップが絶対的な権力を握っています。

だからトップに何かあったら、総崩れとなります。16世紀にエルナン・コルテス率いるスペイン人がメキシコにやって来たとき、コルテスらは計略によってアステカ王・モンテスマを捕らえます。これでアステカ人は、総崩れになってしまいました。

残るアステカ兵の部隊は、自らの意志でスペイン人と戦うことをしませんでした。ちょうどアリの巣の中にいる女王アリを捕まえたら、アリの巣全体が壊れてしまうような状態です。

同じことは南米のインカ帝国でも起きています。コルテスの部下ピサロが、コルテスから先住民の帝国を滅ぼす方法を教わったのです。ピサロが「どうやってアステカ王国を滅ぼしたのですか」と尋ねると、その答えが「王を捕らえろ。そうすれば、一気に事が進む」というものでした。

ピサロはコルテスの言葉どおり、インカ帝国皇帝・モンテスマの不意をついて捕らえた。するとインカ人は総崩れとなり、インカ帝国は滅んでしまったのです。

宇山　このときモンテスマを捕らえたピサロの兵は、わずか２００人ぐらいです。アステカ王国を滅ぼしたコルテスの場合、兵は４００人ぐらいです。いずれもほんの数百人の部隊で、王国、帝国をそれぞれ滅ぼしています。

その秘密はいま言われたように、王の身柄を確保したことがあります。王の身柄を押さえてしまえば、アステカ人もインカ人も動けなくなるのです。

先ほどのジャレド・ダイアモンド説で明らかになったように、スペイン人が旧大陸の天然痘、麻疹、インフルエンザ、チフスなどを新大陸に持ち込んだとき、新大陸の先住民インディオらには、これらの病気に対する免疫がありませんでした。

旧大陸の疫病はあっという間に彼らに広がり、パンデミックによる大混乱が国内で起きていた。その隙をついたからこそ、少数のスペイン人たちが巨大王国を征服できたという説です。

もう一つ私が述べたいのが、スペイン人たちの国内分断作戦が巧みだったということです。コルテスにしろ、ピサロにしろ、それぞれアステカ王国内、インカ帝国内の各地域を分断させていきました。

とくにコルテスは、アステカ王に反抗心を持っていたグループを味方に引き入れ、アステカ人同士を互いに戦わせました。スペイン人がこうした諜報作戦をやったことが、非常に重要な点だと思います。

いまの日本も中国から諜報攪乱作戦を受けつづけ、分断されています。日本のメディアは、中国人に完全に乗っ取られています。こういう作戦を昔からヨーロッパ人は、やってきたのだと思います。

◇◇◇◇◇◇◇◇◇◇

スペイン人がアステカとインカで行った「人種改良」政策

宇山　アステカ王国やインカ帝国は、非常に豊かで高度な文明を持っていました。他にもユカタン半島では、マヤ文明が栄えていました。ところがアステカ王国、インカ帝国、マヤ文明がスペイン人に滅ぼされてのち、インディオたちはこれらの文明を捨て去り、簡単にキリスト教化されていきました。なぜそうなっていったのか、茂木先生はどうお考えですか。

茂木　スペイン人の持ち込んだ天然痘やインフルエンザが猛威を振るったとき、インディオたちは考えました。

「自分たちはこの悪魔の病気で全身に発疹ができて苦しんで死んでいくのに、あの白人たちはなぜ死なないのか？」

「自分たちの神々にどんなに生贄を捧げ祈っても全然効かないのに、あの十字架を拝んでいるあいつらは死なないのはなぜか？」

「そうだ、あの十字架の神を拝めば救われるかもしれない！」

と考えて、彼らは伝統的な神々を捨てたのではないでしょうか。

宇山　私もそう思います。インディオにとって「自分たちは疫病から逃れられなかった」という点は、非常に大きいと思います。

もう一つ重要なのは、スペイン人たちが大殺戮を行ったという点です。このときスペイン人が行ったのは、イギリスのピルグリム・ファーザーズが、北米地域でインディアンを打ち殺したような、武器を使うというものではありません。いまいったような疫病をインディオたちの間に打ち込んでいったのです。

スペイン人たちは、インディオたちに疫病を流行らせようという、明確な認識を持っていたと思います。自分たちの持っている病気を意図的に拡散させて、インディオの人口の半分を殺していったのです。

16世紀初頭のアステカ王国もインカ帝国も、それぞれ人口１０００万人程度を抱えていたようです。その合計人口２０００万人が、アステカ王国でもインカ帝国でも急激に減り、半分になったのです。

その後、大量のスペイン人がアステカ王国、インカ帝国に渡っていきます。それぞれどれぐらいいたかというと、50万人ずつです。ということはアステカでもインカでも、現地民１０００万人対スペイン人50万人となります。つまりアステカでもインカでも現地民はスペイン人の20倍もいたのです。

それでもスペイン人は、20倍も多い現地民を征服・統治してのけます。ここで行ったのが混血政策です。１人のスペイン人の男が、最低20人のインディオの女性を妾にしていったのです。

精力の盛んな男なら、それくらいできました。いわばハーレム状態です。50人、１００人のインディオ女性を妾にしていくことで、今日のラテンアメリカ人という混血種が生まれていったわけです。これは恐るべき「人種改良」政策です。

そして男系の血でスペイン化された現地民の子孫たちを、ことごとくキリスト教の信者にしました。「人種改良」政策とキリスト教化は、一つのセットとして進んでいたと、私は考えます。

茂木　１対20という数字は、モンゴル高原の北方民族が中国を占領したときと、ほぼ同じ比率です。遊牧民が20倍も人口の多い中国人を征服・統治してみせています。モンゴル人ができたのだから、スペイン人もできたでしょう。

15世紀末以降、ラテンアメリカはスペインとポルトガルによって、約300年間、統治されます。この間、スペイン人とポルトガル人がラテンアメリカに移住し、コロニーを形成し、彼らがラテン語派であったため、「ラテンアメリカ」と呼ばれるようになりました。父系をたどれるY染色体を調べると、ラテンアメリカ人の大半が、スペイン人とポルトガルの征服者たちの血を引いています。いずれにしても、アルゼンチンなどラテンアメリカはヨーロッパやアメリカに次ぐ、「第3の白人文明圏」と言えます。

宇山　ラテンアメリカ人は「ヒスパニック Hispanic」とも呼ばれます。ラテン語で、「スペイン」は「ヒスパニクス Hispanicus」です。「ヒスパニック」は正式な語ではなく、一種の俗語です。そのため、英語の「スパニッシュ Spanish」と「ヒスパニック」は、意味が異なります。前者はいわゆるスペイン人を指し、後者はラテンアメリカ人を指します。学術的な定義はありませんが、便宜上、このように使い分けられているのです。

また、ラテンアメリカ人は「ラティーノ」とも呼ばれます。近年、そのように呼ばれることが多くなっています。ポルトガル語を公用語とするブラジル人など非スペイン語圏出身者は「ヒスパニッシュ」ではないので（広義で含まれることもあるが）、彼らもすべて含めたラテンアメリカ人の総称として、「ラティーノ」が使われます。また、とくにアメリカで、「ヒスパニック」の言葉に否定的なニュアンスが含まれると解されることがあり、「ラティーノ」の使用が推奨されることもあります。

１４９２年という先住民族の悲劇

茂木　ラテンアメリカをはじめ新大陸を「発見」したコロンブスはイタリアのジェノヴァ出身ですが、リスボンに定着し、航海士・地図製作者として一定の成功を収めました。そして、マデイラ島を所有する貴族の娘と結婚します。マデイラ島はリスボンより南西１０００キロ離れた島で、砂糖を生産していました。

コロンブスはマデイラ島へ砂糖買付けのために航海します。このとき、コロンブスは島の西から流れ着く漂流物が、ヨーロッパにはない道具や装飾品であるのを目撃します。ヨーロッパやアフリカの人種ではない人間の死体が流れついたという話なども聞きます。コロンブスは「大西洋の向こうに、マルコ・ポーロが書いた黄金の国ジパングやインドがあるに違いない、それもすぐ近くに」と考えるようになります。

宇山　マデイラ島に流れ着いた死体はどの民族のものだったのでしょうか。黒人でも白人でもないとするならば、アメリカ先住民族だったと考えられます。しかし、常識的に考えて、アメリカの先住民族の死体が大西洋を漂流して、マデイラ島まで漂着するなどとは信じられず、この死体の話はコロンブスによってでっち上げられた話かもしれません。航海船を建造し、探検隊を組織することには莫大なカネがかかります。資金を投ずるパトロンはコロンブスの主張に物証のようなものを必要としており、コロンブスはこれに応えるため、黒人でも白人でもない人種の死体が西から流れ着いたとする話を作り上げた可能性があります。

茂木　スペイン政府からは信用されず、交渉を諦めて帰ろうとしたコロンブスを引き止めたのは、王室の財政を預かる改宗ユダヤ人のサンタンヘルでした。１４９２年、イサベル女王は国内の異教徒（イスラム教徒とユダヤ教徒）を追放する勅令を出しており、三十数万人のユダヤ人は避難場所を必要としていたのです。彼がコロンブスに資金を拠出し、１４９２年、コロンブスは3隻の船と１００人程度の船員を率い、スペインのパロス港を出発しました。２カ月かけ、大西洋を越え、アメリカ大陸東のバハマの小さな群島にたどり着きます。コロンブスはこをインドだと勘違いし、「西インド諸島」と名付けます。

２０２４年、スペインの法医学者ミゲル・ロレンテ氏の研究チームがコロンブスの墓があるセビリア大聖堂で発掘されたミイラのＤＮＡを解析し、スペイン系ユダヤ人（セファルディム）であるという調査結果を公表しました。サンプルが、コロンブス本人かどうか確証がなく、今後の研究に期待しましょう。

コロンブスが何人であったにせよ、彼がアメリカ大陸に奴隷制と新たな感染症を持ち込んだ人物であることは間違いありません。コロンブスが到来したバハマ諸島には、先住民族のアラワク族などが定住していました。コロンブス以降、多くのヨーロッパの探検家がバハマ諸島を含む西インド諸島を経由して、新大陸へと入ったため、諸島の先住民族はヨーロッパ人が持ち込んだ疫病などで激減します。また、強制労働で命を落とした先住民族も少なくありませんでした。

宇山　16世紀以降、激減した先住民族の代わりに、アフリカから、多くの黒人奴隷が西インド諸島に連れて来られます。バハマ、ハイチ、ドミニカ共和国、ジャマイカなどの西インド諸島の国々で、全人口の９割前後が黒人か黒人の混血になっています。

◇◇◇◇◇◇◇◇◇◇

奴隷貿易がなくなった本当の理由

宇山　スペイン人入植者は先住民族や黒人の女性を妻や妾にして、混血児を生んでいきました。スペイン人とインディアンとの混血は「メスティーソ」と呼ばれ、スペイン人と黒人の混血は「ムラート」と呼ばれました。さらに、インディアンと黒人の混血は「ザンボ」と呼ばれます。また、植民地の現地生まれの純粋なスペイン人は「クリオーリョ」と呼ばれます。ラテンアメリカでは、混血により、人々は厳格に階級化されていました。

ラテンアメリカのほとんどは不毛の土地でした。それらを開拓したのはスペイン人ら白人ではなく、先住民族やアフリカから連れて来られた黒人でした。

スペイン人は農園や鉱山を経営し、当初、先住民族たちを強制的に働かせました。先住民族たちはろくに食事も与えられず、飢えや病気で死んでいきました。そのため、インディアンの人口が急減したということが、宣教師のラス・カサスなどによって報告されています。

一方、スペイン人が経営する農園や鉱山は拡大していき、労働力が慢性的に不足しました。不足を補充するため、スペイン人は新たに、アフリカの黒人を使用することになります。アフリカに植民地を持っていたポルトガルがスペイン領新大陸に、黒人奴隷を供給します。

茂木　奴隷貿易がもたらす利益は莫大で、当初、スペイン王から特許状を与えられたポルトガル商人がこれを独占していました。両国はトルデシリャス条約（１４９４年）で大西洋に線を引いて世界を二分割しており、ブラジル以外の新大陸はスペイン勢力圏、アフリカ以東はポルトガル勢力圏と決めていました。人口の激減が起こったのはスペイン勢力圏だったので、人口過剰なポルトガル勢力圏のアフリカから新大陸へ、奴隷が運ばれたのです。

宇山　17世紀以降、オランダ、イギリス、フランスの商人も奴隷貿易に参入します。のちに産業革命期のイギリスは安い綿原料を確保するため、西インド諸島における無数の無人島のいくつかを占領し、これを開墾して、綿花畑にします。広大な綿花畑を開墾し、耕し、栽培するなどの維持管理する労働に黒人奴隷が充てられました。

アフリカから連れて来られた黒人たちは二度と故郷に帰れず、非人道的な扱いを受けました。約300年間、奴隷貿易でラテンアメリカ全体に連れて来られた黒人の数は900万人〜1100万人と推定されています。今日の西インド諸島における諸国をはじめとするラテンアメリカの黒人やその混血の多くは彼らの子孫です。

茂木　黒人奴隷によって、不毛の土地が豊かな農園に開拓され、そこで産み出された莫大な利益を白人たちが収奪します。ラテンアメリカでは、歴史的に民族間の「支配─被支配」の関係が定着し、それは今日に至るまで続いており、社会の閉塞や歪みの大きな原因になっています。

宇山　大量の奴隷たちがアフリカから連行されたため、アフリカ地域の人的資源が急激に枯渇し、18世紀末に、奴隷の卸売り価格が上昇しました。また、南北アメリカ大陸における砂糖、綿花の生産量増大による価格低下で、奴隷貿易の利益は先細りしはじめました。

人道的な批判や世論も強まり、イギリス議会は1807年、奴隷貿易禁止法を制定します。しかし、それでも19世紀半ばまで、奴隷貿易は続きます。この頃、イギリスはインドの植民地化を着々と進め、インド産の原綿を収奪しました。また、ポルトガル領ブラジルでは、農業技術の革新があり、砂糖の生産量が飛躍的に向上しました。原綿、砂糖の供給が増加し、価格が下がる一方の状況で、奴隷貿易はついに利益が出なくなり、自然消滅していきます。

奴隷貿易がなくなったのは人道的な理由というよりはむしろ、経済的な理由によるところが大きかったと言えます。

茂木　２０２４年10月、サモアで開かれたイギリス連邦の首脳会議では、過去の奴隷貿易に関するイギリスの責任を追求し、賠償を求める声が上がりました。イギリスは、過去に一度も植民地制度や奴隷貿易を謝罪も賠償もしたことがなく、賠償に応じるとなれば天文学的な金額を請求され、イギリスの財政は破綻するでしょう。また他の欧米諸国にもこの問題は波及します。「反省する。だが賠償はしない」というのがギリギリの回答になると思います。

◇◇◇◇◇◇◇◇◇

ヨーロッパ人の新大陸分割

宇山　先ほどのトルデシリャス条約について、補足します。スペイン出身の教皇アレクサンデル６世は、ポルトガルとの植民地争いを調停するために、１４９３年、教皇子午線を設定します。これにより、子午線の東をポルトガルの勢力圏、西をスペインの勢力圏とすることが決まりました。

しかし、それはスペイン側に有利な裁定であり、ポルトガルは強い不満を抱き、再交渉を要請します。その結果、１４９４年、スペイン北西のトルデシリャスで代表が会談し、教皇子午線とされるヴェルデ岬の西方１００レグアの線を、さらに西方３７０レグアに移動させることで、修正が成立しました（トルデシリャス条約）。つまり、約１８５０㎞（日本列島本州の長さと同じ）西方に境界線がずれたことで、その分、ポルトガルが得をしたことになります。

このとき、両国はまだ新大陸を認識しておらず、その境界線がインド付近を通っていると考えました。１４９９年のアメリゴ・ヴェスプッチの航海で、この地域はインドとは違う新しい地域であることが確認されて、ドイツの地理学者ヴァルトゼー・ミューラーがアメリゴ・ヴェスプッチの名に因み、新大陸を「アメリカ」と名付けました。

新大陸の存在が確認されて、両国は境界線が、未知の新大陸付近を通っていることを認識しはじめます。このようなタイミングで、ポルトガル人貴族のカブラルは１５００年、船団を率いてリスボンを出航しましたが、暴風のため、ブラジルに漂着します。建前上、スペインを刺激しないために、「漂着」とし、実際は、意図的に向かったと捉える説もあります。

茂木　インドへ向かっていたカブラルの艦隊が、たまたま漂着したブラジルがトルデシリャス条約の境界線より東にあったという話はできすぎていますね。分割線の東側に新たな陸地がないかどうか、ポルトガルは探索していた、というのが真実でしょう。

教皇子午線とトルデシリャス条約境界線

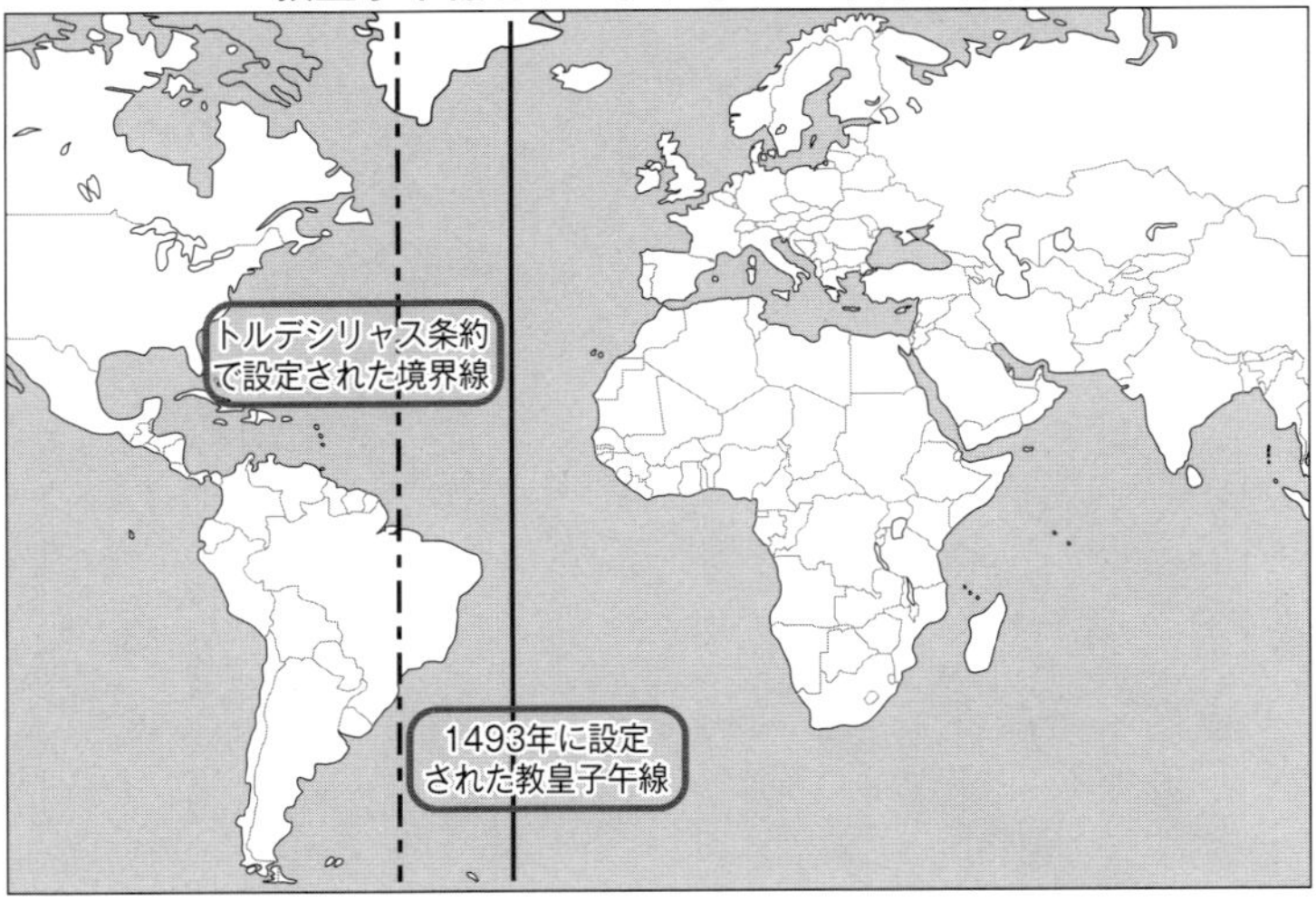

カブラルたちは、ブラジルの地を島と認識し、「ヴェラ・クルス島（「真の十字架」を意味する）」と名付けます。その後、ポルトガル王マヌエル1世が「サンタ・クルス（「聖十字架」を意味する）」と改名します。

「ブラジル」の名称も同時に親しみを込めて使われ、普及していきます。ブラジルでは、スオウの木が多くあり、木の心材の赤が高級衣類の染料として用いられました。その染料の炎のような赤を、ポルトガル人はポルトガル語で「ブラーザ（「灼熱」を意味する）」と呼びます。多くのヨーロッパ人がその鮮やかな赤に魅了されたのです。

スオウの染料が多く輸入されるにつれ、「ブラーザ」の愛称が普及し、「ブラジル」と変化して、16世紀中頃には、これが地名として定着するようになります。

カブラルがブラジルに到着した１５００年の当初、ポルトガル人の入植はほとんど行われませんが、スオウの染料が交易されはじめる１５３０年代以降、入植が進みます。スオウの染料の輸出に加え、サトウキビ生産が行われるようになると、ポルトガル人が組織的にブラジルに入植し、また、アフリカから多くの奴隷を連行し、サトウキビ・プランテーションを経営します。

１５４９年には、ブラジル総督が置かれ、首都がサルヴァドールに定められ、街が建設されはじめます。１５６７年には、リオデジャネイロが建設されます。

文明が生まれなかったミシシッピ川流域の謎

茂木　スペイン人が来る前、中南米地域では、現地民がアステカ文明やインカ文明によって統一されていました。一方、北米地域は異なります。北米の先住民は、統一されることがありませんでした。これをどうお考えですか。

宇山　アメリカでネイティヴ・アメリカンといわれる人たちは、北米側であれ中南米側であれ、ユーラシア大陸の中東エリアに起源があるといわれています。アジア系のモンゴロイドであり、Y染色体ハプログループQの遺伝子を持っている民族です。

彼らは氷河期の約2~3万年前に中東エリアから中央アジア、アルタイ山脈付近、さらにはシベリアにまで広がりました。やがてシベリアを経て、いまのベーリング海峡を渡って、アラスカから新大陸を南下していったのです。

茂木　当時は最終氷期でベーリング海峡というものが存在せず、歩いて渡れたわけですから。

宇山　だからユーラシア大陸のシベリアから新大陸のアラスカまで、歩いて行くことができたのです。彼らのほとんどは北米大陸をすっとばして、わざわざメキシコを中心とする中米地域や南米・アンデス山脈の地帯に住み着いたのです。

南北アメリカ大陸の先住民族は、「インディアン」「インディオ」などと呼ばれています。この呼称は、コロンブスが北米大陸をインドであると勘違いし、アメリカの先住民族を「インド人(インディアン)」と呼んだことに由来します。

因みに「インディアン」は北米の先住民族をいう英語、「インディオ」は中南米の先住民族をいうスペイン語、ポルトガル語です。

なお、現在のアメリカのルイジアナ州一帯は、ミシシッピ川の下流域に当たり、肥沃な土地が広がっています。それでも北米大陸に渡ったインディアンは、この地で文明を形成することはありませんでした。

茂木　たしかに、ミシシッピ川下流に〝ミシシッピ文明〟があったとしても、不思議はないですよね。黄河文明や、インダス文明、メソポタミア文明のように。

宇山　ところがなぜか、発見されないのです。どうしてミシシッピ川下流域に文明を築かず、メキシコやペルーの山岳地帯の狭隘な地域に文明を築いたのか？　私には、謎中の謎です。はっきりした答えはわかりません。

ミシシッピ川下流地域には、古くからインディアンたちもたくさん定住していました。それでもミシシッピ川下流のインディアンたちは、文明という形で統一されることはなかったのです。

ミシシッピ川下流地域は、小麦の生産に向いています。小麦生産が拡大していくなら、ここに灌漑農業を基盤とした巨大権力が生まれてもいいはずです。実際には彼らを統一する巨大な権力は存在せず、部族が散らばって存在しているだけでした。これは非常に疑問ですが、何かお考えはありますか。

茂木　私も、このことを宇山先生に聞きたかったのです。

宇山　そうなんですか。これは本当に歴史の謎ですね。

じつは農業に向いていたアンデス山脈の西側斜面

宇山　北アメリカに統一文明は存在しませんでしたが、中米のメキシコの高地や南米のアンデス山脈には文明が生まれました。なぜ先住民がメキシコやアンデスの山岳地帯の狭隘な地に住み着いたかというと、一つは先住民の持っていた宗教的な世界観が大きかったのではないかと思います。

彼らは山や湖のある複雑な地形に、神のような存在が宿ると考えたのです。あるいは山に近いところに、神のような神聖なものが宿るという世界観を抱いていたのではないでしょうか。そこに宗教的な存在を感じたのでしょう。それで彼らはアンデス山脈の天空に近いような場所を選んだ。

実際にアンデス山脈を訪れると、そこには神秘的な雰囲気が漂っています。空気がきれいで澄み渡り、夜には星もよく見えます。そうした神秘的な場所に惹かれていったのではないかと、私は推測しています。

もう一つ、病気になりにくいという点もあったと思います。彼らは疫病を恐れて、アンデス山脈の高いところに向かったのです。標高の低い地帯は暑くて湿潤ですから、害虫がいます。

害虫が病原菌の媒介役になり、疫病が広がりやすくなります。

一方、標高の高い地帯には害虫がほとんどいません。だから、病気にかかりにくいのです。たとえばインカ文明の中心地クスコは、標高３４００メートルのところにあります。私がクスコを訪れたとき、高山病にかかって頭がクラクラしましたが、ほとんど虫を見かけませんでした。こうしたところに、彼らは利点を見たのではないか。

茂木　また、アンデス山脈の尾根の西側だけで、文明が起きたのも謎です。やはり風の影響でしょうか。

宇山　アンデスの高山地帯には、非常に農業に適した、いい雨が降るのです。西方にある太平洋の水分を十分に含んだ雲が、風に乗ってアンデス山脈にぶつかると、霧雨が降ります。このような霧雨が、アンデス山脈の西側では四六時中降っていて、トウモロコシをはじめ農作物を育てやすい利点があったと思います。

先住民がアンデスに定住していった時代、まだ小麦の栽培はできていません。もっと原始的なトウモロコシ栽培を始めていて、そのトウモロコシ栽培にアンデス山脈西側の斜面は適していたのです。

その一方で、アンデス山脈の東側はジャングル地帯です。東側でも雨は降りますが、土砂降りの雨になりやすく、大洪水も発生します。西側の霧雨は、その後、人間がコントロールしやすい水になるので、トウモロコシ栽培に有利なのです。

アンデス山脈の東側の平野部にも、先住民たちは文明を形成していません。やはりこれらの理由で南米大陸に渡った先住民たちは、アンデス山脈の狭隘な土地を選んだのではないかと思います。

茂木 アルゼンチンとウルグアイの狭間にある、ラプラタ川の下流地域も肥沃な土地ですが、ここでも文明は起きていません。中南米は、「世界史の常識」をひっくり返しているのです。

世界史の常識では、水の乏しい乾燥地帯周辺では、川をコントロールして水路と堤防をつくり、乾燥地帯を農業地帯に変えていきます。これは小さな人間集団ではできませんから、人間集団が合体して国をつくらねばならない。その共同作業から、権力が生まれるのです。

霧雨程度で農業ができるなら、灌漑のための土木作業は必要ありません。大規模集団による共同作業は必要ないのに、なぜそんな場所で文明が生まれたのでしょうか。

宇山 インカ文明は、じつはそれほど中央集権的ではないのです。インカ帝国の皇帝の力は絶大ではなく、各地域集団の緩やかな連合体であったと私は考えています。同じくアステカ王国の王の権力も、それほど強いものではなかったと思います。

アステカの王、インカの皇帝はともに神の化身として崇められていました。彼らの宗教的指導者として地位は確立されていましたが、世俗権力は必ずしも強くなかった。国内の各部族が群雄割拠しており、それを押さえ込むほどの力は持ってはいませんでした。

たとえばアステカ王国の首都・テノチティトランには、ピラミッドをはじめ大遺跡構造物が残っています。ただしそれら巨大建造物は、中国的な中央集権によるものとは違う系統のものです。

茂木　テノチティトランの巨大構造物は、宗教施設と考えればいいのですか？

宇山　そう思います。ユカタン半島のマヤ文明のチチェン・イッツァにある神殿も、宗教施設です。アステカやマヤなどのメソアメリカ文明圏とインカのアンデス文明圏の二つに共通するのは、生きた人間の心臓を神に供える、人身御供の儀式が行われていることです。アステカやインカの神殿は、生贄の儀式の場だったのです。

ヨーロッパに近いメキシコに先住民族色が強い理由

茂木　私が知りたいのは、古代アステカ文明やインカ文明がどのような形で現在の中南米地域に受け継がれているかです。アステカやインカ文明の影響は、残っているのでしょうか？

宇山　それについては、民族学的な観点で述べたいと思います。ラテンアメリカ地域へ行かれた方ならおわかりでしょうが、メキシコ人の顔は浅黒いですが、インディオの容貌も非常に強く残っています。メキシコを旅しているとアジア的な容貌の人も多く、まるで東南アジアにいるかのような錯覚を起こすほどです。

メキシコでは全人口に占める先住民族の割合が約30％、先住民族と白人の混血（メスティーソ）の占める割合が約30％です。ラテンアメリカ諸国の中でも先住民族の血統が強く引き継がれていて、混血とされる人々でも、彼らの容貌から先住民族の血のほうが濃いと判断できます。民族的には中南米で地理的にスペインに一番近いメキシコで、インディオ的な要素が最も残っているのです。

そのため、アステカ文明の影響が色濃く残っています。メキシコの山間部に行くと、アステカ文明時代の習俗や部族言語を残す地域が少なくありません。私はこうした山間部の部族が住む集落を、メキシコだけでなく、エクアドルやペルーでも訪れました。食文化、衣装、住居など、アステカ・インカ時代から引き継がれたものが、そのまま残っています。とくに、エクアドルには、アンデス山脈の山間で暮らす先住民族が150万人程度います。近年、先住民族と都市住民との接触が頻繁化し、特有の文化は薄れているものの、都市文明に汚されていない自然とともに生きる彼らの静謐な世界がそこにはありました。

一方、地理的にスペインから遠い南米のコロンビアやベネズエラ、アルゼンチン、チリなどでは、白人の容貌を強く残している人が多いです。これらの国では東南アジアにいるかのような錯覚は起きません。

これは１９１０年のメキシコ革命などの影響です。１９１０年代のサパタによるメキシコ革命は、共産主義革命に近いものですが、源流をたどると19世紀後半に登場したベニート・フアレス大統領に遡ります。

フアレスは、先住民族初のメキシコ大統領です。徹底した共和主義者のフアレスは先住民族の平等を保障するとともに、現地の白人たちの特権を認めず、半ば追放していきます。メキシコの白人たちはヨーロッパに帰るか、ベネズエラやコロンビア方面に移住するしかありませんでした。

メキシコではフアレスのような共和主義者たちが、19世紀からインディオ中心主義を掲げ、白人たちを追い払う運動を行ってきました。

１９１０年のメキシコ革命でもこの路線が継承され、革命に非協力的な白人を追放していきます。先住民族こそがメキシコ人とする民族主義が強まり、そんなメキシコに白人は移住してきませんでした。

16世紀にスペイン人たちが中南米にやって来たとき、メキシコはスペイン人の入植者が最も多い地域でした。メキシコは地理的にヨーロッパに近かったからですが、その後の歴史によりメキシコ人は白人の血をそれほど強く受け継がず、インディオの血を色濃く残すことになったのです。

茂木　日本ではあまり知られていませんが、メキシコ革命（１９１０～17年）は20世紀最初の革命でした。ポルフィリオ・ディアス大統領の長期独裁政権を倒した革命でした。辛亥革命の１年前、ロシア革命の６年前に始まったのです。

ディアスはメスティーソ（白人と先住民との混血）で、もともとファレス大統領を支えた軍人でした。しかし、革命ばかりやってもメキシコ国民は豊かにならない。経済成長をさせて国民所得を向上させなければどうにもならない、という立場でした。この考えは正しかったと思います。ちょうどアメリカ合衆国で南北戦争が起こり、北部の共和党が勝利してアメリカが工業国へと大転換した時代です。ディアスは、アメリカ資本を導入して手っ取り早くメキシコを近代化させようとした。この辺から、ボタンの掛け違いが始まりました。

宇山　アメリカは投資の見返りにメキシコの市場開放を求め、メキシコ市場はアメリカ製品に席巻されます。たしかにメキシコは近代化したものの、インフラも油田もアメリカ資本に握られ、貧富の格差を拡大してしまったのです。これに不満を持つ先住民中心の農民と民族資本家が協力して、35年間続いたディアス政権を打倒しました。これ以来、メキシコでは制度的革命党による社会主義、民族主義政策が取られました。

１９３０年代には、カルデナス政権がアメリカ資本の締め出し、石油国有化などを断行しました。世界恐慌で大混乱に陥っていたアメリカのＦ・ローズヴェルト政権の足元を見たのです。

茂木　アルゼンチンのペロン政権、ブラジルのバルガス政権も同じような路線を歩みました。「反米」と「国家社会主義」が共通点で、中南米の歴史では「ポピュリスト政権」と呼びます。反グローバリズムの走りであり、「反米」という点ではソ連の共産主義とも、ドイツ・イタリアのファシズムとも親和性がありました。

スターリンとの権力闘争に敗れたトロツキーが匿われていたのはメキシコですし、ドイツの敗北後は多くのナチ党幹部が中南米諸国へ亡命しました。１９６０年にイスラエルの秘密警察に逮捕されたアイヒマンもアルゼンチンに潜伏中でした。

なぜラテンアメリカ諸国は「第3の白人文明圏」となったのか

宇山　ラテンアメリカには、33の国があり、その他、イギリス領やフランス領の非独立地域があります。人口は全体で、６億人に迫ります。人口が最も多い国は、ブラジルで約２億１３００万人、次いでメキシコの約１億２９００万人、コロンビアの約５１００万人、アルゼンチンの約４５４０万人、ペルーの約３３５０万人と続きます。

ラテンアメリカ全体で、白人や白人の混血は全体の人口の85％を超えています。白人（あくまでも自認）が約36％、白人と先住民族の混血（メスティーソ）が約30％、白人とアフリカ系黒人（ムラート）との混血が約20％という内訳になっています。

コロンビアやベネズエラ、アルゼンチン、チリなどは、もともと過疎地域だったので、ヨーロッパ人の移民を多く受け入れました。とくに19世紀にヨーロッパからの移民を多く受け入れたため、インディオの血統が薄まり、容貌もインディオから遠ざかっていったのです。

コロンビアとベネズエラに関しては人口の約６割が白人との混血で、この６割の中に先住民族の諸部族の子孫がいます。先住民族の血統を強く残す部族もありますが、ほとんどは白人と混血し、その純血は失われています。

コロンビアもベネズエラも、先住民族は疫病などにより激減したため、労働力不足になりました。スペイン人は先住民族を奴隷として農場で使っていましたが、代わりに16世紀から18世紀にかけてアフリカ西海岸から黒人を奴隷として連行してきました。こうして先住民族・白人・黒人の混血が、ダイナミックに展開されていったのです。

19世紀になるとヨーロッパの白人たちが、それこそ数百万人の規模でコロンビアやベネズエラに移住してきます。スペイン人だけでなく、イタリア人、ドイツ人、フランス人、アイルランド人など、さまざまです。

20世紀になると、ロシア人、ウクライナ人までもが移住してきます。とくにソ連の迫害を逃れようとしたウクライナ人が、一定規模で移住してきました。こうしていまのコロンビアやベネズエラ、アルゼンチン、チリなどのラテンアメリカ諸国は、ヨーロッパ、北アメリカに次ぐ第3の白人文明圏になったとも考えられるのです。

因みにラテンアメリカの美女国家「3C」をご存じですか？　コスタリカ（Costa Rica）、チリ（Chile）、コロンビア（Columbia）です。この3国にはヨーロッパからの移民が大量に渡り、現地の人と混血していったので、混血の美しさがよく出ているのです。

茂木　ペルーやボリビアには生粋の先住民が多いようですね。

宇山　ペルーは先住民が非常に多く、純粋な先住民族が人口の約40％を占めます。白人との混血であるメスティーソは、約45％となっています。一方でボリビアは、先住民族の割合がペルーよりも多く、人口の約50％に達しています。メスティーソの割合は約35％です。

内陸の山国であるボリビアは白人が入りにくく、先住民族の部族社会がペルーよりも残りやすかったのです。実際ボリビア人はペルー人よりも、先住民族の容貌を強く引き継いでいるように見えます。

ペルーやボリビア、さらにエクアドルは、インカ文明の中心地で、インカ帝国の版図でした。ペルーやボリビアの人たちの中には、インディオ中心主義が大きくあったと思います。しかもヨーロッパから遠い山間の地ですから、ヨーロッパからの移民は進まなかったといえます。

ペルーやボリビア、エクアドルの先住民族は、ケチュア（インカ）族に入ります。インカ帝国以前、これらの地域には無数の部族があったようですが、インカ帝国によって統合されて以後、彼らのほとんどがケチュア族を名乗るようになりました。実際、彼らはケチュア族の文化や言語を、いまでも引き継いでいるのです。

茂木　アルゼンチンは不思議な国で、先住民の痕跡がほとんどないようですね。

宇山　アルゼンチンにいた土着部族は15世紀以降、インカ帝国のケチュア族やアイマラ族の流入により、彼らに統合されていきました。しかし、アンデス地方のような先住民族の人口拡大はなく過疎が続いたため、白人がアルゼンチンにやって来たときも、混血は広がらなかったのです。

アルゼンチンやウルグアイなどでは、白人だけで、人口の85％を超えています。アルゼンチンは19世紀、ヨーロッパ白人移民を優先的に受け入れる政策を大規模に展開し、「西欧化と白人化」を推進していきます。このとき、イタリア人、スペイン人、ドイツ人、イギリス人などが移住し、白人人口が多数を占め、今日に至っています。アルゼンチン人は「自分たちはラテンアメリカ人ではなく、ヨーロッパ人である」と主張しています。

茂木　世界恐慌が起こるまで、アルゼンチンはヨーロッパへの食肉輸出で経済成長が目覚ましく、ヨーロッパの貧困層を移民として受け入れていました。とくにイタリア系移民の比重が大きく、『母をたずねて三千里』のマルコ少年のお母さんも、アルゼンチンへ出稼ぎ移民にいっていたという設定です。アルゼンチンで孤児として生まれ、国民的歌手となり、のちに大統領夫人としてペロン大統領を支えてミュージカルの題材になったエヴィータ・ペロンも、イタリア系の女性でした。

なぜ、スペイン人は「北米文明圏」を形成しなかったのか

宇山　ここから、アメリカ合衆国を中心とする北米文明圏について、話をしていきましょう。

コロンブスが１４９２年、カリブ海の西インド諸島に到達した後、イギリス王の公認で、ジョン・カボットが１４９８年、北米大陸の東海岸を探検します。そして、イギリスはこの地の領有を宣言しました。

しかし、イギリスが北米大陸を領有したからといって、初めから新世界に積極進出しようと

していたわけではありません。イギリス王ヘンリ7世はカボットを財政的に支援したのではなく、たんに航海を公認したというだけです。新航路の開拓に関心があったブリストル港の商人たちがカボットを財政的に支援したのです。

ブリストル港の商人たちは西回りでアジアに到達することができれば、交易で儲けることができると考えていました。カボットは探検した新大陸をアジアの一部と考えていました。

茂木　彼らもインド貿易を熱望しており、アメリカ大陸を北回りでインドに行けないかと探っていたわけです。カナダを探検したヘンリ・ハドソンの名は、ニューヨークを流れるハドソン川や、カナダのハドソン湾に残されています。しかし彼は極寒のハドソン湾で消息を断ち、「北回りルート」探索の夢はついえました。

宇山　この時期、フランスはイタリアの領土獲得（イタリア戦争）に奔走しており、新世界に目を向けることはありませんでした。フランス人のジャック・カルティエがセントローレンス川流域を探検し、カナダの領有を宣言するのは１５３４年のことです。

スペインはラテンアメリカ地域の植民地化を進めていましたが、メキシコやフロリダよりも北側には進出しようとはしませんでした。北米大陸は荒野が広がるばかりで、原住民もほとんど居住しておらず、労働力を確保することができませんでした。

茂木　コロンブスが新大陸に到着した時期、新大陸全体の人口は３０００万から４０００万と見られています。その内、北米大陸の人口は一割くらいしかなく、ほとんどの原住民がメキシコ以南の地域に居住していました。とくにマヤ文明やアステカ文明を含む中央アメリカ文明圏に、人口が集中しており、新大陸全体の人口の３分の２程度がこの地域に居住していたと考えられています。

宇山　スペインは富や人口が集中していたメキシコ以南のラテンアメリカを植民化することに注力し、その権益が脅かされない限り、イギリスなどが北米大陸に進出しても、半ば放置していたのです。因みに、原住民人口が少なかったアルゼンチン、チリなどの南部ラテンアメリカで、植民地化が実質的に進むのは19世紀以降です。そのため、これらの地域では、原住民よりも、白人の血を濃く受け継ぐ人々が多いのです。

なぜ、イギリス人は北米移住に積極的関心を示したのか

宇山　イギリスは１４９８年、早くも北米大陸の領有を宣言したものの、開拓を行うための労働力もなく、その後、１００年以上の間、植民化は進みませんでした。その意味でも、イギリスはいまだ、スペインに対抗することのできる有力な開拓者ではなかったのです。

それでも、イギリスは何とかして新大陸の植民地化を進めようとしました。エリザベス１世

の側近で愛人でもあったウォルター・ローリーは１５８４年、東海岸への探索を開始します。スペイン領フロリダより北側の東海岸一帯は「ヴァージニア」と名付けられました。この名は未婚を貫き「処女王」と呼ばれたエリザベス1世に因んだものです。

１５８７年、ローリーは１１５人の入植隊を送り込みます。しかし、入植隊はその後、行方不明となります（ロアノーク島集団失踪事件）。１６０２年、行方不明となった入植隊を探し出す捜索隊が派遣されましたが、足取りを掴むことができませんでした。入植隊は大陸の奥地に分け入り、先住民たちに同化していったと今日では、考えられています。

ローリーの新大陸植民地計画の失敗を批判する声が強まり、その後、植民計画は数年間、頓挫しますが、ヴァージニアの植民地化は１６０７年以降、本格化します。ヴァージニア会社という特許会社が設立され、金銀の探索で投資家から資金を募りました。しかし、ヴァージニアでは金銀は発見されなかったため、タバコ生産に業務を切り替え、これが成功をしたことにより、新大陸に対するイギリス人の関心を呼び覚ましました。

ヴァージニア植民地の経営がイギリスの北米大陸における植民地化成功の最初の例とされますが、これは投資家の実利目的によって達成されたものでした。

茂木　この成功がイギリス人の貧困層に夢と希望を与えました。16世紀後半は太陽活動が鈍り、寒冷化が進みました。この結果、イギリスを中心にヨーロッパ全域で貧困層が急増します。長く続く経済危機が社会不安を生み、ドイツの三十年戦争、イギリスのピューリタン革命の背景となりました。ヨーロッパの貧困層を支えたのが、アンデス原産で寒冷地でも育つジャガイモ栽培であり、もう一つは新大陸への移民でしたが、その実態は「経済難民」というべきものでした。

宇山　ヨーロッパの人口は16世紀に約５０００万人程度でしたが、17世紀に１億人に達します。医学が発展し、細菌という概念が人々の間で共有され、衛生上の意識が向上して、清潔な生活空間が保たれるようになりました。これにより、感染症で死亡していた乳幼児の率が激減し、人口の増大につながりました。

しかし、倍増する人口を養う食糧や物資の供給能力がヨーロッパにはありませんでした。農業革命と呼ばれる農業技術や経営方法の変革によって、食糧生産力が急向上するのは18世紀からです。食糧増産などの供給能力が追いつかない状態で人口増加が起き、増大した人口は飢餓や貧困に追いやられ、「17世紀の危機」と呼ばれる混乱が発生しました。

茂木　とくにイギリスは、土地が痩せ、農耕地が少なく、次男以後の子どもたちに、相続させる土地がありませんでした。多くの困窮した人々はイギリス国内に住む場所すらなく、海外へ新天地を求めました。ヴァージニア植民地の成功は貧困層が大挙して新大陸へと移住するインセンティブとなったのです。

北米移民のもう一つの動機は、宗教改革です。イギリスのカルヴァン派は「ピューリタン」と呼ばれました。これは、エリザベス1世が彼らの熱心な信心を皮肉って、「ピュアな人たち」と言ったのが始まりとされます。ピューリタニズム（清教）は貴賤の別なく、「神の前の平等」を掲げていたため、貧困層に幅広く浸透していました。一方、イギリスの上層階級はイギリス国教会を奉じていたため、平等主義を掲げるピューリタンを弾圧しました。

経済的な理由に加え、新大陸への移住はこうした宗教弾圧を逃れて、ピューリタン信仰の自由を確保するための政治難民でもあったのです。

イギリス人の北米大陸支配権が確立するまで

宇山　1620年以降、ピューリタンたちはイギリスから逃れ、新大陸へ渡ります。彼らは「ピルグリム・ファーザーズ（巡礼の始祖）」と呼ばれます。最初の集団はマサチューセッツ州のボストンの南のプリマスに上陸しています。

茂木　プリマスは札幌並みの寒さです。最初の冬は、寒さと食糧不足とで餓死者を出すという惨状でした。これを憐れんだ先住民が食料を恵んでくれ、春になるとトウモロコシの種を蒔くことを教えました。プリマスで初めての収穫を神に感謝した祭りは、「感謝祭」として今もアメリカ人の国民的祝日になっており、大統領が七面鳥を野に放つ儀式で知られています。しかしピューリタンは「全能の神」に感謝したのであり、彼らが「インディアン」と呼んで見下していた先住民への感謝はありませんでした。

宇山　人口が増えたピューリタンたちは先住民の土地を奪いながら、苦労して荒地を農地に開拓します。砂糖、コーヒー、綿花、タバコなどの商品農作物を農園で作り、イギリスをはじめとするヨーロッパに輸出し、財を成す者が現れます。

イギリス人の成功に倣い、オランダ人もまた１６２４年以降、北米大陸に渡り、ニューアムステルダム（後のニューヨーク）やニュージャージーに植民地を形成し、それらの地域を「ニューネーデルラント」と名付けます。

スウェーデン人も１６３８年以降、デラウェアに植民地を形成し、「ニュースウェーデン」と名付けます。ニュースウェーデンには、スウェーデン人だけでなく、フィンランド人やドイツ人も多く入植しました。しかし、ニュースウェーデンは１６５５年、オランダのニューネーデルラントに編入されます。

１６８２年以降、フランス人はルイジアナに植民地を形成し、カナダと併せて「ニューフランス（ヌーベルフランス）」としました。

このように、17世紀に、ヨーロッパ人が先住民のインディアンを駆逐しながら、北米大陸を

ヨーロッパ人の北米植民化

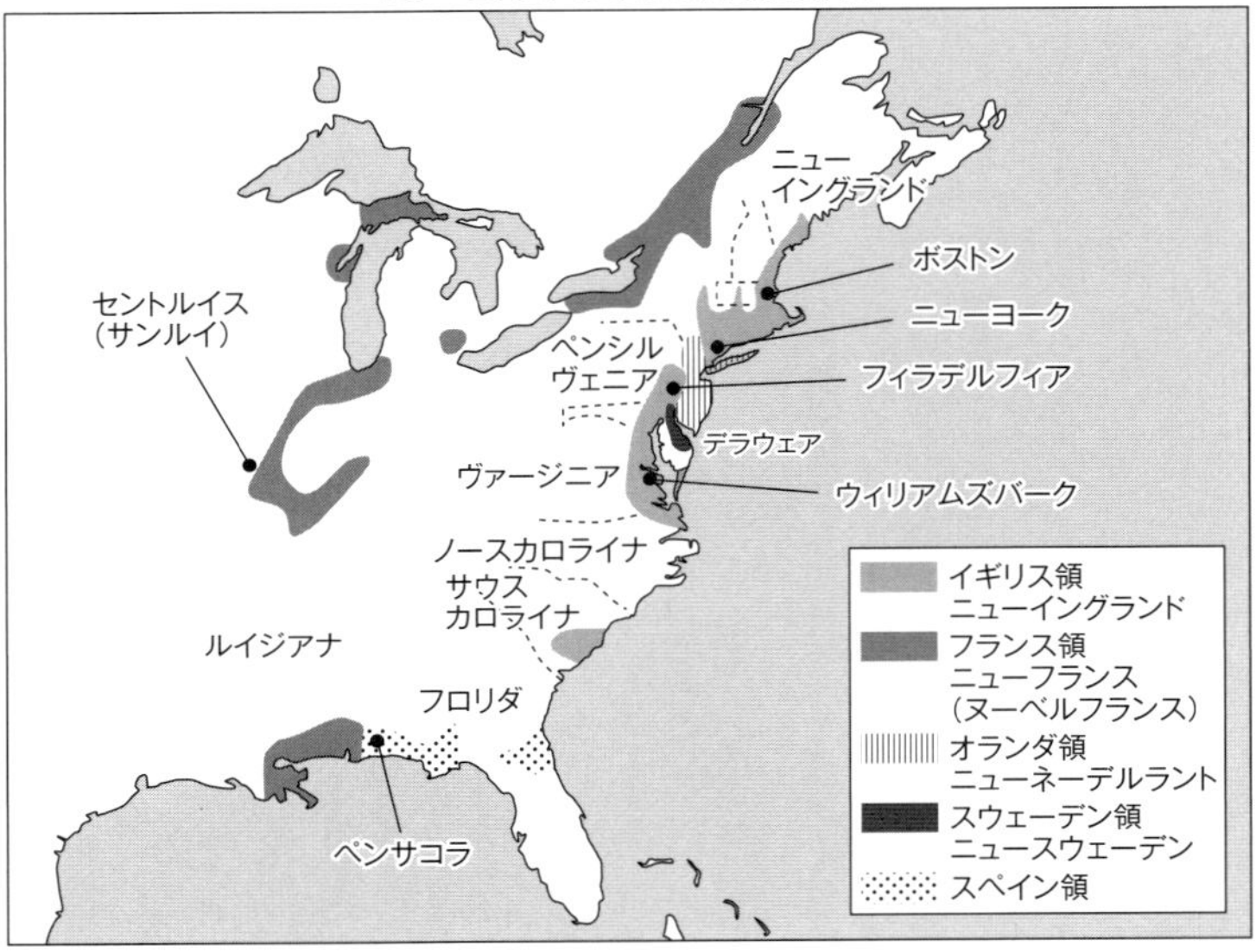

急速に植民化し、ヨーロッパに続く第二の白人世界を築きつつあったのです。このときはいまだ、イギリス人が北米大陸において主導権を握っていたわけではありません。

茂木　イギリスと競合して北米大陸へ触手を伸ばしていたのが、オランダでした。オランダのカルヴァン派は、カトリックのスペイン支配からの壮絶な独立戦争を経て自由を獲得しました。スペインを追われた大量のユダヤ人はオランダで保護され、その経済発展を支えます。17世紀のアムステルダムが世界貿易と金融の中心となったのは、ユダヤ・マネーのおかげです。彼らは安住の地を求めていましたから、コロンブスの航海を支援したのと同じ理由でオランダの航海も支援しました。北米の一角、マンハッタン島にオランダ人が築いたニューアムステルダムは先住民との毛皮貿易で栄え、その金融を握ったのは最初からユダヤ人でした。

宇山　17世紀の半ば、イギリスとオランダは、交易上の利権の衝突で、英蘭戦争を戦います。イギリスの国王チャールズ2世の弟ヨーク公（後のジェームズ2世）は軍艦を北米大陸に派遣し、オランダの植民地ニューアムステルダムを奪取します。ニューアムステルダムはヨーク公に因みニューヨークと改称されます。

茂木　オランダ人が築いた古い防壁が取り壊され、跡地は道路になって「ウォール街」と呼ばれました。この新しい道路にユダヤ人の銀行が軒を並べたのが、国際金融都市ニューヨークの始まりです。

宇山　この英蘭戦争で、ニューヨークを含むニューネーデルラント全域がイギリスの北米13植民地（ニューイングランド）に組み込まれ、イギリスの東海岸地域における支配権が確立します。

オランダは北米植民地を失いましたが、そのことを重要視していませんでした。オランダはイギリスによるニューネーデルラント併合を認める代わりに、交換条件として、南米大陸のイギリス領スリナムを要求します。オランダの要求が受け入れられて、スリナムはオランダ領になります。オランダは土地の痩せた寒冷地の北米よりも、砂糖プランテーションで確実な利益を出せる熱帯のスリナムを重要視したのです。

茂木　以後、北米大陸において、イギリスとフランスの二大勢力が残ります。地図上では、フランスが広域を支配していますが、フランス人の入植はほとんど進んでおらず、イギリスの13植民地と比べれば、一割にも満たない状況が続いていました。18世紀前半には、イギリス人入植者が１００万人を超えていたのに対し、フランス人入植者は7万人をようやく超える程度でした。

イギリスとフランスは17世紀末以降、北米大陸の支配権を巡り、１００年間、抗争します。「第2次英仏百年戦争」と呼ばれる、この戦いに勝利したイギリス人が北米大陸の支配者となったのです。

『緋文字』に描かれたＷＡＳＰの異端排斥

宇山　17世紀の前半から、イギリス人のみならず、オランダ人やフランス人などの他のヨーロッパ人が入植を進めていったものの、入植者の数としては、イギリス人が他を圧倒していました。

荒野を耕し、新天地を開拓するのは想像を絶する苦難で、多くの入植者たちはそれを乗り越えることができませんでした。当初、入植者の多くが過酷な環境に耐えられず、新大陸を去っていきました。

茂木　イギリス人入植者たちが自ら進んで、そのような苦難に立ち向かうことができたのは、ピューリタンとしての宗教的情熱があったからでしょう。過酷な自然や先住民との戦いは「神が与えた試練」であり、信仰心を試されているのだと考えて、彼らは頑張ってしまうのです。この思想は「マニフェスト・デスティニーManifest Destiny（明白なる使命）」と呼ばれ、西部開拓を正当化しました。

また、経済的な理由として、フランスやオランダには、本国に肥沃な土地が十分にあり、フランス人やオランダ人はあえて、そこから離れる必要がなかったということも挙げられます。

宇山　イギリス人ピューリタンの子孫はＷＡＳＰ（ワスプ）というアメリカ合衆国を主導していく中核層になります。「ＷＡＳＰ」はWhite Angro-Saxon Protestantの頭文字をとった略称で、白人でアングロ・サクソン系、プロテスタント信者である人々を指します。オランダ、ドイツ、北欧のプロテスタントたちも一定数、北米大陸へ移住しており、彼らもまた、ピューリタン入植者と協力して開拓を進めたため、ＷＡＳＰの中でも一定数、アングロ・サクソン系でない白人も含まれています。

先ほどの「マニフェスト・ディスティニー（明白なる使命）」で正当化された領土拡張政策

は、「異教徒」のインディアンを迫害・虐殺することも正当化しました。

入植者は先住民であるインディアンを民族浄化の対象にし、情け容赦ない大量虐殺を行います。17世紀後半、インディアン側は部族間で同盟を組み、白人入植者らと戦争を始めます。銃で武装した白人入植者はインディアンを追い詰めていき、各地で民族浄化を行います。

インディアン絶滅政策は18世紀にも引き継がれ、ジョージ・ワシントンは植民地軍司令官時代に、インディアン部族の集落に対し、焦土作戦を実行・指揮しました。

茂木　カトリックのスペイン人入植者たちは、中南米でインディアンや黒人と混血しました。とくに、スペイン人はインディオ女性にメスティーソと呼ばれる混血児を生ませました。これに対し、イギリス人入植者は、他人種との混血を嫌悪しました。これは、「神に選ばれた」ピューリタンの選民思想と禁欲的な宗教戒律が大きく影響しています。

新天地を築き、神とともに生きていこうとする当時のピューリタンたちにとって、宗教的な戒律は精神の支えでした。ピューリタンたちは戒律を先鋭化させて、極端とも言える理想主義を生み出し、異端や異教徒を排除しようとしました。

宇山　アメリカの文学者ナサニエル・ホーソーンの小説『緋文字（The Scarlet Letter）』（1850年出版）は当時のピューリタンの精神的状況をよく表現しています。この小説は17世紀のアメリカのピューリタン社会を舞台に、不倫の末に出産をする女性を主人公にしています。

不義の子を産んだ主人公はピューリタンの戒律により、姦通（adultery）の罪を表す「A」の緋文字の入った布を胸に付けることを強制されます。街の人々からの激しい誹謗にさらされながら、生きていく主人公の姿や内面を描いています。「密通した男の名を言え」と執拗に迫る牧師に対し、主人公の女は黙秘を続けます。ホーソーンはピューリタンの戒律の急進性とその矛盾を描写しました。

このような厳格な戒律が現実としてどこまで守られていたかは疑問ですが、建前として、理想主義が掲げられ、自分たちを正当化し、他民族を異端として排除するための理論として大いに活用されました。他民族との混血は受け入れられるものではなく、それは戒律への挑戦と見なされました。この考え方はＷＡＳＰに属する人々に広く共有されていました。ただ、合衆国3代目大統領トマス・ジェファソンは黒人少女を好み、彼女らを性奴隷にしていたと噂されます。しかし、噂は当時から徹底的に隠蔽されました。

一方、カトリックを奉ずるスペイン人入植者には、このような排他的な戒律はありませんでした。カトリックは博愛主義の傾向が比較的に強かったのです。また、スペイン人入植者はコンキスタドール（征服者）をはじめ、宗教的情熱よりも経済利益の追求が勝っていました。

「アメリカ人」の誕生

茂木　アメリカへの移民は、イギリス社会を安定させました。貧困層や宗教的な過激派がアメリカへ出て行ってくれたからです。イギリスの北米植民地に対する政策は、徹底的な放置でした。守ってもやらない、あとは勝手に生きていけということです。この放任主義は、フランスとの植民地戦争を境に大きく転換しました。フレンチ・インディアン戦争（１７５４～63年）です。

フランス人はインディアンと毛皮貿易を行い、比較的よい関係を築いていました。ミシシッピ川流域に広がるフランス植民地ルイジアナは、イギリスから見れば邪魔でしかない。「われらの敵は、フランス人とインディアン」となったわけです。

ルイジアナ出身のジェイソン・モーガン先生が教えてくれたのですが、ルイジアナではフランス系白人と先住民との混血が進んでいたそうです。やはりカトリックのフランス人は、ピューリタン的潔癖症をもっていなかったようです。

宇山　新大陸を巡るフランスとのこの争いはイギリスが勝利しましたが、イギリスはフランスとの戦争で乱費した資金を調達すべく、砂糖法、印紙法、タウンゼント諸法など植民地に次々と税を課します。

　新大陸へ渡った貧困層が土地を開拓し、農産物出荷で収益を上げたとしても、イギリス本国が重い税を徴収したため、移民たちに、利益がほとんど残りませんでした。イギリス政府は自国出身の北米移民さえも搾取の対象としたのです。

　ボストン茶会事件などを経て、移民たちは反発を強め、イギリス本国の支配を排除するべく立ち上がりました。イギリスは外交的孤立に加え、アメリカ軍のゲリラ戦法にも悩まされました。アメリカ軍は各地における自発的な志願兵により、構成されており、それぞれの地の利を活かした陽動作戦を展開し、イギリス軍を翻弄しました。

　この時代のアメリカは、いまだ行政機能を集約したような中核都市が各地にできておらず、イギリス軍は攻撃ターゲットを定めることができませんでした。アメリカ軍は広大な領域に散在しながら、局所的かつ散発的にイギリス軍を奇襲攻撃し、追い詰めました。

　1781年、ヨークタウンの戦いで、アメリカ側の勝利が確定し、1783年、パリ条約で、イギリスが独立を承認し、正式にアメリカという国家が誕生するとともに、「アメリカ人」もまた誕生したのです。新しい国のかたちを決めるため、憲法制定議会が開かれます。1787年、合衆国憲法が制定され、初代大統領にワシントンが選出されました。

茂木　独立後のアメリカ合衆国は、ヴァージニアの地主階級が農業経済を中心に、国家経営を行います。彼らはヨーロッパ向けのタバコ、綿などの商品作物、イギリス産業革命後は綿花を栽培するため大農場（プランテーション）を経営し、その労働力としてイギリスの奴隷商人から盛んに黒人奴隷を買い入れました。

黒人奴隷の労働力によって、アメリカの農業基盤が強化され、白人地主（プランター）は富を蓄積し、利権を握る有力者が各地で台頭します。初代大統領ジョージ・ワシントン、第3代大統領トマス・ジェファソン以降の歴代大統領は南部の出身でした。

その一方、西部開拓を進める白人開拓農民も無視できない力を持つようになります。第7代大統領アンドリュー・ジャクソンは西部開拓民出身の最初の大統領で、「地主に牛耳られてきたアメリカの民主化」を掲げました。このとき、ジャクソンの支持者が結成したのが民主党です。

白人開拓民にとって、西部開拓の最大の障害は先住民でした。ジャクソン政権下の1830年、連邦議会は「インディアン強制移住法」を制定し、インディアンの部族の多くをミシシッピ川以西の辺境の地へ移住させます。ジャクソンは「インディアンは滅ぼされるべき劣等民族である」と合衆国議会で演説しています。

インディアンの「保留地」とされたのが、ミシシッピ川以西のオクラホマ州でした。彼らの言葉で「オクラ」は「人々」、ホマは「赤い」を意味します。黒人でも白人でもないインディアンは自分たちを「赤人」と称していました。

◇◇◇◇◇◇◇◇◇◇

「原合衆国人」の血統は受け継がれているのか

宇山　1776年、アメリカが独立宣言を発布したとき、東部13州における白人の人口は約300万人と推定されています。この300万人の白人がアメリカ合衆国の建国に携わった「原合衆国人」であると言うことができます。

この原合衆国人の中には、ドイツ系が一割程度、オランダ系や北欧人が5％程度含まれていたと推定されていますが、そのほとんどはイギリス人でした。「原合衆国人」はイギリス人であるとする一般理解は間違っていません。

南北戦争（1861〜65年）時代の合衆国人口は約2300万人に増加します。その内、約2000万人分が建国に携わった白人たち（原合衆国人）が自己増殖した数で、この時代までに、外部からやって来た移民が約300万人であると見られています。つまり、アメリカ合衆国初期のアメリカ人はほぼ、原合衆国人の子孫と言えます。

1900年に、合衆国人口は約7600万人に到達します。南北戦争時代から19世紀末までに、外部からやって来た移民は約1600万人であると見られています。この時代、外部からの流入率が高くなります。

南北戦争後、かつて奴隷として人口に含まれなかったアフリカ系黒人も合衆国人口に含まれるようになったため、原合衆国人の子孫だけの自己増殖ではなく、黒人が人口に加わっています。当時の合衆国人口に占める黒人人口の割合は一割から二割程度と見られています。

また、19世紀の合衆国の拡大の中で、旧フランス領のルイジアナ、旧スペイン領のフロリダを併合したことによって増大した人口は移民として数えられず、合衆国内の人口増加として数えられています。この地域の住民はもちろん、原合衆国人ではありません。

この時代において、「原合衆国人」の子孫がアメリカ全体の中で、どのくらいいたのか、移民との混血なども含めると、ほとんど判別がつかない状態になっています。アメリカの人口増加において、原合衆国人の子孫が自己増殖した部分だけでなく、移民の子孫も増加していることも考慮せねばなりません。

茂木　実はアメリカ人のルーツを調べると、一番多いのはイギリス系ではなくドイツ系なんですね。19世紀半ばのドイツ統一をめぐる混乱で、多くのドイツ人がアメリカに移住しました。五大湖周辺から中西部に多く、アメリカの工業発展を支えました。大統領でいえば、ドワイフ・アイゼンハワー大統領は名前でドイツ系とわかりますし、ブッシュ親子、ドナルド・トランプも実はドイツ系移民の子孫です。

ドイツ人は見た目が金髪碧眼のゲルマン系でイギリス人と区別がつかず、英語はドイツ語の方言ですのでＷＡＳＰと融合しました。また２度の世界大戦でドイツがアメリカの敵国となったため、アメリカ国内で堂々とドイツ系と名乗ることを避ける傾向があり、目立たないのです。

宇山　ドイツ人移民はウィスコンシン州などの北部に多く移住しました。これらの地域の人々の中には、ドイツ人の苗字を残す人が多くいます。外見については、今日、ほとんど他のアメリカ人と区別がつきませんが、第２次世界大戦の時代には、明らかにドイツ人的な外見を持ち、ドイツ語訛りの英語を話す人が多くいたようで、彼らは警戒され、逮捕される者もいました。

茂木　ドイツ人移民に続いて多かったのが、アイルランド人移民でした。バイデン大統領の５代前の祖先は１８３０年頃に、アイルランド北西部バリナから、アメリカのメリーランド州に移住したアイルランド人移民です。その他にも、ケネディ大統領やレーガン大統領、第１次トランプ政権のマイク・ペンス副大統領などもアイルランド人移民の子孫です。

アイルランドで、１８４５年から１８４９年に、ジャガイモ飢饉という食糧危機が起こり、困窮したアイルランド人が大量にアメリカへ移住します。アイルランド人移民は非常に貧しく、カトリックを信奉していたため、プロテスタントが多いアメリカ社会の中で、差別されました。

宇山　イタリア統一が達成された後の1860年代以降、今度はイタリア人移民がやって来ます。イタリア統一王国はイタリア北部のサルデーニャ王国が中心となり建国されたため、サルデーニャをはじめ、北部人が優遇され、ナポリ地方などのイタリア南部や島嶼部の人々は冷遇され、北部人の支配を嫌った彼らはアメリカへ移住したのです。

イタリア人移民の多くはニューヨーク州やニュージャージー州などの都市部に定住します。彼らは非常に貧しく、イタリア人独自のコミュニティを形成していました。職を得ることができなかった者がほとんどで、闇商売などで食いつないでおり、彼らは連帯し、イタリア系マフィア集団を形成していきます。

茂木　映画『ゴッドファーザー』の第二部では、アル・パチーノ扮するマフィアのボスが故郷のシチリアを訪れる様子が描かれます。貧しいシチリア農民から見れば、憧れの国アメリカで「一旗あげて」里帰りしたマフィアは、羨望の的だったのです。

第1次世界大戦中、連邦議会は禁酒法を制定しました。これはドイツ人が多かった酒造業者に打撃を与えるのが目的でしたが、酒の販売だけを禁じ、生産は禁じなかったため、酒の密売が横行しました。これを仕切ることで巨利を得たのが、シカゴのイタリア系マフィアのボス、アル・カポネでした。映画『アンタッチャブル』では、カポネ役のロバート・デ・ニーロがイタリア語訛りの英語で熱演していますね。

宇山　イタリア系のハリウッドスターはたくさんいますね。アイルランド人移民同様に差別されたイタリア人移民ですが、芸能に秀でた者が多く、歌手や俳優などを多く輩出します。

19世紀後半から本格化したイタリア人移民の流入は20世紀に入ると、さらに増大して４００万人規模に達します。ヨーロッパからの移民の中では、イタリア人移民が最大規模になります。

ロシア人移民は１９１７年のロシア革命の勃発で、この時期に集中して急増し、３００万人規模に達し、イタリア人移民に次いで多い移民集団となります。

茂木　その中にも大量のユダヤ人がいました。共和党がＷＡＳＰの政党として移民を制限したがるのに対し、移民をどんどん受け入れて票田にしようとしたのが民主党でした。もともと民主党は西部開拓農民が作った政党でしたが、南北戦争で北部の共和党に敗北してからは万年野党の状態が続き、新たな支持層を獲得する必要に迫られていたのです。映画『ギャング・オブ・ニューヨーク』はアイルランド系移民とユダヤ系移民との抗争を描いていますが、波止場で移民歓迎のパフォーマンスをする民主党議員も出てきます。

宇山　南北戦争で北部が勝利した結果、アメリカは急速に経済発展します。奴隷身分から解放された黒人は小作人として南部の農場にとどまったため、不足する労働力を中国人移民に頼るようになります。

アロー戦争後、1860年に締結された北京条約で、中国は事実上開国させられ、中国人の海外渡航が可能になります。中国人労働者が安価な契約労働者として、アメリカに連れていかれ、奴隷同様の扱いを受けます。

白人は急増する中国人をはじめとする非白人移民を差別しました。彼らは安価な労働力を提供したため、白人労働者と利害が対立し、中国人排斥運動が起こります。そして、1882年、中国人労働者移民排斥法が成立します。

茂木　この隙間をぬってアメリカへ渡ったのが日本人移民でした。ハワイとカリフォルニア中心に、今度は日系人が白人労働者の職を奪うようになったため、今度は日本人排斥運動が起こります。カリフォルニア州議会は公立学校からの日本人児童生徒の排除を立法化し、連邦議会は1924年移民法で日本人移民を禁止しました。日米開戦後、日系アメリカ人はスパイの疑いがある「敵性国民」として差別され、F・ルーズヴェルトは大統領令9066ですべての日系人を強制収容所に押し込めました。ドイツ人やイタリア人も収監されましたがすぐに釈放され、終戦まで収監されていたのは日本人だけで、明らかな人種差別でした。

宇山　2000年に、合衆国人口は2億8142万人に到達します。1900年から1999年までの百年間の移民は約4600万人と見られています。外部からの流入率は19世紀に比べれば、低く推移しています。

アメリカにおいて、建国に携わった原合衆国人やその子孫だけでなく、それ以外の人々も合衆国の歴史の大部分を形成してきた内部者であると言えます。それは、人種や民族を問わず、移民全体に言えることなのですが、白人と非白人というカテゴライズを内部者と外部者に、そのまま適用しようとする人々がいます。「アメリカは、白人がつくった国であるのに、黒人やヒスパニック、アジア系が治安悪化、雇用機会の侵蝕などの問題を引き起こし、白人社会を棄損している」と主張され、白人の不満が鬱積しています。

一部の急進派は「合衆国の歴史はＷＡＳＰによってつくられた」と主張しますが、正しくは「建国の歴史」がＷＡＳＰによってつくられただけであって、合衆国の歴史全体はさまざまな人種や民族によってつくられています。アメリカは移民を積極的に受け入れて人口拡大し、国家の歴史を形成してきたという事実を否定することはできません。

茂木　しかし、「アメリカは、白人がつくった国」という感覚が、白人の間でつねに共有され、白人ナショナリズムが形成される土壌となっています。われわれ日本人はアメリカを「多民族国家」「人種のるつぼ」とイメージしますが、白人にとっては、そうしたイメージは、われわれが考える以上に希薄です。

アメリカは、人種の多様性を寛容に認めてきたとする定型的な図式が、経済成長の低迷とともに既に通用しなくなっているという現実があります。

ドイツ系、アイルランド系、イタリア系移民

宇山　19世紀において、アメリカではヨーロッパからの白人移住者がほとんどでした。その内、ドイツ人（オーストリア人を含む）の累積移住者が約550万人、アイルランド人が約400万人、イギリス人が約300万人、イタリア人が約100万人、ロシア人と東欧人が合わせて約100万人、カナダ人が約100万人です。ドイツ人移民、ロシア人移民、東欧人移民などの中には、ユダヤ人が一定数含まれていました。

20世紀、アジア人やラテンアメリカからのヒスパニック移住者が急増します。かつて制定された中国人移民や日本人移民などを制限禁止する移民法は、第2次世界大戦後、解除され、移民急増の原因となります。とくに、20世紀後半、隣国のメキシコからの移民が急増し、100万人規模のメキシコ人がやって来ており、その流れが今日まで続いています。メキシコ人移民を警戒して（実際にはメキシコ人以外の中米諸国が多い）、共和党のトランプ大統領はメキシコとの国境に、壁を建設しました。

茂木　この壁の建設を止めたのが民主党のバイデン政権で、不法移民に選挙権を与えて民主

主要な移民の定住地域

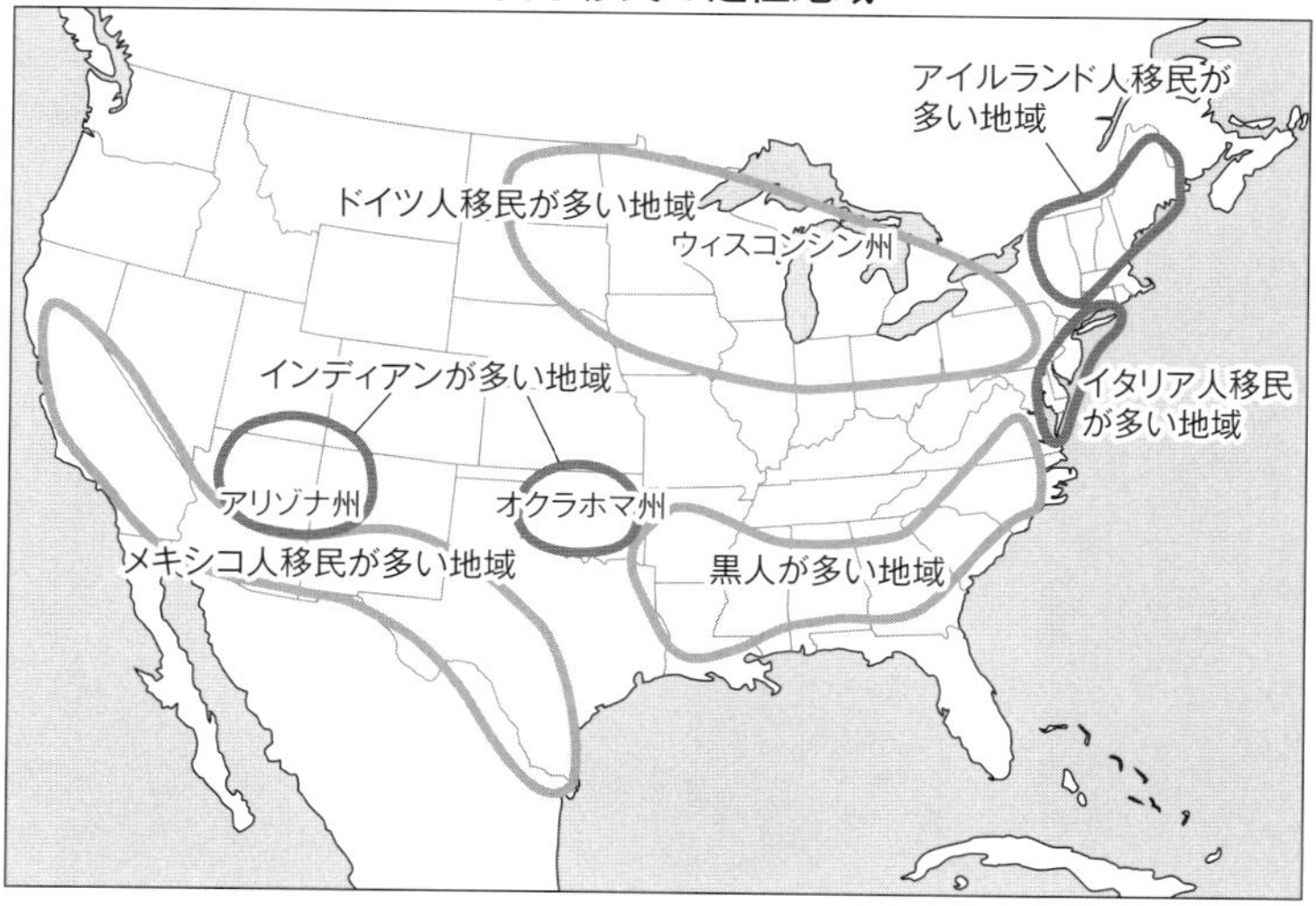

党の票田にするためです。選挙に勝てるなら、治安が悪化しようが、麻薬が蔓延しようが、人身売買が横行しようが、賃金が下がろうがお構いなしだったのが民主党政権で、これにうんざりしたアメリカ国民は、２０２４年の大統領選挙で、再びトランプを選びました。

アメリカの「マニフェスト・ディスティニー（明白なる使命）」

茂木　次に、宗教の視点からアメリカの本質について考えたいと思います。先に述べたようにアメリカは、キリスト教徒のピューリタンが主導してできた国です。そのキリスト教の歴史の中で、中世の十字軍は重要な位置づけをなしています。聖地エルサレム奪還を名目に、カトリック諸国がイスラム諸国に侵攻した事件です。

彼らの信じる価値観・思想を暴力によって広めようとした十字軍ですが、現代の世界でも同じことを繰り返している国があります。それがアメリカである、と私は考えています。

宇山　アメリカは運命的、必然的に宗教戦争を行いつづけなければならない宿命を背負っています。そのため、今でも、ウクライナ戦争や中東紛争に直接的にも間接的にも関与していま す。まさに「マニフェスト・ディスティニー（明白なる使命）」です。

茂木　19世紀、メキシコ侵略戦争でアメリカメディアが流布した言葉ですね。アメリカの拡大志向は、彼らの建国理念と言っても過言ではありません。アメリカ先住民は、キリスト教徒から見れば野蛮な異教徒だった。カトリック教徒のメキシコは、アメリカの新教徒から見れば異端だった。だから彼らを排除し、「アメリカ大陸を文明化することは、神に与えられた使命である」と捉えました。

さらに、アメリカは海洋に進出し、太平洋の島々を侵略しました。その地域を領有していたスペインと戦って勝利を収め、ハワイ、フィリピンを奪取。そして、太平洋の先に存在していたのが日本列島だった。

宇山　アメリカは宗教使命を掲げながら拡大政策を続けており、日米両国が争うことは運命づけられていた。すべてはアメリカの「マニフェスト・ディスティニー」の一環として実行されたのです。

茂木　そういう意味では日米戦争も大きな視点で見ると、アメリカによる十字軍戦争の一環だったと思うのです。実際にアメリカは日本をねじふせて改造し、その支配体制は今でも続いています。アメリカが日本の次に狙いを定めたのがロシア（ソ連）だった。

宇山　東西冷戦がまさにそうです。

茂木　ロシアは核兵器を保有していたため、完全に滅ぼすことはできなかったのですが、アメリカは経済制裁を通じてソ連体制を崩壊へと導いた。その次にアメリカが探し当てた敵が、イスラム諸国です。イスラム過激派や独裁政権を打倒し、「中東の民主化」を実現しようと画策しました。その一端が湾岸戦争、アフガニスタン侵攻、そしてイラク戦争だったのです。そして再びロシアに、狙いを定めています。

日本の江戸幕府による宗教統制

宇山　このような状況で、世界が平和になるには、日本の役割が大変大きいのではないでしょうか。

茂木　16世紀、ヨーロッパで宗教戦争が盛んだったのと同時期、戦国時代の日本でも宗教戦争が起こりました。一向宗（浄土真宗）、日蓮宗、比叡山延暦寺が武装し、戦国大名と戦っていました。

日本版宗教戦争を終わらせたのが、織田信長です。長島一向一揆との合戦を見てもわかるように、信長は徹底的に反抗する門徒勢力を「なで斬り」にして潰した。比叡山の焼き討ちもその一環でした。信長の強権によって仏教勢力は政治介入をやめます。徳川家康は天下統一後、すべての日本人を制度上、仏教徒としました。

宇山　「寺請制度」ですね。いずれかの宗派の寺院に所属させ、仏教寺院が信徒の戸籍を管理したわけです。幕府は仏教寺院を行政機関として利用したのですね。

茂木　国家が宗教を管理するという意味で、国教会制度ともいえます。この幕府の宗教政策に最後まで抵抗したのがキリシタンでしたが、島原の乱（１６３７～38年）で終焉します。泥沼の宗教戦争を経てヨーロッパ諸国が世俗化し、あの世ではなくこの世で富を蓄えようという資本主義社会へと転換したのと同時期に、日本でも江戸幕府による宗教統制のもとで世俗化が進み、資本主義的なメンタリティと享楽的な町人文化が生まれたことは、パラレルな関係にあります。オランダのアムステルダムと日本の大坂が、まさに資本主義の発祥の地だったのです。

宇山　日本人は宗教を失ったのでしょうか？

茂木　日本人は無神論者ではありません。日本人ほど信仰深い人々は、世界でも少ないのではないでしょうか。初詣に始まり、節分、七夕、お盆、秋祭りなどの年中行事はもちろん、冠婚葬祭では大安・仏滅を気にし、「縁起の悪い」ことを避ける。これらはいずれも「信仰」に基づく行動です。

宇山　同感です。日本人には神道がありますが、欧米的な概念である「宗教」という枠に当てはまらない面があります。というのも、神道には明確な教義がなく、『旧約聖書』『新約聖書』『コーラン』、ヒンズー教の『マヌ法典』のような成文法が存在しない。教団も教祖もいません。

では、神道とは何かというと、日本人独自の信仰文化ではないでしょうか。先祖から代々受け継がれてきた神々への思い、魂と精神の調和こそが日本人を特徴づけています。それと同時に神道は実にリアリズムです。欧米の一神教は形而上学的で、理念的ですが、日本人は自然や動物すべてに神が宿ると考えます。

茂木　天地万物、すなわち自然そのものへの信仰です。

宇山　そんな日本人の世界観を表しているのが神社です。欧米人に神社を案内すると、彼らは一様に「素朴ですね」と言いますが、本音は「地味だな」と思っている。たしかにバチカンのサン・ピエトロ大聖堂や、イスラムのモスクのような壮麗な建築と比べると、神社はとても素朴で小さい。でも、それでいいのです。というのも、神道的な世界観では自然そのものを神と捉えます。

茂木　神社に立派な鳥居や社殿が建てられるのは、仏教が伝来した飛鳥時代以降でしょう。仏教寺院に対抗したわけです。それ以前は、磐座《いわくら》（巨石）、神籬《ひもろぎ》（常緑樹）を御神体として祀っていました。

宇山　まさに自然を象徴しているのが神社ですから、質素で簡潔であればあるほどいい。教会のように石造りの人工物で虚飾化する必要はないのです。

茂木　世界文化遺産の厳島神社も素朴です。ところが、その背後にある山自体が御神体であり、山頂まで登って行くと巨石が林立し、とても厳かな神聖な場所で神様を感じます。

そもそも神道は言語化されません。そこが欧米人や東アジア人には理解されにくい。言語化すると神道ではなくなり、違うものになる。「曰く言い難きもの」なのです。神社に行って触れて、感じてもらうしかない。円安でインバウンドが加速し、全国各地の神社や寺院に外国人が殺到していますので、直接感じてもらう。また日本のアニメは神道の多神教的世界観をうまく描いているものが多いので、それらを通じて理解してもらうのがよいでしょう。

古来の多様性を失わせた国家神道

宇山　そんな神道の歴史も、つねに寛容だったわけではありませんね。

茂木　江戸時代までは神仏習合で、仏教とも融合する寛容さを示しましたが、明治になると一つの悲劇が起こります。明治政府が国家神道を国教化し、仏教を排斥しました。いわゆる廃仏毀釈（神仏分離令）です。

たとえば、江戸時代まで日本中の神社に牛頭天王《ごずてんのう》という牛頭の神様が祀られていました。牛頭天王は『古事記』『日本書紀』（記紀神話）には登場しない外来の神ですが、疫病が流行ったとき、病気封じの神様として広く信仰されてきた。これが、廃仏毀釈の対象とされたのです。祀っていた神社はすべて、記紀神話のスサノオを祀る神社に替えられました。日本人らしからぬ行為です。

黒船来航を受け、大らかな神道では日本はまとまらないから、欧米的なキリスト教的な厳格な教義を持った宗教にしようと、明治政府が無理をして作ったのが国家神道だった。

宇山　天皇を中心とする国体づくりをするにあたり、神道を国家権力の保護のもと、事実上の国教としなければならなかった。そのため急進的に過去の蓄積を排除してしまいましたが、明治政府のやり方をどう評価すべきか、その点は、問われつづけなければなりません。
また、第2次大戦後、GHQ（連合国軍総司令部）が「天皇を神とすることは許さない」とし、天皇に通称「人間宣言」（報道側が命名したもの）と呼ばれる詔書を発布するように主導しました。

どれだけの人が天皇を神と思っていたかは疑問の残るところでもあり、また、昭和天皇自身も自らを神だと言ったことはないにもかかわらず、GHQが「天皇が神であることが元凶」と判断していたので、いわゆる「人間宣言」は国民というよりも、むしろ、GHQに向けて念押しした形です。

茂木　本来の天皇は、自然と人間界をつなぐ媒介者という役割でした。明治以降、一神教的な欧米の価値観に合わせた結果、天皇ご自身を神格化させ、いらぬ誤解を生んでしまった。

宇山　欧米で『ジャパンズ・ホロコースト』という書籍が出版され、話題を呼んでいます。著者はブライアン・リッグ、元軍関係の大学教授ですが、「神道こそが日本人を戦争に駆り立てた元凶であり、人種差別の温床でもあった」「神道により、日本人は神に選ばれたエリート民族であるという妄想を抱いた」と、神道を徹底的に攻撃しています。

茂木　それこそ恐ろしい誤解です。『ジャパンズ・ホロコースト』の内容は噴飯ものであり、デマですから、しっかり反論しなければなりません。

宇山　戦国時代、弥助という黒人が信長に仕えていた。この事実を英語で紹介した日大法学部のトーマス・ロックリー准教授が「日本の名士に黒人奴隷が流行していた」という説を提唱しました。

もちろんまったくのデマ。じつに卑劣な行為です。弥助は信長から短剣をもらうなど側近として仕えており、本能寺の変に至るまで信長と同行しています。

茂木　むしろ、黒人奴隷を日本に連れてきたのはイエズス会ではありませんか。キリシタン大名は日本人奴隷の輸出さえしていました。これを禁じたのは豊臣秀吉です。ロックリー氏の著作では、この事実をうやむやにしています。日本人が黒人奴隷を使っていたなどの言説は事実に反しますから、学者なら訂正すべきです。

これも一種のポリコレなのです。「歴史上、黒人はつねに差別されており、日本にも黒人奴隷はいたはずだ」と思い込み、出身も、身分もはっきりしない「弥助」を発見したわけです。

おわりに――文明の衝突で見えてきた日本文明の独自性

この対談では、文明を通して、人類の歴史を見てきました。文明は文化とは異なります。文化は例えば文学や芸術、各時代において現れる通時的で過渡的なものであるのに対し、文明は時代を超えた共時性を持ち、理念や慣習において過去から現代、未来にまで通底するものと言えます。

文明は国家以前の民族や社会を規定する世界観、価値意識、技術、そして言語などの原初的な要因を多分に含むという意味において、我々は「メソポタミア文明」や「エジプト文明」などのような古代の人間社会の原型に、文明を見ます。

また、「キリスト教文明」や「イスラム文明」などのように、宗教を文明の基層とする捉え方も、文明を貫く大きな特徴となります。宗教は我々に規範を与え、そこから、遵法すべき秩序や制度が形成されていきます。現在においても、ヨーロッパ諸国の法やイスラム諸国の法は彼らの宗教によって生み出された神定法の影響を色濃く残しています。

「日本文明」という言い方は日本人の多神教的信仰に基づく世界観、価値意識を表象するものであり、これは「キリスト教文明」や「イスラム文明」に並ぶ独立文明としてのカテゴリーであることが、これまでの対談からもはっきりと見えてきました。

我々の宥和的な価値意識が、日本文明が自らの内に他文明を浸潤させてきた包容力に根差したものであり、それは我々が縄文時代から古代的多神教を継承してきたことと関連するものです。日本文明は世界でも類例のない特異なものであることも確認できました。

また、文明は理念的な価値意識の他にも、技術や情報といった有形的な物理要素をも伴います。古の建設技術や冶金技術、そして、産業革命以降の機器技術によってもたらされる近代利器。西洋が到達した「近代文明」を、我が国は積極的に受容し、良い意味でも悪い意味でも近代へ順応することに成功しました。

それによって、希薄化した日本独自の文明意識もあったことは否定できませんし、西洋自身もまた大きく変容しました。まさに、文明によって作り上げられたものは自らの新たな文明によって、絶え間なく遷移させられていくのです。

そして、茂木先生と私の対談の中でも、繰り返し論じたように、文明は必然的に歴史の中で他文明と衝突してきました。文明は他者を自己に従属させる機能を内在させる精神侵食のツールでもあるからです。文明による統治は、政治による統治よりも、はるかに強力です。
この対談の中で、我々は文明闘争のマトリックスを巨視的に描き、我々日本文明の、世界におけるこの立ち位置や独自性を再認識することができました。今後、これをどのように守り、継承していくかを考えていくことが何よりも重要だと思います。

宇山卓栄

[著者プロフィール]
茂木誠（もぎ・まこと）
ノンフィクション作家、予備校講師、歴史系YouTuber。駿台予備学校、ZEN Study（旧N予備校）で世界史担当。YouTubeもぎせかチャンネルは登録者20万人。『世界史で学べ！ 地政学』（祥伝社）、『「戦争と平和」の世界史』（TAC）、『政治思想マトリックス』（PHP研究所）、『「保守」って何？』（祥伝社）、『日本人が知らない！ 世界史の原理』（宇山卓栄氏との共著、ビジネス社）、『「リベラル」の正体』（WAC出版・共著）、『ジオ・ヒストリア』（笠間書院）、『ニュースのなぜ？ は地政学に学べ』（SB新書）、『日本思想史マトリックス』（PHP研究所）など著書多数。連絡先：mogiseka.com

宇山卓栄（うやま・たくえい）
1975年、大阪生まれ。慶應義塾大学経済学部卒業。代々木ゼミナール世界史科講師を務め、著作家。テレビ、ラジオ、雑誌、ネットなど各メディアで、時事問題を歴史の視点でわかりやすく解説。主な著書に『日本人が知らない！ 世界史の原理』（茂木誠氏との共著、ビジネス社）、『大アジア史』（講談社）、『世界民族全史』、『民族で読み解く世界史』、『王室で読み解く世界史』、『宗教で読み解く世界史』（以上、日本実業出版社）、『世界一おもしろい世界史の授業』（KADOKAWA）、『経済で読み解く世界史』、『朝鮮属国史---中国が支配した2000年』（以上、扶桑社）など。

編集協力：今井順子

「文明の衝突」が生み出す世界史

2025年2月1日　第1刷発行
2025年6月1日　第2刷発行

著　者　茂木誠　宇山卓栄
発行者　唐津隆
発行所　株式会社ビジネス社
〒162-0805 東京都新宿区矢来町114番地
神楽坂高橋ビル5階
電話 03(5227)1602　FAX 03(5227)1603
https://www.business-sha.co.jp

カバー印刷・本文印刷・製本/半七写真印刷工業株式会社
〈装幀〉大谷昌稔
〈本文デザイン・DTP〉有限会社メディアネット
〈営業担当〉山口健志　〈編集〉中澤直樹

ISBN978-4-8284-2692-1

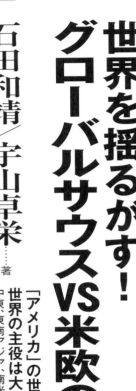